JN205929

日本のアニメーションはいかにして成立したのか

西村智弘

森話社

［本扉図版］久里洋二『二匹のサンマ（カラー版）』（1968）©YOJI KURI
［表紙図版］幸内純一『なまくら刀』（1917）図版提供：国立映画アーカイブ

目次

II AFTER THE WAR

第四章 アニメーションの概念はいかにして確立されたのか　ノーマン・マクラレンの受容を中心に……155

［凡例］

- 映画作品、テレビ作品、書籍、新聞、雑誌は『　』、音楽作品は《　》、論文などは「　」、イベント等は〈　〉で括った。映画作品は、各章の初出に制作年を付した。
- 引用文中の筆者による補足・注記は〔　〕で括った。
- 日本語文献の引用については、特定の固有名詞をのぞき旧漢字は新漢字に改め、仮名遣い、約物等は概ね原文のままとした。

はじめに——アニメーションをめぐる名称

1　アニメーションという言葉

アニメーションは現代の日本を代表する文化であり、アニメーションやアニメという言葉は小さな子供でも知っている。わたしたち日本人にとって、アニメーションはごく当たり前のものとして、あたかも空気のような自然さで存在している。しかし、アニメーションの歴史を振り返ってみればすぐにわかるように、なにも最初からアニメーションが自明なものとして存在していたわけではなかった。

欧米のアニメーションが日本で初めて公開されたのは、明治時代の末期、一九一〇年前後であったと考えられる。どの作品を最初とするかには議論の余地があるけれども、だいたいこの時期からアニメーションに相当する欧米の作品の上映が始まった。欧米の作品が評判になることによって、日本でもアニメーションが制作されるようになる。

大正六年、つまり一九一七年に、下川凹天《おうてん》、北山清太郎、幸内純一がそれぞれ漫画による短編アニメーションを公開した。彼らの作品は、国産による商業的な漫画のアニメーションの嚆矢といわれている。日本のアニメーションは、ちょうど一〇〇年ほど前に始まっていた。

しかし当時、これら国内外の作品が「アニメーション」と呼ばれることはなかった。一九一〇年代にはアニメーションという言葉が存在せず、その後頻繁に用いられる「漫画映画」という言葉すらなかった。「凸坊新画帖（帳）」「線画トリック」「線画喜劇」「線画映画」「線映画」など、さまざまな名称で呼ばれていたのである。

それでは、いつ頃からアニメーションという言葉が使われるようになったのか。ここには、少々ややこしい事情があって、話はそう簡単ではない。確かに戦前にもアニメーションという言葉が存在しなかったわけではないが、使われるのは稀で一般的な言葉ではなかった。しかも、そのような状況は戦後もしばらく続いていた。アニメーションがジャンルを示す名称として使われたのは、ずっと時代を下ってからのことなのである。

あくまで今日と同じ意味に限定して考えるならば、アニメーションという言葉が使われたのは、せいぜい一九五〇年代半ば以降であろう。しかも当時は、作家や評論家が用いる専門用語で、多くの人々にとっては馴染みのない言葉であった。アニメーションという言葉が大衆的に普及するのは、六〇年代に入ってからだといってよい。それも、突然に広まったのではなく徐々に浸透している。

わたしたち日本人は、アニメーションに関して一〇〇年以上の歴史をもっている。しかし、アニメーションという言葉を普通に使うようになってからは、五〇年ほどしか経過していないのだ。それ以前の半世紀以上のあいだは、アニメーションという言葉が一般的でなかったのである。この事実は今まで指摘されてこなかったように思うが、アニメーションの歴史を考察するうえで多くの問題を提起している。

アニメーションという言葉が一般的でなかったことは、単にこの言葉を知らないという以上の意味をもつ。それは、アニメーションの概念をもっていないことと同じなのである。当時の人たちは、必ずしも今日と同じようにアニメーションを理解していたわけではない。わたしたちがアニメーションという言葉によって意味するものとは違う見方で、アニメーションに相当する作品を眺めていたのである。

本書は、一九〇〇年代から二〇〇〇年代までの日本のアニメーションを扱っている。さまざまな問題が論じられているが、各章の底流には、アニメーションの概念が日本の歴史のなかでどのように生まれ、発展したのかという主題がある。もう少し具体的にいえば、アニメーションという言葉が一般的ではなかった時代に、アニメーションに相当する作品がいかなる表現として理解されたのか、またそれがどのようにして今日のアニメーションにつながったのかということである。

一般にアニメーションというと、わたしたちはすぐに漫画によるアニメーションを思い浮かべる。確かに日本は、世界的に見てもかなり独自に漫画のアニメーションを発達させた国であった。日本のアニメーションの中心は漫画にあり、海外からの関心も高く、いまや「amime」は漫画による日本のアニメーションを意味する世界共通語になっている。

しかし、だからといって日本のアニメーションが世界のアニメーションの中心であるわけではない。海外で日本の漫画によるアニメーションが「anime」と呼ばれ、一般の「animation」と差別化されているのは、それだけ日本のアニメーションが特殊な存在だということでもある。日本人にとっての一般的なアニメーションが、世界の一般的なアニメーションと同じであるとは限らない。

これまで何人もの論者が日本のアニメーション史を記述してきた。そうした記述にほぼ共通していえるのは、アニメーションであることを無前提に、歴史的に自明なものとして想定していることである。彼らは、今の自分がよく知っているアニメーションを過去に投影し、自分の理解できる範囲で過去のアニメーションを捉え、理解から外れる作品を隅に追いやったり存在しなかったことにしてきた。周縁的、境界的なアニメーションを歴史から切り捨ててきたのである。

しかし、かつてアニメーションは、もう少し漠然としていて曖昧な存在であっただろう。アニメーションとそうではない作品がはっきり区別されず、他のジャンルとの境界も定かではなかった。しかしそれは、なにもアニメーションに対して無理解だったからではなく、作品に対する理解の仕方が今日と異なっていたからである。当時の人々は、アニメーションの概念をもたないなかで、アニメーションに相当する作品に柔軟な対応をしていた。

アニメーションであることの自明性は、周縁的、境界的な作品を排除することによって獲得されるものである。しかし本書は、アニメーションの主流というよりも、周縁的、境界的なアニメーションを積極的に取り上げている。中心的な場所に留まっているだけでは決して見えてこない側面があり、周縁的、境界的な作品にこそ本質的な問題が隠されていると思うのだ。アニメーションの成立を考察するためには、アニメーションであることの自明性を疑うところから出発すべきである。このときわたしたちは、改めてアニメーションの歴史に向き合うことができるだろう。

2　戦前・戦中のアニメーションをめぐる名称

本書は、ほぼ一〇〇年ほどの日本におけるアニメーションの歴史を射程に置いており、前半と後半に大きく分けることができる。前半の第一章から第三章は戦前・戦中のアニメーションを、後半の第四章から第六章は戦後・現代のアニメーションを扱っている。大雑把にいえば、戦前・戦中はアニメーションの概念が確立される以前、戦後・現代はアニメーションの概念が確立された以降に対応している。

戦前・戦中のアニメーションをめぐる名称の関係を図表化すると表1のようになる。アニメーションに関す

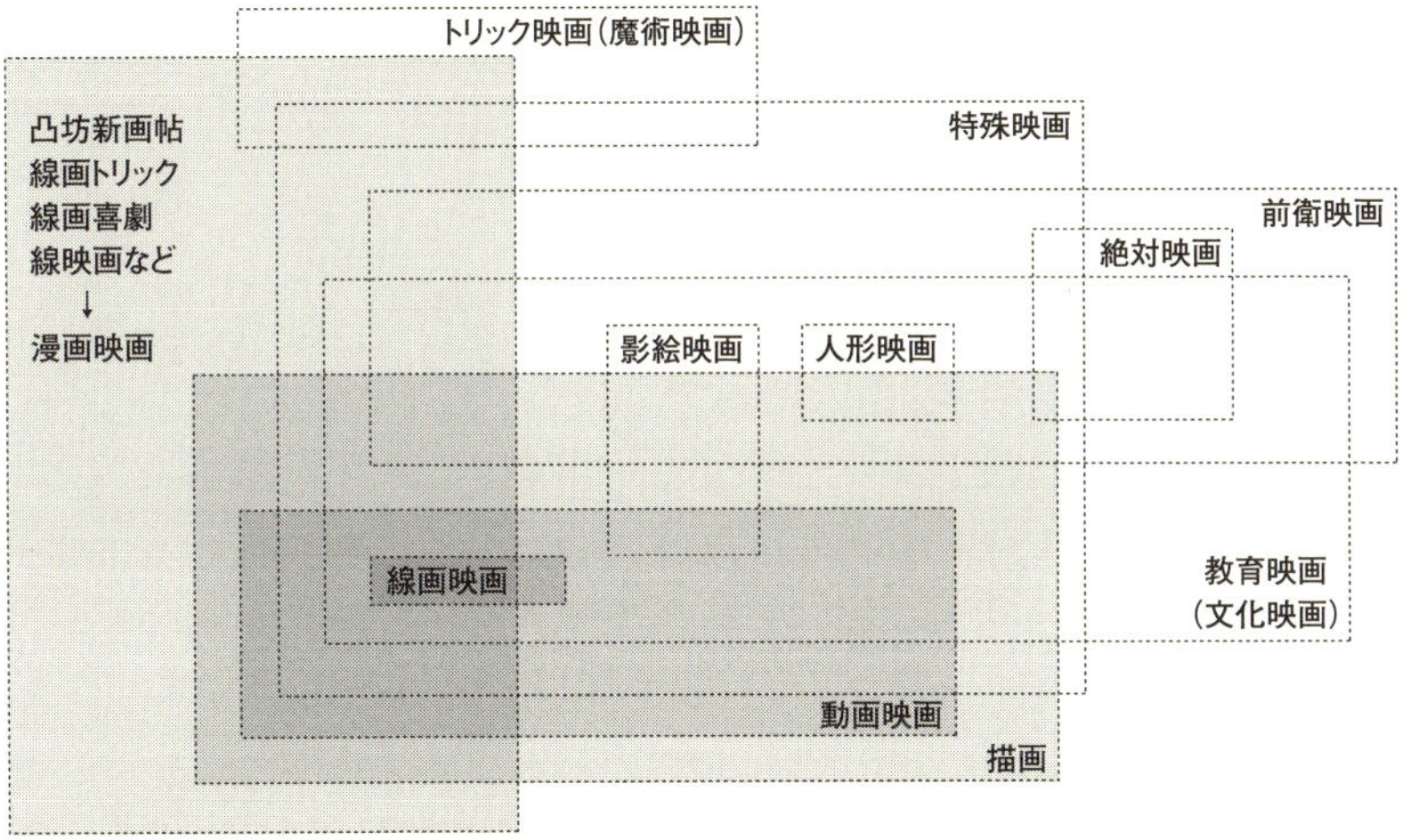

表1　戦前・戦中のアニメーションをめぐる名称

る名称は他にもあるが、ここでは本書に登場する名称を中心にあげている。さまざまな名称が錯綜しているのは、直接アニメーションを指す言葉（グレーで表示）だけでなく、アニメーションを含むジャンルを取り上げているからである。

第一章「戦前の日本にアニメーションの概念はなかった――アニメーションをめぐる名称についての考察」は、明治の末頃から昭和の初頭まで、主に一九〇〇年代から二〇年代までを扱っている。本章は、映画の黎明期においてアニメーションがどのように理解されたかを論じている。

日本で最初に公開された欧米のアニメーションがどの作品であったのかは、必ずしも定かではない。それは文献がきちんと残っていないせいもあるが、アニメーションをどのように理解するかによって作品が変ってしまうからでもある。ひとまず本章では、コマ撮りによって制作された作品をアニメーションと見なしている。しかしそうすると、漫画のアニメーションよりも先に、実物をコマ撮りで動かした作品、実写映画のなかで絵を動かした作品が存在していたことになる。

映画前史を別にして映画の誕生以降に限定して考えると、コマ撮りの技法は漫画のみのアニメーションが登場する以前から存在した。コマ撮りによる作品を含むジャンルとして、最初に登場したのは「トリック映画〔魔術映画〕」である。当時、コマ撮りはトリック撮影の技法のひとつで、コマ撮りを使った作品はトリック映画に分類された。しかもこのような認識は、漫画によるアニメーションが登場したあともしばらく残っていた。映画の黎明期において、トリック映画とアニメーションを厳密に区別することはできない。

凸坊新画帖や線画トリックなどと呼ばれていた漫画によるアニメーションは、しだいに漫画映画に統一されていった。また、影絵アニメーションは「影絵映画」、人形アニメーションは「人形映画」と呼ばれていた。しかしこれらの名称は、その後一般的となるアニメーションと必ずしも同じであったわけではない。なぜなら漫画映画、影絵映画、人形映画は、いずれも作品を見た印象に基づいた名称であり、コマ撮りによる作品という意味は含まれていなかったからである。そのため、コマ撮りによる作品とストレートに撮影した作品を区別する発想が稀薄であった。

第二章「映画統制下のアニメーション――「線画」「描画」「動画」に関する研究」は、大正時代から太平洋戦争の終結まで、主に一九二〇年代から一九四五年までを扱っている。

本章では、漫画映画以降のアニメーションをめぐる名称に焦点を当てている。たとえば、教育映画としての意味をもつ「線画」、「活動写真『フイルム』検閲規則」に記載された「描画」、政岡憲三が用いた「動画」などである。戦前・戦中の日本は、映画に対する文化統制が強固に存在しており、アニメーションもまた文化統制に積極的に活用され、文化映画やプロパガンダ映画としての役割を担った。映画の文化統制は映画教育と映画検閲に大別できるが、線画は映画教育、描画は映画検閲と切り離して考えることができない。なお、戦前・戦中にアニメーションという言葉が用いられることは稀であったが、本章では数少ない使用例についても論じている。

第三章「戦前の自主制作アニメーション――アマチュア映画作家の「特殊映画」について」は、一九二〇年代末頃から一九四〇年頃までのアマチュア映画作家が制作したアニメーションを扱っている。以前と比較して戦前の小型映画に対する関心は高まったが、アニメーションに限定した研究はいままでなかった。本章では、アマチュア作家がいかなるアニメーションを制作したのかを、現存しない作品を含めてたどっている。

アマチュア映画の分野でも、漫画映画、影絵映画、人形映画といった名称が使われたが、これらはすべて「特殊映画」に分類された。しかし特殊映画には、アニメーションだけでなくトリック映画や前衛映画も含まれており、コマ撮りした作品とそうではない作品との区別が明確ではなかった。また、戦前の商業アニメーションは、制作体制が整っておらず作品としても脆弱なところがあった。一方、アマチュア作家はアニメーションの制作になかなか熱心で、商業アニメーションに進出する作家も珍しくなかった。戦前のアニメーションは、プロとアマチュアとの境界が曖昧であった。

3　戦後・現代のアニメーションをめぐる名称

戦後・現代のアニメーションをめぐる名称の関係を図表にしたのが表2である。戦後の日本は、漫画映画、影絵映画、人形映画などの名称を戦前から引き継いでいた。しかし、一九五〇年代半ば頃にアニメーションの概念が本格的に確立され、コマ撮りした作品をアニメーションと捉える発想が普及した。

第四章「アニメーションの概念はいかにして確立されたのか――ノーマン・マクラレンの受容を中心に」が扱っているのは、主に一九五〇年代のアニメーションである。五〇年代半ばにマクラレンの作品が評判になっ

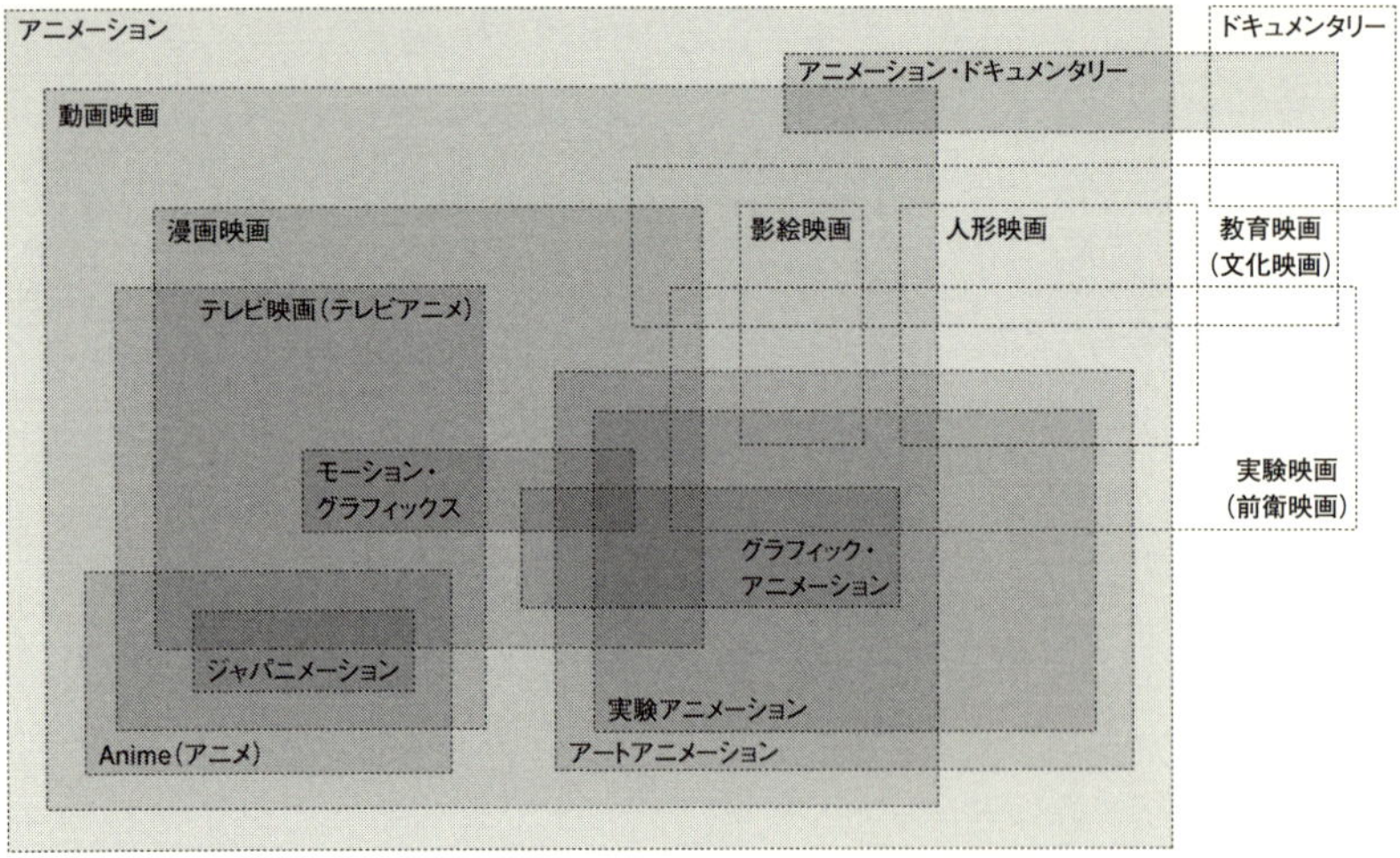

表2　戦後・現代のアニメーションをめぐる名称

たことは、日本でアニメーションの概念が確立されたことを象徴する出来事だった。なぜならこの作品は、漫画映画、影絵映画、人形映画といった従来の名称で括ることができず、アニメーションと呼ぶしかなかったからである。

わたしたちは、漫画映画に代わってアニメーションという名称が使われるようになったと考えてしまう。しかし実際には、アニメーションという名称が普及したあとも、しばらくのあいだ漫画映画という言葉が使われていた。両者にはニュアンスを異にするところがあり、それらが両立している時期があったのである。

第五章「アニメーションの概念はどのように変容したのか――リミテッドアニメーションから考える」は、主に一九六〇年代のアニメーションを論じている。六〇年代はアニメーションをめぐる状況が大きく変化し、表現もメディアも多様化した時代で、今日の状況の基礎をつくっている。

一九六〇年代初頭には、三つの異なるアニメーションが出揃っていた。それは、東映動画による長編の漫画映画、「アニメーション三人の会」の自主制作アニメーション、『鉄腕アトム』に代表される虫プロダクションの「テレビ漫画」である。三人の会による芸術志向のアニメーションと、虫プロによる子供向けのテレビ漫画は対照的だが、東映動画が目指したフルアニメーションに対し、リミテッドアニメーションを打ちだした点で共通していた。リミテッドアニメーションは、良くも悪くもその後のアニメーションの方向を決定づけている。当時、長編の漫画映画、自主制作のアニメーション、テレビ漫画は、アニメーションである点では同じでも、それぞれが異なる領域を形成しており、重複しつつも差別化されるという構図を認めることができる。この構図は、九〇年代以降のアニメーションとアニメの関係にも受け継がれている。

第六章「アートアニメーションとはなんであったのか――アニメーションの多様性をめぐる考察」では、主に一九九〇年代後半から二〇〇〇年代にかけての自主制作アニメーションを取り上げている。アートアニメーションとは、芸術作品として制作されたアニメーションという意味で、一時は流行現象にまで発展した。しかしアートアニメーションは曖昧な言葉で、この名称に批判的な作家や研究者もいた。本章では、アートアニメーションを一九六〇年代以降の自主制作アニメーションの系譜に位置づけることで、この名称が果たした役割を検証している。

アニメーションをいかに定義するのかは、アニメーション研究にとって重要なテーマである。アニメーションは特定のメディアに依存しないという性質をもつが、それだけに各時代の主要な映像テクノロジーのあり方に大きく規制される。映像テクノロジーの発展にともなって、アニメーションの技術や環境も変化する。かつては、アニメーションを映画（フィルム）の技術で規定することに問題はなかった。なぜならアニメーションは映画のカメラで撮影し、映写機で上映するもので、他に方法がなかったからである。しかし、デジタル化された現在のアニメーションは、映画の技術にとらわれる必要がなくなった。アニメーションのあり方を考えるためには、パーソナルコンピュータやスマートフォンの発達、コンピュータグラフィックスの高度化、インターネットによる配信などを念頭に置く必要がある。

今日のアニメーションは、メディアの拡張や表現の多様化にさらされており、従来の一般的な通念で捉えるだけでは不十分である。こうした状況のなかで過去のアニメーションのあり方を検証することは、単に忘れられた事実を明らかにするという以上の意味をもつ。それは、アニメーションとはなにかという本質的な問いにつながっており、アニメーションがどこに向かうのかを考えるきっかけともなるだろう。

I

BEFORE THE WAR

第一章

戦前の日本にアニメーションの概念はなかった

――アニメーションをめぐる名称についての考察

1　アニメーションの概念について

かつてわたしは、戦前の日本における自主制作アニメーションについて調査したことがあった。[1] この調査のためにアニメーションについて書かれた当時の文献を読むことになったが、そうした文章に目を通しているうちに、ある違和感がしだいに大きくなっていった。わたしが気になったのは、アニメーションに関する名称とそれが意味するものとの関係である。違和感の理由がどこにあったかといえば、戦前のアニメーションに関する名称がわたしたちの考えているアニメーションとずれているのではないかということだった。当時の名称はどこかちぐはぐで、今日の常識的なアニメーションについての認識が当てはまらないように思えた。

戦前のアニメーションをめぐる名称には、今日のアニメーションに対する認識と重ならないところがある。もちろん重なるところも多くあるわけだが、わたしが気になったのは一致しない部分のほうであった。ずれの原因はどこにあるのだろうか。この問題を考えているうちに思いついたのは、そもそも戦前の日本にはアニメーションの概念がなかったのではないかということである。少なくとも今日と同じような意味でアニメーションを捉えていないのは確かなように思われた。

もちろん戦前の日本では、アニメーションに該当する作品が数多く制作されている。そうした作品は、現代のわたしたちから見て紛れもなくアニメーションである。しかし、だからといって戦前にアニメーションの概念が存在していたとは限らない。わたしたちは、戦前にアニメーションが制作されていたので、当時においても今日と同じようにアニメーションの概念があったと無前提に考えてしまう。しかし、アニメーションに該当する作品が制作されていたことと、アニメーションの概念が存在することは別の問題である。たとえアニメーションに該当する作品がどれだけつくられていようと、それをアニメーションと認識していなければ、アニメーションの概念が存在したとはいえない。わたしたちが問わなければならないのは、戦前においてアニメーションに該当する作品がどのように理解されていたかである。

日本で欧米のアニメーションが公開されたのは、一九〇〇年代後半以降のことである。当初、漫画のアニメーションは「凸坊新画帖」などと呼ばれていたが、それ以外にも「線画トリック」「線画喜劇」「線画映画」「線映画」などの名称が用いられた。二〇年代になると「漫画映画」という名称が一般的になり、映画の世界で「漫画」といえば漫画映画を指すようになる。漫画映画以外では、影絵アニメーションに相当する「影絵映画」、人形アニメーションに相当する「人形映画」などがあった。アニメーションを含む名称としては、「トリック映画（魔術映画）」や「特殊映画」などをあげることができる。

アニメーションをめぐる名称にはさまざまなものがあったが、もっとも肝心な言葉が知られていなかった。「アニメーション」という言葉である。戦前の日本でアニメーションという名称が使われることは皆無ではなかったが、きわめて珍しいことであった。

日本においてアニメーションという言葉が一般に定着するのは戦後のことである。一九五〇年代後半には、映画に関わる作家や評論家がアニメーションという言葉を使うのをたびたび見かけるが、当時はまだ専門的な用語にすぎなかった。この言葉が大衆的に広まるのは、六〇年代に入ってからだといってよい。しかも急に広まったわけではなく、六〇年代を通してしだいに一般化していった。

戦前においても漫画のアニメーションが大多数を占めており、漫画映画がもっともポピュラーな名称であったが、これはアニメーションの種類のひとつにすぎない。漫画映画以外にも影絵アニメーションや人形アニメーションが存在したが、これらを総称的に捉える言葉は知られていなかった。実際には総称的な言葉がまったくなかったわけではなく、たとえば「描画」のような言葉もあったが、あまり一般的ではなかった。

「動画」という言葉があったではないかという人がいるかもしれない。動画については第二章で詳しく検証するけれども、この名称にはもう少し異なったニュアンスがあり、アニメーションの総称とは言い難いところがある。動画をアニメーションの総称として、あるいはアニメーションの訳語として使うことが定着するのは一九五〇年代半ば以降のことだろう。

戦前の日本には、アニメーションという言葉もこの言葉に相当する名称も一般には知られていなかった。この事実はこれまであまり問題にされてこなかったように思うが、戦前のアニメーションを考えるうえで大きな問題をはらんでいる。アニメーションという名称を知らなかったことには、単にその言葉を知らないという事実以上の意味が含まれている。というのも、アニメーションという名称が存在しないことは、アニメーションという概念が存在しないことと同義でもあるからだ。

本来、名称とは認識のあとに生まれるものではなく、名称があってはじめて認識が可能になる。フェルディナン・ド・ソシュールの言語学によれば、言語の体系は、絶対的な特性をもつ個々の要素が集まって全体がつくられているのではない。[▽2] 個々の語は言語体系全体に依存しており、その語を取り巻いている他の語との関係によって価値が決まる。わかりやすい例をあげると、わたしたちが犬と狼を区別できるのは、「犬」や「狼」という言葉をもっているからである。仮に「狼」という語がない世界を想定すると、狼も犬の範疇に属するものとして「犬」と呼ばれることになるだろう。そのような世界には、犬はいても狼は存在しない。「狼」と名づけることによって、犬とは異なる狼を認識することが可能となる。

同じことはアニメーションという名称についても当てはまるだろう。戦前の日本におけるアニメーションとは、「狼」という名称が登場する以前の狼に当たる一群のようなものだ。今日のようにアニメーションの概念が存在する時代から戦前を振り返ってみるならば、そこにアニメーションを見いだすことができる（つまり狼を認めることができる）。しかし、アニメーションという名称のなかった戦前の状況のなかでは、アニメーションという概念は存在しない（つまり狼はいない）。わたしたちは、アニメーションという言葉を知ることによって、初めてアニメーションを規定することが可能になる。

2　アニメーションという「共通の場所」

今日、アニメーションを解説した本を読むと、アニメーション一般の定義が最初に示され、そのなかにカートゥーン・アニメーション、人形アニメーション、砂絵アニメーション、クレイアニメーションといった各種のアニメーションが属すると説明されている。こうした分類には、アニメーションという大きな枠組みがあり、そのなかに個別的なアニメーションが所属するという発想がある。これは、入門書や解説書に必ず記述されている常識的な見解である。

しかし戦前の日本では、アニメーションを上位概念として捉える発想が一般的ではなかった。つまり、個別的なアニメーションを分類する枠組み自体が存在しなかったのである。そもそも戦前の日本には、技法の異なるアニメーションを総称的に捉えようとする発想が稀薄だった。確かに戦前にも漫画映画、影絵映画、人形映画といったように、アニメーションに該当する個別の名称は存在したが、それらがなんらかの総称のもとに位置づけられていたとはかぎらない。

戦前のアニメーションに関する名称の規定の仕方は、今日のわたしたちがアニメーションを分類する仕方とは発想が異なる。さらにいえば、戦前における規定の仕方から考えると、漫画映画、影絵映画、人形映画といった名称をアニメーションという言葉のもとに総称することが、そもそも不可能であったことがわかる。

なぜ不可能なのか。それは、アニメーションに該当する戦前の名称が、アニメーションとそうではない作品とを明確に区別していないからである。のちに詳しく触れるけれども、たとえば人形映画という名称は、人形をコマ撮りした作品を指すと同時に、人形劇をストレートに撮影した作品をも意味していた。影絵映画という名称にも同様の傾向がある。影絵映画や人形映画には、アニメーションとそうではないものが混在しており、そのように異質なものを含む名称を、アニメーションという総称のもとに括ることはできない。こうした混同や同一視は、今日のわたしたちにかなり奇妙な印象を与えるものである。

この奇妙さがどこに由来するのかといえば、各種のアニメーションをまとめるような「共通の場所」が存在していないように見えるからである。一般的にいえば、分類法が適切に機能するためには、個々の項目が共通の平面上に並び、その同一の平面を重複なく分割するものでなければならない。しかし戦前の日本では、個別的なアニメーションがそれぞれ異なる平面の上に存在しているような印象を受ける。つまり、個々の名称を互いに矛盾することなく配置できるような「共通の場所」が不在であり、それが今日のわたしたちを困惑させるのである。

今日においてアニメーションをめぐる「共通の場所」を可能にしているのはアニメーションという言葉であり、その言葉が指し示す概念だといえるであろう。わたしたちは、アニメーションという名称があるおかげで、アニメーションとそうではない作品を区別し、さまざまな種類のアニメーションを分類することが可能になる。一方、アニメーションという名称が知られていなかった戦前の日本では、アニメーションとそうではない作品との区別が曖昧であり、そのため種類の異なるアニメーションを同一の平面上で分類することが難しくなる。

もちろん戦前のアニメーションをめぐる名称が今日とまったく違っていたわけではなく、重なる部分も多くあった。しかし、ずれている部分も明らかに存在している。これまでわたしたちは、戦前のアニメーションを語るうえで、現代と重なる部分にしか目を向けてこなかったといえるだろう。そして、ずれてしまう部分をアニメーションに対する無知や無理解の結果として切り捨ててきた。しかしそのような態度は、戦前におけるアニメーションのあり方を正しく理解しているとはいえない。

アニメーションの概念は時代とともに変化するものである。この点でいうならば、戦前のアニメーションに対する考え方が今日と異なるのは当然である。アニメーションをめぐる環境が大きく変わっているわけだから、考え方が同じである方がおかしい。しかし問題は、どこがどのように変化しているかという点が検証されていないことである。同じところと異なるところの差異が理解されていないのだ。

そのため、結果的に今日の論者たちは、自分たちのもっているアニメーションの概念をそのまま過去に投影することになった。つまり、自分の理解するアニメーションの考え方を無前提に戦前に当てはめ、自分にとって都合のよい解釈をしてきたのである。そして、当時の状況のなかでアニメーションがどのように理解されていたのかという事実から目をそらしてきた。わたしたちは、戦前の日本でアニメーションがどのように捉えられていたのかを改めて検証する必要がある。

3　今日におけるアニメーションの概念

戦前におけるアニメーションの理解を検証するためには、現代においてアニメーションがどのように理解されているかを確認しておかなければならない。しかし、この確認の作業にはなかなか厄介な問題が含まれている。というのも、今日ではアニメーションが多様化し、アニメーションの概念を規定することが困難になっているからである。つまり現代は、「アニメーションとはなにか」が改めて問われている時代である。

まず、戦後になってアニメーションの概念が確立された時代に目を向けてみよう。日本においてアニメーションという言葉が大衆的に普及したのは一九六〇年代になってからである。たとえば森卓也は、一九六六年刊行の『アニメーション入門』のなかで次のように書いている。

アニメーションとは、無生物を、コマ撮り技法によって活化する、一種の映画トリックを指す技術用語である、と定義づけていいだろう。[3]

一九六〇年代以降に一般的になったアニメーションの定義はこのようなものであった。こうした定義の仕方は、現代にも受け継がれている。たとえば、津堅信之の『アニメーション学入門』（二〇〇八年）には次のように書かれている。

アニメーション映画とは、絵、人形等を素材として、その素材を少しずつ動かしながら、映画撮影用カメラ等を使用して、コマ撮り（stop-motion photography）によって素材を撮影して得られた映像（フィルム、ビデオテープ等に記録される）を映写することで、動かない素材を動いているように見せる、というのが大まかな仕組みである。[4]

津堅の定義は、森の定義の延長にあるといってよい。このような定義が成立するためには、次の二つのことが前提になっている。第一に、引用文中の「アニメーション映画」という言葉からもわかるように、アニメーションを映画として捉えることである。[5]第二に、アニメーションをコマ撮りで制作された作品と見なすことである。

第一の問題から考えてみたい。エミール・レイノーが一八九二年にテアトル・オプティークで上映をおこなったことをアニメーションの始まりと考えるならば、それはリュミエール兄弟が一八九五年に映画を初公開する以前である。つまり、アニメーションは映画以前から存在していたと考えることができる。しかし、映画の誕生以降に関していえば、アニメーションは映画の技術とともに発展している。日本も同様で、江戸時代の「写し絵」のような先駆的な試みがあったにしても、アニメーションは当初から映画とともに発展している。アニメーションとはアニメーション映画のことであり、それ以外のアニメーションは存在しなかった。一九六〇年代には、テレビでアニメーションを放映することが一般化したが、このことによってアニメーションの概念が大きく変化をこうむることはなかった。アニメーションはつねに映画の文脈に位置づけられてきたのであり、アニメーションの概念規定も映画であることを前提としていた。

第二の問題も第一の問題の延長にある。アニメーションは、映画のカメラによるコマ撮りという技法で制作されるものであった。そして、コマ撮りで制作された作品をアニメーションと見なしてきた。それ以外に制作方法がなかったわけだから、こうした規定が生まれるのは当然であった。

一方で現代では、これまでアニメーションを規定するうえで前提となっていた事実そのものが揺らいでいる。かつてアニメーションは映画館で公開されるものであり、それ以外の場所には存在しなかった。その後テレビが登場し、アニメーションにとって重要な媒体となるが、現代ではアニメーションが映画やテレビを大きく超えて広まっている。たとえば携帯電話や自動販売機などにもアニメーションが使われており、あらゆる場所にアニメーションが存在している。かつては映画館という非日常的な場所にしか存在しなかったものが、わたしたちの日常生活に深く入りこんでいる。映画であることを前提としたアニメーションの概念規定では、こうした状況に対応できない。

映像メディアの技術的な発達も、アニメーションの概念規定を難しくしている。一九九〇年代以降、デジタル技術が映像制作に導入されたことは、アニメーションの制作方法を大きく変化させた。かつてアニメーションは映画のカメラで撮影するものであり、アニメーションを映画の技術として規定することになんの問題もなかった。しかし現代では、映像制作のデジタル化にともない、カメラによる撮影というプロセスが必要ではなくなった。そうした制作方法が一般的になると、映画の技術を前提とするアニメーションの規定が有効ではなくなってしまう。

コンピュータグラフィックス（CG）の技術が高度化し、実写と同等のリアルさを実現できるようになったことも、アニメーションの概念規定をややこしくしている。かつて実写とアニメーションは歴然と異なっていて、前者は現実の記録に基づいたリアルな映像を提示するものであり、後者はコマ撮りによって現実にはありえない世界を生みだすものだった。つまり、アニメーションを実写と異なる作品として規定することが可能だった。しかし、CGのリアルさが実写と同じレベルに到達した現代の状況のなかでは、技術的な規定によって実写とアニメーションを区別することの意味がなくなっている。

今日では、アニメーションをめぐる状況の変化や技術革新に対応するため、アニメーションの概念を再検討する必要に迫られている。そのため、アニメーションを技術的な規定に限定せず、多様な視点によって拡張的な定義づけをおこなう傾向が生まれている。▽6 このことは、時代の状況や技術的な変化に対応した必然的な流れであるが、一方でアニメーションの概念規定が曖昧になるという結果を招いている。

戦前ではアニメーションの概念が一般的ではなかったため、アニメーションとそうではない作品の区別が明確ではなかった。しかしそれは、映像技術が高度化して表現が多様化した結果、アニメーションの概念が曖昧になった現代の状況と似ているといえないだろうか。

先にわたしは、戦前のアニメーションをめぐるさまざまな名称に「共通の場所」が存在しないと述べた。それは、アニメーションの概念が確立される以前の状態である。現代は逆に、いったん確立されたアニメーションの概念が揺らぎ、アニメーションをめぐる「共通の場所」が崩壊しつつある時代だといえるだろう。そこに至る経緯はまったく異なるのだが、現代は戦前の状況に近づいているということも可能である。

戦前の日本では、アニメーションとそうではない作品との混同や同一視がたびたび見受けられる。これまでアニメーションの専門家たちは、そうした混同や同一視をアニメーションに対する無知や無理解の結果と見なし、取るに足りない事象として切り捨ててきた。しかし、戦前のアニメーションに関する名称に目を向けてみると、決して無知や無理解の結果ではなく、一貫した態度の表れであったことがわかる。

戦前の日本では、やみくもにアニメーションとそうではない作品を混同していたわけではなく、そのような態度を取る理由が存在していた。戦前の名称が混乱していると感じるのは、今日のわたしたちの視点に立つからであって、当時の人たちに矛盾があったわけではなかった。アニメーションを規定することが難しくなった現代と比較するならば、初めからアニメーションを厳密に規定しない戦前のほうがむしろ混乱が少なかったとすらいえるかもしれない。

4　日本で公開された初期アニメーション

日本で欧米のアニメーションが公開されるのは、一九〇〇年代後半になってからだと考えられる。当時は欧米でもアニメーションが確立される時期に当たっており、そうした時期の作品が日本にも同時代的に輸入されていた。上映された作品は限られていたが、明治時代の観客はそうした作品を観ることによって、欧米でアニメーションが確立される過程に立ち会っていたともいえるのだ。

本章ではアニメーションを広く捉え、漫画のアニメーションだけではなく、実写映画のなかでコマ撮りをおこなった作品も取り上げている。わたしたちは、アニメーションというと絵だけで成立した作品を想定してしまうが、初期のアニメーションに目を向けてみるならば、漫画映画がいきなり誕生したのではなかったことがわかる。漫画映画が生まれる以前には、実写のなかでコマ撮りをおこなった「トリック映画」が制作されていた。そうしたトリック映画から、実写のなかで絵を動かした作品、絵だけで成立したアニメーションが生まれている。漫画映画だけに注目していても当時のアニメーションをめぐる状況は見えてこない。

トリック映画とは、特殊撮影によって実際にはありえないことを本当らしくみせる映画のことで、日本では「魔術写真」や「魔術映画」とも呼ばれていた。当時はトリック映画とアニメーションが未分化な状態にあり、両者を厳密に区別することはできない。少なくとも明治時代の日本人が、トリック映画とアニメーションを分けて考えることはなかった。

トリック映画を確立したのはフランス人のジョルジュ・メリエスで、カメラ停止や多重露光などの技法を用いた作品を制作した。日本では、少なくとも一九〇二年にメリエス作品が公開されており、一九〇三年の〈第五回内国勧業博覧会〉の不思議館では代表作の『月世界旅行』（一九〇二）が上映されている。当時を回想した吉山旭光《きょっこう》は、「舞台では到底行ふことが出来ぬ巧妙不可思議の魔術を撮影することが出来て、此種の写真が続々として輸入され、見物の目を驚かした」[7]と書いている。

日本で最初に公開された外国のアニメーションがどの作品であったかは明らかではない。渡辺泰は、一九〇七年八月二日に八千代座で封切られた『奇妙なるボールト』（「ボールド（黒板）」の誤植と考えられる）が、ジェームズ・スチュアート・ブラックトンの『愉快な百面相』（一九〇六）〔図1〕であったという説を提唱した。[8]『愉快な百面相』は、黒板にチョークで描かれた男女の肖像などが動く作品で、絵によるアニメーションとしては世界初ともいわれている。渡辺の説には検証すべき点が残っているが、『愉快な百面相』が日本で上映された可能性はあるだろう。なお、浅草の電気館で一九〇九年八月に公開された『不思議なボールド』は同じ作品であろうか。[9]

図1　ジェームズ・スチュアート・ブラックトン『愉快な百面相』(1906)

日本では公開されていないが、ブラックトンは『愉快な百面相』の前に『魅力的な絵』（一九〇〇）〔図2〕という作品を制作していた。作者本人がイーゼルを前にして絵を描き、ワイン瓶の絵を実物に変えたり、描いた男

図2　ジェームズ・スチュアート・ブラックトン『魅力的な絵』(1900)

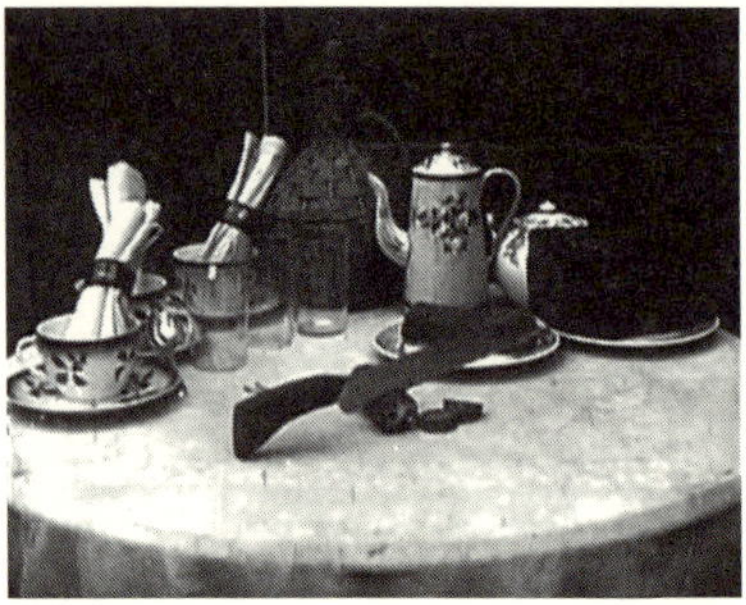

図3　セグンド・デ・チョモン『怪談新一ッ家』(1908)

の表情が変化したりするトリック映画である。この作品は、ライトニング・スケッチ（チョーク・トーク）の芸にカメラ停止の置換トリックを導入した作品であった。ライトニング・スケッチとは、イーゼルに絵を描きながら講釈するヴォードヴィル芸で、ブラックトンはこの名手であった。『愉快な百面相』が絵を描く実写のシーンから始まるのは、ライトニング・スケッチのスタイルの名残である。カメラ停止のトリックとは、いったんカメラを止めて被写体を入れ替え、ふたたびカメラを回す技法で、被写体が突然に現れたり消えたりする。『愉快な百面相』は、『魅力的な絵』で使われたカメラ停止のトリックをコマ撮りに置き替えている。

一九〇八年四月一五日、神田の錦輝館《きんき》で『怪談新一ッ家』が封切られて話題となっている。『萬朝報』の記事に、「電光が閃めく、家がぐる〳〵回《ま》ふ、食卓の上でナイフが自然《ひとりで》にパンや肉を切る、拭巾《なふきん》が自然に広がつて机を拭いて、また畳まれて元の位置に復《なほ》る、鬼婆々があらはれる」[10]とある。この説明に該当する作品は、セグンド・デ・チョモンの『La Maison Ensorcelee（お化けホテル）』（一九〇八）［図3］であろう。[11]旅行者の泊まった家で化け物が不思議な出来事を起こすトリック映画で、一部に実物をコマ撮りで動かす技法が用いられていた。『怪談新一ッ家』をブラックトンの『The Haunted Hotel（お化けホテル）』（一九〇七）とする論者がいたが、この作品には、ナイフが動いてパンを切るシーンはあっても「肉を切る」

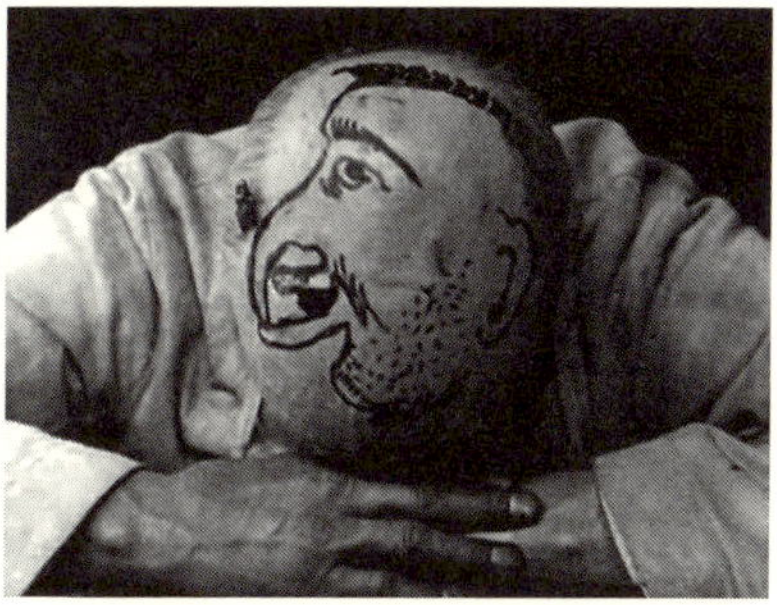

図4　セグンド・デ・チョモン『コック部屋の化物』（1908）

図5　エミール・コール『忠実なる家具』（1910）

シーンがなく、「家がぐる〱回ふ」などのシーンもないのだった。

日本では、一九〇〇年代後半から一〇年代前半にかけて、『怪談新一ッ家』のように実物をコマ撮りしたトリック映画が数多く公開されていた。コマ撮りを用いたと推測できる作品は多いのだが、資料が残っていないため作者や原題を特定できる作品が少ないのだった。

吉山旭光の『日本映画界事物起源』は、明治時代の映画を知るうえでの基本文献である。このなかで紹介されたトリック映画に、「睡つて居る一料理人のツル〱の禿頭に『シネマ・パテー・フレール』と字が書けたり、壁にかけた黒板にチョークが自然と動いて料理の献立か何かが書かれたりした」[12]というのがある。これは、内容から考えてチョモンの『Le Rêve des marmitons』（一九〇八）［図4］である。吉山はタイトルを明記していないが、一九〇八年六月一日に錦輝館で封切られた『コック部屋の化物』のことであろう。[13]

一九一一年五月一六日に福宝堂で封切られた『忠実なる家具』（一九一〇）［図5］は、エミール・コールの『自動配達会社』として知られている作品である。これは、家具がひとりでに動いて引っ越しをする内容で、実物をコマ撮りで撮影した作品だった。

日本では、欧米の漫画映画が『凸坊新画帖』というタイトルで上映されたが、いつ公開されたのかには諸説がある。吉山は、「福宝堂が『凸坊新

図6　エミール・コール『凸坊新画帖』(1910)

図7　エミール・コール『ニッパルの変形』(1911)

画帖』の名の下に仏国ゴーモン会社の漫画を続々として紹介したのは明治四十三年から」[14]と書いていた。この記述を疑問視する論者もいるが、一九一〇年一二月三一日の『読売新聞』の映画紹介欄に、本郷の第五福宝館で『凸坊新画帖』が上映されたという記録があるので、[15]吉山のいう明治四三（一九一〇）年が正しかったことになる。ただし、作者や原題は不詳である。

一九一一年五月二六日に京橋の第一福宝館で封切られた『凸坊新画帖』〔図6〕は、原題が『The Musical Maniacs』と伝わっているが、これはコールの『La Musicomanie』（一九一〇）であろう。推測であるとはいえ、いまのところ作品が特定できる最古の『凸坊新画帖』である。楽器の絵がさまざまなかたちに変化していくアニメーションだが、冒頭と最後に楽器を演奏する夫婦の実写映像が挿入されていた。

吉山は、最初に公開された線画映画（漫画映画）として『ニッパルの変形』〔図7〕をあげていた。[16]この作品は一九一二年四月一五日に浅草の帝国館で封切られたが、作者や原題は不詳であった。ところが、フレデリック・S・リッテンは、コールの『Cohl Les Exploits de Feu Follet（鬼火の冒険）』（一九一一）が、他の国で『The Nipper's Transformations（ニッパーの変形）』というタイトルで公開されていたことを突き止めている。▽17『ニッパルの変形』は、コールのデビュー作『ファンタスマゴリー』（一九〇八）とよく似た作品で、実写部分を含まない絵だけのアニメーションであった。

一九一四年五月一五日に帝国館で封切られた『凸坊の新画帖』は、チャールズ・アームストロングの『Isn't Wonderful?』（一九一四）である。この作品が「凸坊新画帖」と銘打たれた最初だと主張する論者もいるが、すでに一九一〇年に『凸坊新画帖』が公開されているので正しくない。なお、同年一〇月下旬に帝国館で公開された『海の底（第二凸坊新画帖）』は、ヴィンセント・ホイットマンの『The Bottom Of The Sea』（一九一四）である。邦題にある「第二」は、単に帝国館で上映された二番目の「凸坊新画帖」という意味ではないか。

『凸坊新画帖』などが評判になったことで、漫画映画が次々と公開された。そうした作品は、『凸坊新画帳 海水浴の巻』や『凸坊化猫の巻』のように、国や作者を問わず「凸坊新画帖（帳）～巻」とか「凸坊～巻」というタイトルで公開された。そのため、漫画映画を「凸坊新画帖」や「凸坊」などと呼ぶ習慣が生まれている。

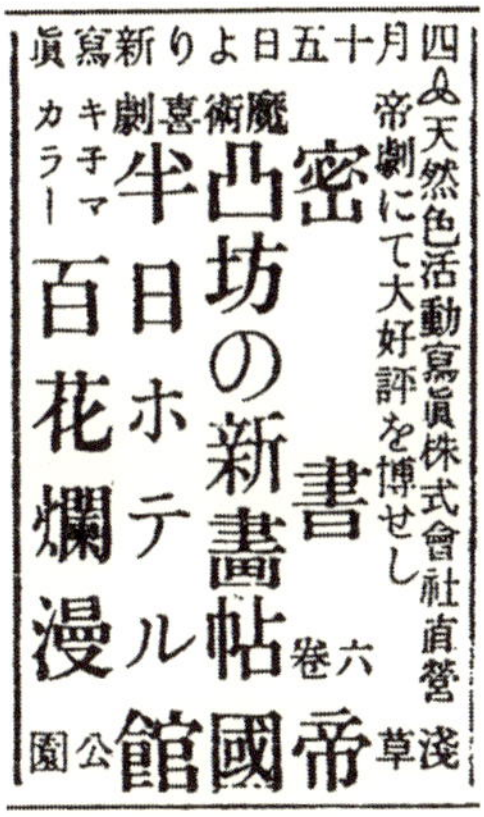

図8 『東京朝日新聞』（1914年4月15日）の広告

アームストロングの『凸坊の新画帖』が一九一四年に公開されたとき、『東京朝日新聞』の広告では「魔術 凸坊の新画帖」［図8］と表記された。「魔術」は作品の説明としてつけられたものだが、魔術映画（トリック映画）に由来することは明らかである。つまり、漫画映画もトリック映画の一種であった。明治時代には、実物をコマ撮りした作品、実写のなかで絵を動かした作品、絵だけのアニメーションが公開されたが、いずれもトリック映画であって、漫画映画を他のトリック映画と区別する発想はなかった。

5 トリック映画とコマ撮り

吉山旭光は、『ニッパルの変形』のような線画映画（漫画映画）が「斬く行詰りの形だつた魔術映画に代わるものとして非常に歓迎された」[18]と書いている。漫画映画は、従来のトリック映画が食傷気味になっていた時期に登場している。しかし当時、トリック映画と漫画映画が明確に区別されてはおらず、漫画映画はトリック映画の延長として捉えられていた。

トリック映画の技法を解説した当時の文章を読むと、必ずコマ撮りの技法が取り上げられている。たとえば、『キネマ・レコード』一九一四年六月号に掲載された滋野幸慶の「フイルムの技工」では、さまざまな特殊撮影の技法が解説されている。

滋野は、撮影の際におこなうトリックとして、「⑴簡単なる魔術写真に応用」「⑵急速なる動作」「⑶静物の自働」「⑷逆回転の応用」などをあげている。「簡単なる魔術写真に応用」とは奇妙な表現だが、カメラ停止による置換トリックのことであり、「急速なる動作」は実際の速度より早く見せる低速度撮影のことである。注目したいのは三番目の「静物の自働」で、これは静止している物を動いているように見せるトリック、つまりコマ撮りのことであった。この技法は次のように説明されている。

トリックの中でも最も愉快な面白い結果をあらはすのはこれである〔。〕「自働移転会社」と云ふ映画はその代表者でパテ、フレールが盛んにこのトリックを用つた時代の作物で以来数多の会社は随分用ふ様になつた。▽19

「自働移転会社」とは、エミール・コールの『忠実なる家具』のことである。当時は、フランスのパテ・フレール社がコマ撮りを用いたトリック映画をさかんに制作していた。

滋野は、コマ撮りという言い方をしていないが、椅子を少しずつ動かしながら撮影していると解説しているので、コマ撮りに対する理解があったことがわかる。興味深いのは、「静物の自働」を説明して「これを行ふ方法は(1)の方法を連続的に行つたものと考へてよい」と書いてあることだ。(1)の方法とは「簡単なる魔術写真に応用」であり、カメラ停止による置換トリックを指している。つまり彼は、実物をコマ撮りで動かす技法をカメラ停止の延長にあると考えていた。

当時の日本では、カメラ停止の技法を「止め写し」と呼んでいた。しかし、コマ撮りの技法も「止め写し」と呼ばれていたのである。帰山教正は、『活動写真劇の創作と撮影法』（一九一七年）のなかで「止め写し」を次のように解説している。

「止め写し」とは撮影機を以て行ふトリックの一つであつて、連続撮影中、トリックを行ふ間接撮影機の回転を止め再び写すか、又始より「一齣下《おろ》し」の回転を以て、一齣乃至数齣毎に止め適当のトリックを行ひつゝ断続撮影を行うものである。▽20

帰山は二種類の「止め写し」を説明している。ひとつは「撮影機の回転を止め再び写す」ことで、これはカメラ停止の置換トリックを指している。もうひとつが「一齣乃至数齣毎に止め」ることで、これはコマ撮りを指している。文中の「一齣下し」とはコマ撮りのことで、「一齣落し」などということもあった。「止め写し」にカメラ停止とコマ撮りが含まれていたことは、両者を同じ種類の技法として理解していたということである。このことはまた、アニメーションとそうではない作品を区別する意識が稀薄だったことを示している。

『活動之世界』一九一八年三月号は「新トリック号」で、トリック映画を特集している。この特集の技術解説では、カメラ停止としての「止め写し」を説明したあと、「更に此の『止め写し』を稍《やや》複雑な方法に依つて行つたものが、静物を自働せしむる方法である」[21]と解説している。「静物を自働せしむる方法」とは実物をコマ撮りで動かすことだから、この論者もコマ撮りをカメラ停止の延長として考えている。また、「現在非常な進歩を見た『凸坊新画帳』即ちカーツン・コメディも其の出発点は、『止め写し』に依つて行はれる静物の自働にある」（傍点原文）とも書かれていて、実物をコマ撮りで動かす作品の延長に漫画映画を想定している。

カメラ停止とコマ撮りは、カメラを止めて撮影する点で共通している。カメラ停止は、対象物の瞬間的な変化を実現するものであり、コマ撮りは対象物の持続的な変化を可能にするものである。両者は、カメラを止めることによって現実ではありえない変化を実現する点で同じ技法であった。明治時代の日本では、コマ撮りの技法による持続的な変化は、カメラ停止による瞬間的な変化の延長にあると考えられていた。

漫画映画を指す名称として使われた「線画トリック」は、線画（漫画）によるトリック映画という意味である。コマ撮りもカメラ停止や多重露光と同様のトリック撮影の技法にすぎず、コマ撮りを他のトリック技法と区別することはなかった。つまり、コマ撮りという技法を特権化し、この技法を使った作品をひとつのジャンルとして捉える発想はなかったのである。

今日ではカメラ停止のトリックとコマ撮りは区別されており、一般にはカメラ停止による作品をアニメーションとは見なさない。世界で最初のアニメーションと呼ばれるのは、コマ撮りを用いた『愉快な百面相』であって、カメラ停止に基づく『魅力的な絵』のほうではない。しかし、明治時代の日本では、コマ撮りもトリック撮影の技法のひとつにすぎなかった。仮に当時の日本で『魅力的な絵』が公開されていたならば、この作品も『愉快な百面相』と同様のトリック映画と見なされ、両者を区別することはなかったであろう。

トリック映画のなかに、実物をコマ撮りで動かした作品、実写映画のなかで絵を動かした作品などがあった。明治時代の観客は、こうした作品を観ることによって、トリック映画から漫画映画が派生的に生まれたと考えるに至っている。吉山は、先述の『コック部屋の化物』に触れながら、「トリツクの発達から線画ばかりで出来た映画、或は漫画映画が生れて来たわけである」[22]とコメントしている。

わたしたちは、カメラ停止とコマ撮りを区別しない明治時代の論者に対して、アニメーションに対する無理解を指摘すべきであろうか。しかし、当時はアニメーションの黎明期であり、欧米においても実写映画とアニメーションの境界が曖昧であった。明治時代の観客は両者を区別しないが、むしろこうした認識のほうが作品を素直に理解しているのであって、未分化な作品に対して柔軟に対応していたといえるだろう。漫画映画であることを特権化し、純粋なアニメーションのようなものを想定することのほうが、当時の状況に対して不自然だというべきである。

一九一〇年代半ばまで続いたトリック映画の流行は、物語映画が台頭することによって終焉した。単にトリックを提示する作品が飽きられたのであり、漫画映画もストーリーを描いた作品が一般的となった。『活動之世界』の「新トリック号」には次のような文章がある。

中にはトリック其の儘の生地で、進歩発達して来たもの丶中には、『凸坊新画帳』があるけれども、之れとても撮影法はトリックではあるが、其の作品が観客に齎す結果は、動く漫画であつて、寧ろ映画劇の喜劇から受くる結果に近いのである。[▽23]（傍点原文）

漫画映画を指す名称には「線画喜劇」もあった。欧米の漫画映画のほとんどがギャグマンガで、「劇映画の喜劇」と同様の印象を観客に与える。一九一七年には、『凸坊チャップリン見物』や『凸坊新画帖 チャップリンの巻』のように、チャールズ・チャップリンを主人公にした漫画映画も公開されていた。漫画映画は喜劇でもあったわけだが、そもそもトリック映画自体が喜劇映画の一種であり、この点でも両者は区別されていない。『キネマ・レコード』で漫画映画は「トリック」に分類されたが、同誌の「キネマ・レコード・フイルム総覧」には「喜劇（風刺喜劇、滑稽、トリック等）」という欄があって、漫画映画はすべてここに振り分けられた。『活動之世界』の「封切ヒルム一覧」も同様で、漫画映画は「喜劇（喜劇滑稽、曲芸、トリックを含む）」に分類された。漫画映画は、トリック映画である時点ですでに喜劇映画でもあったのである。ただし「封切ヒルム一覧」では、漫画映画の数が増加すると、「喜劇」とは別に「線画喜劇」という欄が新たに設けられている。

ところで、国産の漫画映画の初公開が一九一七年であることは定説になっている。この年の前半に下川凹天の『凸坊新画帖 芋助猪狩の巻』、北山清太郎の『猿蟹合戦』、幸内純一の『なまくら刀』（『塙凹内《はなわへこない》名刀之巻』）が映画館で上映されている。彼らの作品がほぼ同時期に公開されたことは、国内に漫画映画を制作する機運が高まっていたことを示している。

漫画映画の初公開が一九一七年であったとしても、最初にコマ撮りを試みたのが彼らであったかどうかは別の問題である。日本では一九〇〇年代初頭からトリック映画が人気で、国内でもカメラ停止や多重露光を用いた作品が制作されていた。とするならば、トリック撮影の一環としてコマ撮りがおこなわれた可能性もあるだろう。

一九〇八年に公開された『石橋』は、市川左團次が主演した劇映画である。吉山はこの作品について、「此「石橋」の最初、道具が自然と動いて、人手を借りずに組立てられるトリックは、其頃輸入の魔術映画から工夫して作つたもので、邦人カメラ・マンの研究の苦心を買つてやるべきだ」[24]と書いている。文中の「道具が自然と動いて、人手を借りずに組み立てられるトリック」とは、コマ撮りによるものではないか。実物がひとりでに動くシーンは見えない糸によって撮影する場合もあったが、「カメラ・マンの研究の苦心」とあるので、コマ撮りではないかと推測できるのだ。

現時点でそれを証明することはできないが、実写映画の一部にコマ撮りを導入することは十分にありえることである。いきなり漫画映画が誕生したと考えるより、実写のなかでコマ撮りした作品が存在していたと考えるほうが自然であろう。しかし、当時の文献からそうした作品を特定することは困難である。なぜなら、コマ撮りはトリック撮影の一種で、他のトリック撮影と区別されなかったからである。しかし、コマ撮りをおこなった実写映画が存在する可能性はこれまで注目されなかったことであり、今後調査を進めるべき問題である。

6　影絵映画

映画と影絵の関係は深く、映画の起源として影絵をあげる論者もいる。影絵起源説は日本でも早くから知られており、岡村紫峰《しほう》は『吾輩はフイルムである』（一九一七年）のなかで、白い布のうしろに灯りを置き、そのあいだで人物が演技をおこなう「影芝居」をあげて、「これが活動写真のそも〳〵の濫觴《はじまり》で、大ざつぱに云へば今の活動写真と其理屈は同んなじである」▽25と書いている。

戦前の日本では、影絵アニメーションが「影絵映画」と呼ばれていた。漫画映画と比較するとその数は少ないが、漫画映画に次いでポピュラーなアニメーションのスタイルであった。日本では、江戸時代に影絵遊びが庶民に普及しており、明治時代には影絵芝居の公演もおこなわれていた。影絵映画がさかんに制作されたのは、影絵に親しむ文化があったことも影響しているだろう。

一九一四年に公開された『凸坊の新画帖』の内容は不明だが、チャールズ・アームストロングは影絵アニメーションを得意とした作家なので、そうした作品であった可能性がある。同年一〇月下旬に帝国館で公開された『凸坊の新画帖　魔術の巻（アームストロングの半面影画）』は、タイトルから明らかに影絵アニメーションである。一九一七年に公開された幸内純一の『なまくら刀』には、侍が深夜に辻斬りをするシーンがシルエットで描かれていて〔図9〕、一部が影絵アニメーションになっていた。

一九一七年には、チャールズ・アラン・ギルバートの『影絵』〔図10〕が公開されて話題となっている。これは影絵アニメーションではなく、コマ撮りを用いない実写の影絵劇映画で、白いスクリーンに光を当て、そこに映った俳優の影をストレートに撮影した作品だった。公開されたのは「シルエット・ファンタジー」と呼ばれたシリーズの『Inbad the Sailor』と『How Dizzy Jae Get to Heaven』で、いずれも『影絵』という邦題がつけられた。同時期に上映された『竜宮』と『お化け』は、先の二作を改称したものである。当時こうした作品は、「影絵」「影画」「シルオーエット映画」などと呼ばれていた。

興味深いのは、漫画映画と実写の影絵劇映画を混同する傾向が見受けられることである。『活動之世界』の「ヒルム一覧」では、漫画映画がすべて「線画喜劇」に分類されていたが、ギルバートの影絵劇映画も「線画喜劇」に振り分けられていた。影絵劇映画はストレートに撮影されているので、当然のことながら今日においてはアニメーションとは見なさない。この点から考えると、ギルバートの作品を「線画喜劇」に分類するのは間違いである。しかし、それをおかしいと思うのは現代の視点に立つからであって、当時においてはとくに不自然なことではなかった。

それでは、なぜ実写の影絵劇映画が「線画喜劇」に分類されるのか。ギルバートの作品では、「ヒーザライア大佐」シリーズで知られるジョン・ランドルフ・ブレイが制作に参加し、背景のシルエットを描いていた。当時、ブレイは漫画映画を代表する作家として知られていたが、だからといって影絵劇映画を影絵アニメーションだと勘違いしたわけではない。当時の映画雑誌では、ギルバートの影絵劇映画の制作方法が詳しく解説さ

図9　幸内純一『なまくら刀』(1917) 図版提供：国立映画アーカイブ

図10　チャールズ・アラン・ギルバート『影絵』(1917,『活動之世界』1917年7月号)

れており、▽26 俳優の演技をストレートに撮影していることは理解されていた。影絵劇映画と漫画映画を混同することは、なにも作品に対する無理解が原因であったわけではない。

ギルバートの影絵劇映画が「線画喜劇」に分類されたのは、その作品を見たときの印象が影絵アニメーションに近かったからであろう。影絵劇映画は、俳優を撮影したものであったにしても、すべてが黒と白のシルエットに還元されており、あたかも描かれた絵のように見える。つまり、見た目には影絵アニメーションと同じような印象を与えるため、線画喜劇と同列に置いてしまったのである。

ここから推測できるのは、当時の人たちが実際に目に見えている状態を基準にして作品を分類していたということである。影絵映画が意味していたのは、スクリーンに映っているのが影絵だという事実であり、それ以上の意味はなかった。作品がどのような方法で制作されているかは問題にしないのであって、コマ撮りで制作していようとストレートに撮影していようと、目に見えているものが影絵であれば、それが影絵映画なのであった。このことは、制作の方法を理解していないということではない。制作の方法がわかっていたとしても、それを作品分類の基準にしないのである。つまり作品を分類するとき、コマ撮りで制作された事実よりも実際にスクリーンに映っているものの印象を優先させているのであった。

影絵映画という言葉には、戦前のアニメーションをめぐる名称の特徴が示されている。一九五〇年代半ば以降にアニメーションの概念が一般化したとき、アニメーションはコマ撮りで制作された作品という認識が定着した。この場合に注目されているのは、コマ撮りという技法、つまり「いかにして作品がつくられているか」という制作のプロセスである。それに対して戦前では、ジャンルを区分するうえで制作プロセスを重視しない。どこに注目していたかといえば、最終的にどのようなかたちで提示されているか、つまり「作品がどのように見えるか」であった。問われているのは手段ではなくて結果である。

戦前の人たちが実写の影絵劇映画を「線画喜劇」に分類したのは、それが線画のように見えたからである。これは、実に単純明快な態度であったといえるだろう。なぜなら彼らは、実際にスクリーンに見ているものの印象に素直に従っているにすぎないからである。「作品がどのように見えるか」という基準に従うかぎり、そこに矛盾はないのであった。逆に、コマ撮りをしていないから異なるジャンルの作品だと考えるほうが、彼らにとっては不自然なことに映るであろう。なぜなら、そのような技術に基づく判断は実際に目に見えている印象に反することがあったからである。

7 人形映画

戦前の日本で公開されたのは、漫画映画や影絵映画だけであったわけではない。先に触れた『活動之世界』の「新トリック号」では、日本で上映された作品として「モトイ会社自働人形乃至ユ社スクリンマガヂンに於る自働粘土画」[27]をあげていた。「自働」とはコマ撮りによって動かすことだから、「自働人形」は人形アニメーション、「自働粘土画」はクレイアニメーションのことである。作品は特定できないが、すでに一九一〇年代にはこうしたアニメーションが公開されていた。

しかし、人形アニメーションの存在を知らしめたのは、一九三〇年に公開されたラディスラス・スタレヴィッチの『悪魔の時計』（一九二八）である。一九三〇年代には他にも、アレクサンドル・プトゥシコの『新ガリバー』（一九三五）や『黄金の鍵』（一九三八）といった実写と人形アニメーションを組み合わせた映画が公開されていた。当時こうした作品は「人形映画」と呼ばれていた。

人形映画は、戦前のアニメーションに関する名称の多義性をよく示している。というのも、この名称にはアニメーション以外の作品も含まれていたからである。たとえば森岩雄は、一九三一年刊行の『映画製作法』のなかで人形映画を次のように解説している。

人形映画には二種類あつて、糸繰り式と然らざるものとの二つに分れる。普通の人形劇は糸繰りと手繰りとあるが、人形映画には糸繰りはあつても、手で扱ふところをそのまゝ撮影して見せて行くやり方を取るものは極めて稀で、その代り、止め写し式のトリックによる人形映画がひろく行はれてゐる。[28]

森の説明には、二種類の異なる人形映画が含まれている。ひとつは「手で扱ふところをそのまゝ撮影」したもので、これは人形劇をストレートに撮影した実写の作品である。もうひとつは、「止め写し式のトリックによる」ものだが、この場合の「止め写し」はコマ撮りのことなので、人形アニメーションを指している。

森の記述からもわかるように、人形をコマ撮りしたアニメーションも人形劇をそのまま撮影した作品も人形映画と呼ばれていた。人形映画という名称は、アニメーションとそうではない作品を初めから区別していない。

こうした発想は戦前だけのものではなく、戦後にも受け継がれていた。一九五四年に刊行された『映画百科辞典』は、当時におけるもっとも包括的な映画辞典だが、「人形映画」の項目は次のようになっている。

動く人形をつかつてつくられる映画。〔……〕影絵映画のように、人形の首・胴・手足を切りはなし、それらを少しづつ動かして一コマづつ撮影してゆくもの、糸あやつり、手あやつりの人形芝居をそのまま撮影するものの二つに分れ、一般にいう人形映画は前者が多い。[29]

以上の記述は、先にあげた森の解説と基本的に同じであって、戦前の発想をそのまま継承している。つまり、コマ撮りによる人形アニメーションと人形劇をストレートに撮影した作品を等しく人形映画として捉えていた。引用文の冒頭にもあるように、人形が動いている映画が人形映画なのだった。

この項目を執筆したのは、戦前からアニメーションの制作に従事した田中喜次である。田中は、影絵映画『煙突屋ペロー』（一九三〇）の作者であり、その後J・O・スタヂオで漫画映画の仕事に携わった。彼はプロのアニメーション作家であり、そのような作家が人形アニメーションと人形劇映画を同列に語っている。両者を区別しないのは、戦前から戦後にかけての一般的な考え方であった。

人形映画という名称がコマ撮りの作品と実写の作品の両方を含んでいるのは、実写の影絵劇映画を「線画喜劇」に分類するのと同じ発想である。つまり、「いかにして作品がつくられているか」ではなく、「作品がどのように見えるか」という視点に立脚した結果であった。

人形をコマ撮りしようと人形劇をストレートに撮影しようと、観客がスクリーン上に見ているのが人形であることには変わりがない。人形映画という名称が意味しているのは、最終的に提示されているのが人形だという事実である。戦前の人たちは、自分の目に映っているのが人形であるから人形映画と呼んだのであって、見えている状態をそのまま名称にしているにすぎない。当時の立場に立って考えてみるならば、同じように人形が動いている映画であるのに、それを別ジャンルの作品と見なすほうがややこしいと思うであろう。人形が登場する映画を等しく人形映画と呼んだほうが明快である。これをアニメーションに対する無知や無理解だというほうが、ひねくれた見方だといえるのではないか。

人形映画は、画面のなかに人形だけが登場する点において、俳優が演技をする劇映画と区別された。また同様に、画面上で絵が動く漫画映画とも区別された。漫画は人形ではないからである。基本的に漫画映画と人形映画は別ジャンルの作品であった。しかし、両者に共通点がなかったわけではない。漫画映画と人形映画は、人工的につくられた対象をコマ撮りで撮影している点で共通しており、通常の劇映画とは異なるという認識があった。人工的につくられた作品を指す名称として「特殊映画」があった。これは、特殊な技法によってつくられた映画という意味で、おそらく一九三〇年代になって普及している。特殊映画は戦前に特有の名称で、戦後は使わなくなっている。

先にあげた森による人形映画の定義は、『映画製作法』の「線画・影絵・人形映画の作り方」という章にあり、そこでは線画（漫画映画）と影絵映画と人形映画がひとまとめになっている。彼は、これらの作品を「実写以外の特殊映画」として括っていた。特殊映画という名称のもとでは、漫画映画、影絵映画、人形映画を同じ範疇に分類することができた。

しかし、特殊映画に分類されるのはコマ撮りによる作品だけではない。森は、ミニチュアをストレートに撮影した作品や前衛映画も特殊映画と見なしている。彼はあげていないが、カメラ停止や多重露光を使ったトリック映画も特殊映画に含めて考えるのが普通である。特殊映画とは、特殊な技法によって制作された作品を実写映画と区別するために生まれた名称であって、コマ撮りで制作された作品はその一部にすぎない。結局、特殊映画という名称もアニメーションとそうではない作品を区別してはいない。

人形アニメーションと人形劇映画を同列に置く発想は、一九六〇年代以降しだいになくなっていった。先述したように、森卓也は『アニメーション入門』で、「アニメーションとは、無生物を、コマ撮り技法によって活化する、一種の映画トリックを指す技術用語である」と定義していた。続けて森が「コマ撮り技法を使用しない、あやつり操作による人形映画までも、しばしばアニメーションとして扱っているのは、不注意というべきだ」と書くとき、コマ撮りによる作品とそうではない作品を明確に区別しようという意識が働いている。人形映画に二種類あると考える発想は、アニメーションの概念が確立されることによって一般的なものではなくなるのだった。

8　絶対映画

世界のアニメーション史を記述した本には、一九二〇年代に抽象アニメーションが制作されたことが必ず記されている。代表的な作品として、ヴァルター・ルットマンの『オパスⅠ』、ハンス・リヒターの『リズム21』（いずれも一九二一）〔図11〕、ヴィキング・エッゲリングの『対角線交響曲』（一九二四）〔図12〕がある。ルットマン、リヒター、エッゲリングの抽象アニメーションは、「絶対映画」と呼ばれるものに属する。映画史において絶対映画は、純粋映画やシュルレアリスム映画などとともに「前衛映画（アヴァンギャルド映画）」の一種に位置づけられている。前衛映画は、二〇世紀前半のヨーロッパに台頭した前衛芸術運動、たとえば未来派、ダダイズム、シュルレアリスム、ロシア・アヴァンギャルドなどと不可分の関係にあった。絶対映画も例外ではなく、リヒターやエッゲリングはダダイズムの画家だった。

一九二五年五月三日と一〇日にベルリンで開催された〈「絶対映画」フィルム・マチネ〉は、ドイツ最大の映画会社「ウーファ」が主催した上映会で、『オパスⅠ』『リズム21』『対角線交響曲』などを公開し、絶対映画という名称を広める役割を果たした。ただし、このとき上映されたのは抽象アニメーションだけではなく、ルネ・クレールの『幕間《まくあい》』やフェルナン・レジェの『バレエ・メカニック』（いずれも一九二四）〔図13〕といった実写の前衛映画も含まれていた。

この上映会に関しては、ドイツ映画に詳しい岩崎昶が同年の『映画往来』で早くも取り上げており、[30] ルットマン、リヒター、エッゲリングらの作品が「絶対映画」と呼ばれて評判になったことを報告していた。ただし岩崎は、ドイツの映画雑誌の記事を読んだだけで、実際に作品を見ていたわけではなかった。

その後、岩崎は絶対映画の熱心な紹介者となった。彼が『映画往来』一九二七年三月号から連載した「絶対映画」は、ルドルフ・クルツの『表現主義と映画』（一九二六年）所収の「絶対映画」の章を訳したものだった。また、武蔵野館の機関誌『Musashino』同年一〇月号から「絶対映画への道」と題する連載を開始し、映画史のなかで絶対映画の生まれる必然性を説いている。しかし岩崎は、「日本プロレタリア映画同盟（プロキノ）」

図11　ハンス・リヒター『リズム21』(1921)

図12　ヴィキング・エッゲリング『対角線交響曲』(1924)

図13　フェルナン・レジェ『バレエ・メカニック』(1924)

に加入すると、絶対映画に対して否定的な立場を取るようになった。プロキノの掲げたプロレタリア映画批評は、前衛映画をブルジョワの映画として批判の対象にしたからである。

戦前の日本で『オパスⅠ』『リズム21』『対角線交響曲』が公開されることはなかったが、ルットマン、リヒター、エッゲリングが絶対映画の作家であることは知られていた。しかし当初、彼らの作品がアニメーションであるという認識はなかったし、その作品がコマ撮りで制作されていることに目が向けられることもなかった。

このことは、絶対映画の紹介者である岩崎の理解に端的に示されている。彼は、絶対映画を表現主義映画の発展と解釈していた。[31] 表現主義映画とは、一九一〇年代末頃からドイツで流行した劇映画のスタイルで、代表作に当たるロベルト・ヴィーネの『カリガリ博士』（一九二〇）は日本でも翌年に公開されて話題となった。しかし、俳優が演技をおこなう表現主義映画がいかにして純粋抽象の絶対映画に発展するのか。岩崎が念頭に置いていたのは美術の動向、とくにワシリー・カンディンスキーの抽象絵画であった。

カンディンスキーは抽象絵画の先駆者の一人だが、いきなり抽象絵画を描いたわけではなかった。もともと彼は表現主義の画家であって、表現主義の半具象的な絵画を展開させることで純粋抽象の絵画に到達している。当時、日本の美術界でもカンディンスキーの抽象絵画は注目されていた。カンディンスキーは表現主義の画家であったから、彼の抽象絵画は新しい表現主義絵画のスタイルとして理解されていた。岩崎は、こうした抽象絵画の評価のあり方をそのまま映画に当てはめている。つまり、カンディンスキーの表現主義絵画が抽象絵画へと発展したように、表現主義映画も純粋抽象の映画（絶対映画）に発展するのが当然だと考えたのであった。

絶対映画という名称は、カンディンスキーが書いた絵画論のなかで、抽象を「絶対」と呼んだことに由来するといわれている。しかし、岩崎がカンディンスキーの抽象絵画を念頭に置いているならば、その抽象絵画をアニメーションにしたものが絶対映画であると考えてもよさそうだが、岩崎にはそのような発想がなかった。

ここにはもうひとつ別の理由が存在している。

影絵映画や人形映画には、素材をコマ撮りしたアニメーションと劇をストレートに撮影した実写映画の二種類が含まれていた。似たようなことは絶対映画にもあって、コマ撮りによる絶対映画と実写による絶対映画があったのである。当時は両者を区別しておらず、コマ撮りによる作品と実写による作品を含んだかたちで絶対映画が存在していた。

ルットマンらの作品は、抽象的な絵をコマ撮りで撮影したものだから、アニメーションによる絶対映画である。実写による絶対映画についてはあまりよい例が浮かばないのだが、たとえば荻野茂二が一九三四年に制作した『PROPAGATE（開花）』や『AN EXPRESSION（表現）』（いずれも一九三五）は抽象アニメーションだが、『リズム』はそれらとは制作方法が異なる。これは、具体的な形象をもたない純粋抽象の作品だが、ターンテーブルの上に物を置いて光を当て、回転する影の動きをストレートに撮影していた。水の動きをクローズアップで撮影した同名の『RHYTHM（リズム）』（一九三五）も実写の絶対映画である。

話がややこしくなるが、この実写による絶対映画は「純粋映画」と呼ばれたものとは異なる。純粋映画とは、具体的なイメージのショットで構成されているが、物語や展開をまったくもたない純粋視覚的な作品のことで、〈「絶対映画」フィルム・マチネ〉でも上映された『幕間』や『バレエ・メカニック』がこれにあたる。純粋映画は、物語や展開をもたない点で絶対映画と共通するが、純粋抽象ではないという点で絶対映画と区別された。

要するに、絶対映画が意味していたのは純粋抽象であることだった。そして、作品が抽象であるならば、コマ撮りで制作していようとストレートに撮影していようと絶対映画と呼んだのである。この点は、影絵映画や人形映画の捉え方と同様である。つまり絶対映画の場合も、「作品がどのように見えるか」を基準にしており、

図14　荻野茂二『RHYTHM（リズム）』（1934）図版提供：国立映画アーカイブ

「いかにして作品がつくられているか」を問わない。そのため、絶対映画がコマ撮りで制作されていることに目が向けられなかったのだった。

純粋抽象であることは他の作品と異なる大きな特徴である。劇映画や記録映画とは歴然と異なっているし、キャラクターを描く通常の漫画映画とも異質である。戦前の観客にとって、いくらコマ撮りという制作方法が共通していても、絶対映画と漫画映画を同じジャンルの作品と見なすことは理解しがたいことであっただろう。作品を見た印象が明らかに異なるわけだから、別のジャンルと考えるほうが自然であった。

一九三四年には、オスカー・フィッシンガーの抽象アニメーション「スタディ」シリーズが公開されている。フィッシンガーの作品に対する理解も、当初は絶対映画に対する理解と変わりがなかった。当時の評論家が注目したのは、純粋抽象であること、音楽にシンクロしていることであって、コマ撮りで制作されていることはあまり意識されていない。しかしその後、教育映画との関連からアニメーションに位置づける論者が現れている。板垣鷹穂は、教育映画を論じた文章のなかで「線画映画」を説明し、「興行映画の一形態としての娯楽本位の「漫画」と、音楽と図型の結合——例へばウーファの「光の舞踏」の如き芸術的鑑賞的なる「図型」とがある」と書いている。[32] 板垣は、フィッシンガーの作品を線画映画に分類するが、「芸術的鑑賞的」であるがゆえに「娯楽本位」の漫画映画とは区別していた。

9　漫画映画

「漫画」という言葉は、江戸時代に『北斎漫画』（初版は一八一四年）があったように古くから知られていたが、これは「戯画風のスケッチ」というような意味なので、今日とは用法が異なる。現代と同じような意味で漫画という言葉を使ったのは、明治時代の今泉一瓢《いっぴょう》や北沢楽天であった。ただし、この名称が普及するのは一九二〇年代に入ってからだろう。一〇年代に欧米のアニメーションが公開されたとき、それを漫画映画と呼ばなかったのは、漫画という言葉が一般的ではなかったからである。

一般に漫画映画は、影絵映画や人形映画のように実写とアニメーションを混同する傾向はなかった。この点では今日の用法と基本的に同じである。しかし、漫画映画も戦前に生まれた名称である以上、当時の判断に基づいたものであったと考えることができる。すなわち、漫画映画とは漫画をコマ撮りした作品という意味ではない。漫画映画という名称が意味していたのは、スクリーンに映っているのが漫画であるという事実に他ならない。この点では、影絵映画や人形映画の場合と同じである。漫画映画には実写による作品がなかったため、影絵映画や人形映画のような混同がなかっただけの話である。だから逆にいうと、コマ撮りをおこなわず漫画をストレートに撮影した映画が存在していたならば、影絵映画や人形映画と同様の混同があったはずである。

わたしの知るかぎり、戦前の日本にコマ撮りによらない漫画映画はなかった。しかし、戦後にはそうした作品が存在する。たとえば、大島渚が制作した『忍者武芸帳』（一九六七）〔図15〕がそうである。これは、全編にわたって白土三平の同名漫画を直接撮影した異色の映画だが、コマ撮りではなく、静止画を撮影したショットを短く編集することでストーリーを追っていた。そのため、一般に『忍者武芸帳』をアニメーションとは呼ばない。

しかし、仮に『忍者武芸帳』のような映画が戦前に発表されていたらどうだろうか。戦前における作品の捉え方は、その作品がどのように見えるかという点にあり、制作の技法を重視しない。とするならば、『忍者武芸帳』のような作品は、他の漫画映画とまったく区別されることがなく、ごく自然に漫画映画と呼ばれたであろう。なぜなら、観客がスクリーン上に見ているものが漫画以外の何物でもないからである。

図15　大島渚『忍者武芸帳』(1967)

漫画映画という言葉が一般化する以前には、「線画映画」や「線画」という名称があった。線画は、「線画トリック」「線画喜劇」などの名称にも使われている。線画とは漫画のことであり、漫画という言葉が一般化したことで漫画映画という名称が普及した。しかしその後、漫画映画と区別して「線画映画」という名称が使われるようになった。この場合に線画映画は、教育目的で制作される図説的なアニメーションを指していた。

一九二〇年代に文部省は、映画を社会教育の一環として捉える政策を打ちだすようになっていた。教育用の線画映画には、たとえば天体の様子を解説したものなどがあって、シンプルでグラフィカルに描かれることが多い。それは、漫画というより線画と呼ぶほうがふさわしいものであっただろう。つまり、線画映画という名称にも「作品がどのように見えるか」という判断が反映していたと考えることができる。

漫画映画を指す名称には、ここにあげた以外にも、一九二〇年代半ばに登場した「描画」、三〇年代に使われた「動画」などがある。しかしこれらの名称は決して一般的ではなく、映画雑誌などでも見かける機会が少なかった。描画や動画については、名称の生まれた文脈が異なるため、第二章で検証したい。

10　受容者の視点と制作者の視点

明治時代の日本では、絵だけで成立したアニメーションが公開される以前から、実物をコマ撮りした作品、実写映画のなかにアニメーションを導入した作品などが公開されていた。当時、コマ撮りはトリック撮影の技法の一種であり、コマ撮りで制作された漫画映画もトリック映画の延長にあった。ここには、コマ撮りで制作された作品とそうではない作品を明確に区別しようという意識がなかった。

戦前の日本では、コマ撮りという技法を特権化することがなく、影絵映画や人形映画といった名称においては、コマ撮りによる作品と実写の作品を区別する発想がない。それは、戦前の人たちが実際にスクリーン上に見ている状態を基準にして作品を位置づけていたからである。つまり、「作品がどのように見えるか」という作品の結果を判断基準にしており、「いかにして作品がつくられているか」という制作のプロセスを重視しなかった。

「作品がどのように見えるか」を基準にすることは、一般的な観客の側から、いいかえると受容者の側から作品を捉えることであるだろう。映画の技術に詳しくない一般の観客にとって、作品の制作方法は二次的な問題にすぎない。彼らは、実際にスクリーン上に見えているものの印象に基づいて作品を理解する。このような受容者側の判断は体験的であって、感覚的、直感的な態度に基づいている。

一方、「いかにして作品がつくられているか」を基準にすることは、映画の技術に対する専門的な知識をもつ側から、いいかえると制作者の側から作品を捉えることであるだろう。彼らは、作品の成立するプロセスに注目し、そこから技術的な背景を考察する。このような制作者側の判断は反省的であって、分析的、論理的な態度に基づいている。

「作品がどのように見えるか」という判断は受容者の視点に立つものであり、「いかにして作品がつくられているか」という判断は制作者の視点に立つものである。前者の判断は、臨機応変で柔軟性をもつが一貫性がない。後者の判断は、原則的で首尾一貫しているが融通がきかない。受容者の視点に立脚することと制作者の視点に立脚することは、どちらが正しくてどちらが間違っているという問題ではなく、作品の捉え方の相違にすぎない。

先にわたしは、戦前の日本にアニメーションという「共通の場所」が存在しないと書いた。しかし正確にいえば、今日とは異なる判断基準によってアニメーションを捉えており、現代のアニメーションとは別の「共通の場」をもっていたのである。戦前の日本人は、アニメーションという概念をもたないなかで、個々の作品に対し直感的、感覚的に対応していた。今日からみると混乱しているようにも思えるが、それはアニメーションという「共通の場所」をもち、作品を分析的、反省的に捉える立場から眺めるかぎりにおいてである。直感的、感覚的な判断に従うならば、そのなかで矛盾はないのだった。

ここで改めて現代の状況に目を向けてみよう。今日では、ＣＧの発達によって人工的につくられた映像が実写の映像と同等のリアリティを実現するようになった。そのような映像が当たり前のように存在する状況のなかでは、技術的な規定に基づいて実写であるかアニメーションであるかを問うことの意味がなくなっている。誰にも区別できないほど実写に近づいた映像はもはや実写といってよく、人工的につくられた作品であるからといってアニメーションと呼ぶことには違和感がある。

一方で、手書きによるアニメーション、人形やその他の素材を使ったアニメーションは今日でもさかんに制作されている。こうした作品は、人の手によってつくられたという感覚を歴然ともっていて、実写の作品とは明らかに異なる印象を与えるものである。

今日のわたしたちは、技術的な規定に基づいて実写とアニメーションを区別するだけではなく、実写のように見えるかどうか、あるいはアニメーションのように見えるかどうかという印象にも頼らざるをえなくなっている。つまり、「いかにして作品がつくられているか」という制作者の視点だけでは不十分で、「作品がどのように見えるか」という受容者の視点を取り入れる必要が生まれている。

しかし、すでに戦前の日本人は「作品がどのように見えるか」という視点で作品を判断していた。アニメーションの概念が確立される以前は、そのような判断のほうが一般的であったのである。彼らは、受容者の視点に立つことでアニメーションの多様なスタイルに対して柔軟に対応していた。アニメーションの概念が拡張し、「アニメーションとはなにか」が改めて問われている現代の状況のなかで、戦前の判断の仕方は示唆に富むものだといえよう。

▽1 本書の第三章を書くための調査を指す。

▽2 フェルディナン・ド・ソシュール『一般言語学講義』（小林英夫訳、岩波書店、一九七二年）を参照。

▽3 森卓也『アニメーション入門』美術出版社、一九六六年、一〇頁。

▽4 津堅信之『アニメーション学入門』平凡社、二〇〇五年、一八頁。

▽5 津堅信之の『新版 アニメーション学入門』（平凡社、二〇一七年）では、アニメーションが次のように再定義されている。「絵、人形等を素材として、素材を少しずつ変化させて描く、または素材のポーズや位置を少しずつ動かしながら、映画撮影用カメラ、またはその機能を有するソフトウェア等を使用して、コマ単位で管理された映像をメディアに記録し、それを映写することで、動かない素材を動いているように見せる映画技法、またはその技法を使った作品」（一三一一四頁）。新版では「アニメーション映画」の表記が「アニメーション」に変わっている。定義は厳密になったが、映画であることを前提としている点では旧版と同じである。

▽6 小出正志「アニメーションの概念」（横田正夫、小出正志、池田宏編『アニメーションの事典』朝倉書店、二〇一二年）を参照。

▽7 吉山旭光「東京に於ける活動写真の発達変遷（其三）」『活動写真雑誌』第一巻第六号、一九一五年一一月号、九頁。

▽8 渡辺泰「日本で世界初のアニメーションが公開された可能性についての考察」『アニメーション研究』第三巻第一号A、二〇〇一年。同「日本で上映された外国アニメーションの歴史①」『（復刻版）『キネマ旬報』総目次（作品／論文／広告一覧）』文生書院、二〇一〇年。渡辺の説は、『活動写真器機フィルム（連続写真）定価表』（吉沢商店、一九〇七年）に記述された「不思議ノボールド」の内容が『愉快な百面相』に相当すること、またこの「不思議ノボールド」を『日本映画作品大鑑 第一集』（『キネマ旬報』別冊、一九六〇年）に封切日が記載された『奇妙なるボールト』と同じ作品と見なすことに由来している。

▽9 『都新聞』一九〇九年八月三日、四面。

▽10 虫生「錦輝館の「怪談新一ッ家」」『萬朝報』一九〇八年四月一九日、三面。

▽11 チョモンには他にも似たようなトリック映画がある。『El hotel electrico（エレクトリック・ホテル）』（一九〇八）は、

ホテル客が不思議な出来事に遭遇する作品で、電気仕掛けで物が自然に動く設定なのだが、ナイフがパンを切るシーンなどがなかった。

▽12 吉山旭光『日本映画界事物起源』シネマと演芸社、一九三三年、六二頁。
▽13 『都新聞』一九〇八年六月二日、四面。
▽14 吉山『日本映画界事物起源』、六三頁。
▽15 「活動写真」『読売新聞』一九一〇年一二月三一日、三面。
▽16 吉山『日本映画界事物起源』、六二頁。
▽17 フレデリック・S・リッテン「日本の映画館で上映された最初の（海外）アニメーション映画について」小林翔訳、『アニメーション研究』第一五巻第一号A、二〇一三年、二七―二八頁。
▽18 吉山『日本映画界事物起源』、六四頁。
▽19 滋野幸慶「フイルムの技工」『キネマ・レコード』第二巻第六号、一九一四年六月号、一三頁。
▽20 帰山教正『活動写真劇の創作と撮影法』正光社、一九一七年、一九八頁。
▽21 編集局「トリック新研究――沿革と発達」『活動之世界』第三巻第三号、一九一八年三月号、六頁。
▽22 吉山『日本映画界事物起源』、六二頁。
▽23 編集局「トリックに対する観客の観念」『活動之世界』第三巻第三号、一九一八年三月号、一二頁。
▽24 吉山旭光『日本映画史年表』映画報国社、一九三〇年、一二四頁。
▽25 岡村紫峰『吾輩はフイルムである』活動写真雑誌社、一九一七年、二六頁。
▽26 「影絵の話」『活動之世界』第二巻第九号、一九一七年九月号、四九頁。
▽27 編集局「トリック撮影法並に其の発達」『活動之世界』第三巻第三号、一九一八年三月号、一九頁。「ユ社」とはユニヴァーサル社の略である。
▽28 森岩雄「線画・影絵・人形映画の作り方」帰山教正、原田三夫編『小型映画講座［第二巻］映画製作法』日本教材映画株式会社、一九三一年、二一三―二一四頁。

▽29 岩崎昶、瓜生忠夫、今井正、宮島義勇、松山崇編『映画百科辞典』白揚社、一九五四年、三一八頁。

▽30 岩崎秋良「絶対映画、他二項」『映画往来』第一巻第一〇号、一九二五年一〇月号、五〇―五一頁。岩崎秋良は岩崎昶のペンネーム。

▽31 岩崎昶は、すでに『キネマ旬報』一九二四年一〇月一一日号―二一日号に連載した「表現派映画の将来」で、表現主義映画から抽象映画が生まれる可能性を論じていた。これは、東京大学の学生だった岩崎が書いたデビュー論文である。

▽32 板垣鷹穂「第六回映画教育夏季講座(その七)教化映画論」『映画教育』第七九号、一九三六年九月号、三二頁。

第二章

映画統制下のアニメーション

――「線画」「描画」「動画」に関する研究

1　映画教育と映画検閲

本章は、第一章と同様に戦前・戦中のアニメーションをめぐる名称を考察の対象としている。前章で取り上げた漫画映画、影絵映画、人形映画などは、当時もっとも一般的なアニメーションに関する名称であった。本章で注目したいのは、どちらかといえば映画雑誌などで見かける機会の少なかった名称、たとえば「描画」「動画」「アニメーション」などである。

動画やアニメーションという言葉は、今日では当たり前のように使われているが、当時はまだ珍しい名称であった。描画は、もともとさほど一般的ではなく、現在ではアニメーションを指す名称としてこの言葉を用いることはなくなっている。一方、当時はある種のアニメーションを指す名称として頻繁に用いられたが、今日では用いられなくなった言葉に「線画」があり、これも本章で取り上げている。

線画や描画といった名称は、戦前に映画が置かれた社会的な状況と切り離して考えることができない。当時の映画の状況が現代と異なるのは、政府による映画統制が強固に存在していたことで、アニメーションに対する影響も大きかった。本章の目的は、映画統制下の日本でアニメーションがどのような状況にあり、いかなる役割を担ったのかを、アニメーションに関する名称に焦点を当てることで検証することにある。

日本政府の映画統制は、映画教育と映画検閲という二つの側面から考えることができる。[1]当時、映画教育を奨励していたのが文部省であり、映画検閲を管轄していたのは内務省であった。ただし、映画教育と映画検閲が別個に存在していたわけではなく、両者は密接に関わっていた。

一九一七年に警視庁が制定した「活動写真興行取締規則」は、日本で最初の映画検閲法である。この規則の目的は、風俗的、思想的に有害な作品を取締ることにあり、これにより政府の許可を得なければ映画を公開できなくなった。またこの規則は、映画を「甲」と「乙」の二種類に分け、甲種の映画は一五歳以上、乙種の映画は一五歳未満を対象にすると定めていた。年齢制限を設けることで、悪影響のある映画を子供から引き離そうとしたのである。

「活動写真興行取締規則」は、観客や興行主から評判が悪く、二年後に改正、撤廃されてしまうが、映画を教育の問題として考えるひとつのきっかけとなった。甲乙制度の失敗によって明らかになったのは、娯楽としての映画を民衆から取り上げることはできないということだった。しかし、だからといって影響力をもつ映画を野放しにもできない。とするならば、映画自体を教育的なものに改善する必要がある。こうして政府は、映画教育に力を入れるようになった。悪影響のある映画を排除するのが映画検閲の任務であり、よい影響を与える映画を提供するのが映画教育の役割であって、両者は相互補完的な関係にある。映画検閲と映画教育は、映画統制の両輪であった。

一九二五年の「活動写真『フイルム』検閲規則」によって、映画検閲が全国統一された。一九三一年の満州事変、一九三七年の日中戦争と、日本が戦争に向かうとともに映画統制も強化され、日本初の文化立法と呼ばれた「映画法」が一九三九年に施行された。映画法は、映画を検閲するだけではなく、映画によって民衆を教育することも重要な課題であった。映画法によって、年少者の観覧制限が設けられるとともに、文化映画（教育映画などの劇映画以外の映画）の強制上映がおこなわれた。映画検閲と映画教育は、映画法においても表裏一体の関係にあった。

映画興行の中心は長編の劇映画にあり、当初は短編しかなかった漫画映画は制作本数も少なく、映画全体からいえば周縁的な存在だった。しかし漫画映画は、映画統制が強化されるなかでしだいに従来と異なる役割を担うようになった。娯楽用に制作される漫画映画だけではなく、それ以外の用途をもつ漫画映画にも関心が向けられたのである。

戦前・戦中の日本では、さまざまな目的をもった漫画映画が制作されていただけでなく、多様な用途をもった実写映画の一部に漫画映画が使用された。たとえば、啓蒙的な内容をもつ教育映画、学校の授業に用いられる教材映画、ニュースを伝える時事映画、政治的な思想を宣伝する宣伝映画、商品の販売促進を目的とする広告映画などである。漫画映画は、こうした映画に活用されることが期待されていた。

一九一七年、下川凹天、北山清太郎、幸内純一がそれぞれ漫画映画の短編を公開したことは、日本における商業的な漫画映画の始まりである。これらは娯楽用に制作された漫画映画だが、娯楽用以外の漫画映画も同時期に登場していた。たとえば北山が一九一七年に制作した『貯金の勧《すすめ》』は、逓信省貯金局からの依頼で、貯金することの効果を宣伝した漫画映画である。彼は、一九二一年に「北山映画製作所」を設立して教育映画の制作に従事し、実写の一部に漫画映画を組みこんだ『口腔衛生』（一九二三）や『円』（一九三三）などを手がけた。

大石郁雄、村田安司、山本早苗といった戦前を代表する漫画映画作家は、いずれも教育映画や教材映画の重要なつくり手であった。漫画映画の制作本数が少なかった当時、教育用の作品は大きな収入源であり、日本政府は重要な受注先であった。戦前・戦中の漫画映画は、教育用の作品を抜きにして語ることができない。

2　線画と映画教育

戦前の日本では、漫画映画という言葉が定着する以前、「線画（線画映画）」や「線映画」という名称が用いられていた。それは当時、漫画という言葉が一般に知られておらず、漫画のことを線画と呼んでいたからである。漫画映画を意味する「線画トリック」や「線画喜劇」の「線画」も漫画のことである。しだいに漫画映画という名称が定着したが、漫画映画を線画映画と呼ぶ習慣も継続していた。

一方でややこしいことに、漫画映画という言葉が定着したあと、線画（線画映画）という名称が改めて使われるようになっている。この場合に線画は、教育用に作成された漫画映画を指していた。教育用の漫画映画は以前から制作されていたが、これを娯楽用の漫画映画と区別し、異なるジャンルとして捉えるようになったのである。

線画映画という名称は、教育用の作品に図説的、図解的なものが多く、描写がグラフィカルで線画的だったことに由来していたようだ。漫画映画と線画映画の区別が生まれるのは、一九二〇年代半ば頃からだろうか。ただし、この区別には曖昧なところがあって、絵によるアニメーションをすべて漫画と呼ぶことも、あるいは線画と呼ぶこともあった。

教育用に制作される線画映画は、文部省の映画教育政策と密接に関わっていた。文部省が映画に関与するのは、一九一一年の「通俗教育調査委員会」が「幻灯映画及活動フイルム審査規定」を定めたときで、このとき初めて映画の認定制度が設けられた。一九二〇年には新たに「社会教育調査委員」が置かれ、認定制度の他に映画推薦制度を設けている。

山根幹人が一九二三年に刊行した『社会教化と活動写真』は、映画教育への社会的な関心の端緒に位置する著書である。議論の中心は劇映画にあるが、「線画映画」にも少なからず言及されていた。ただし、当時は漫画映画と線画映画の区別が明確ではなく、山根のいう線画映画とは漫画映画のことである。

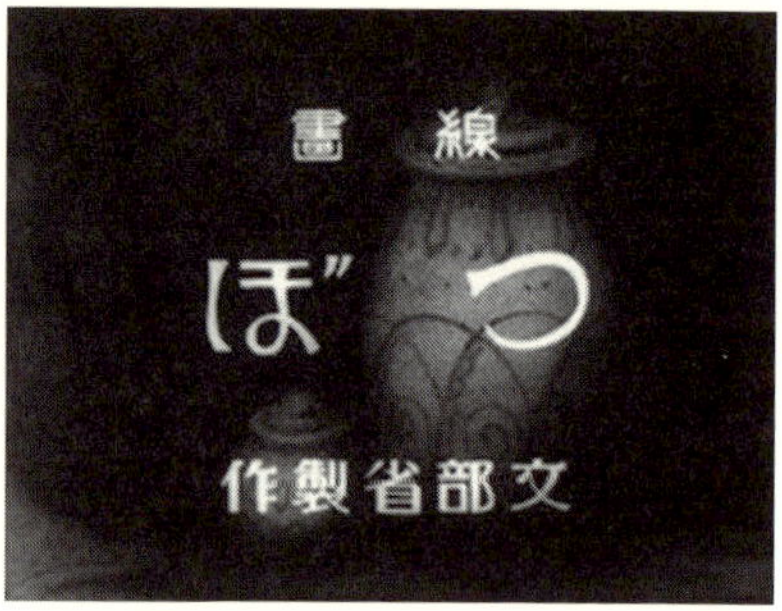

図1　山本早苗『線画　つぼ』（1925）

山根は、線画映画を「興行本位、営利本位で作られたもの」と「社会事業の為めに、教化宣伝の為に作られたもの」▽2の二種類に分けている。前者は娯楽用に制作された通常の漫画映画であり、後者が教育目的で制作された漫画映画である。一般に漫画映画といえば前者を指すが、山根の関心は後者にあった。後者の利点としては、天文学や数学といった実写では描くことのできない問題を扱えること、数量や統計をわかりやすく説明できることなどがある。彼が論じているのは、のちに漫画映画と区別される線画映画のことであった。

子供に人気のあった漫画映画は、教育映画のなかで一定の位置を占めていた。文部省は一九二五年から映画製作に乗りだし、山本早苗による教訓的な漫画映画『線画　つぼ』（一九二五）〔図1〕をつくっている。しかし、実際に映画教育運動を担ったのは、大阪毎日新聞社のような民間企業であった。一九二八年には、大阪毎日新聞社の「大毎フイルム・ライブラリー」による「学校巡回映画連盟」が結成され、小学校で巡回映画会を実施した。関東でも、東京日日新聞社の「東日フイルム・ライブラリー」による巡回映画会がおこなわれた。これらのプログラムには、毎回のように国内外の短編アニメーションが含まれていた。

一九三一年に満州事変が勃発し、日本が中国と戦争を始めたことは、映画の世界にも大きな影響をおよぼしている。大藤信郎の『蛙三勇士』（一九三三）〔図2〕のように、時局を意識して戦争をテーマにした漫画映画が登場したのがこの頃であった。一九三四年には、映画国策の確立を目指した「映画統制委員会」が内務省内に設けられている。

図2　大藤信郎『蛙三勇士』(1933)

『国際映画年鑑』一九三四年版の巻頭論文「昭和七・八年本邦映画界回顧」は、大きなトピックのひとつとして「映画国策運動」の台頭をあげている。この筆者は、映画全体を「長篇映画」「短篇映画」「文化映画」に分類し、「今日までは余り問題にされなかつた短篇映画が、次第に人の注意に上つて来たのは注目すべき現象である」[▽3]、また「映画国策運動の進展につれて、文化映画は愈よその重要性を加へて来た」[▽4]と書いていた。そして、「短篇映画」のジャンルとして「漫画映画」を、「文化映画」のジャンルとして「線画映画」をあげている。映画統制が長編の劇映画に焦点を当てていることに変わりはないが、映画国策の手段として短編映画や文化映画に対する関心が高まっていた。それとともに、当時短編しかなかった漫画映画や教育目的の線画映画が注目された。漫画映画と線画映画の区別が明確になるのは、この頃からであろう。

一九三九年の「映画法」によって、政府による統制は映画全体におよび、映画検閲が強化された。一方で映画法は、映画の地位の向上、フィルムの調達、従業員の保護など、映画制作の環境を支援する目的を担っていた。旧態依然とした制作環境にあった漫画映画の作家たちは、映画法に期待する側面があった。しかし、結果的に映画法は、漫画映画にとってプラスに作用することはなかったといってよい。文部省が年少者の映画観覧制限を設けたことは、漫画映画にとって大きな打撃であった。また、配給制となったフィルムは認定映画を優先したため、漫画映画の制作本数が減少した。漫画映画は、政府による保護の埒外に置かれてしまったのである。一九四一年、漫画映画や線画映画などの統一機関として「日本線画協会」が結成された。瀬尾光世、村田安司、大石郁雄らがメンバーで、戦時下の状況に対応するものであったが、具体的な活動はなかったよ

図3　万氏兄弟『西遊記 鉄扇公主の巻』(1941)広告(『映画旬報』1942年8月1日号)

うである。

しかし、初めて国産の長編漫画映画が制作されたのもこのような時代であった。きっかけは、万氏兄弟（万籟鳴《ウオン・ライミン》と万古蟾《ウオン・グチャン》）の『西遊記 鉄扇公主の巻』（一九四一）［図3］が一九四二年に日本で公開されたことにある。これは、中国初にしてアジア初の長編漫画映画で、この作品の大ヒットによって漫画映画の威力が国産の作品にも期待されたのである。国産初の長編漫画映画は、海軍省の委託で制作された瀬尾光世の『桃太郎の海鷲』（一九四三）である。続いて瀬尾は、やはり海軍省の委託による長編漫画映画『桃太郎 海の神兵』（一九四四）［図4］を制作し、一九四五年に公開した。戦意高揚のプロパガンダ映画だが、当時の総力を結集してすぐれた作品に仕上がっている。ところが、完成したのが終戦間近であったため、映画館で上映される機会はあまりなかった。

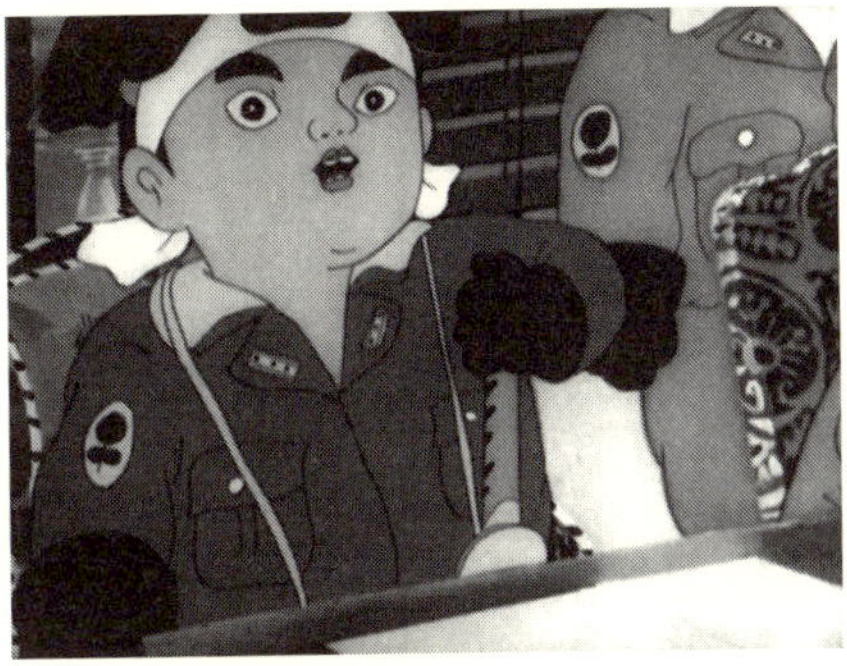

図4　瀬尾光世『桃太郎 海の神兵』（1944）

ただし、瀬尾のように長編の漫画映画を制作できた作家は例外的である。多くの作家は、教育用、教材用の線画映画の仕事に従事していた。あるインタビューで大石郁雄は、「図解映画」を提唱している。図解映画とは、「刻下の急務である教授用としての需要に応ずる為に」「線画を映画の一ジャンルとして独立させ」[5]たものである。一般に教育用の線画映画は、実写の一部として用いられることが多かった。それに対して大石は、線画映画を自立したジャンルとして捉えようとしている。しかし、図解映画という名称が普及しなかったように、彼の主張も一般化しなかった。

一九四〇年代に入ると、文化映画への関心が高まったせいか、漫画映画と線画映画の区別が強く意識されるようになったが、一方でこの区別には曖昧さがつきまとっていた。映画教育を推奨した文部省は、娯楽用の漫画映画も含めて線画と呼ぶのが普通で、一般には漫画映画という言葉を使わなかった。もともと漫画映画は、たとえ娯楽用の作品であっても、子供を対象に制作されているがゆえに、教育の問題と切り離すことができない。また戦中の漫画映画は、戦争を扱った作品が圧倒的に多く、プロパガンダ映画としての役割を担っていた。そもそもプロパガンダ映画とは、思想的な教育を意図した映画である。戦中の漫画映画は、線画映画を含めて文化映画（教育映画）に回収されたといってよい。

3　描画と映画検閲

戦前の日本には、アニメーションに相当する名称として「描画」があった。今日、アニメーションを描画と呼ぶ用法はまったく忘れられており、これまで注目されることがなかった言葉だが、映画統制下のアニメーションを考えるうえで重要な問題を提起している。さらに描画は、コマ撮りした作品を総称する言葉としては日本で最初といえるものであった。

アニメーションとしての描画は、一九二五年に内務省警保局が「活動写真『フイルム』検閲規則」を施行したときに誕生したと考えられる。この規則の目的は、映画検閲を全国統一することにあり、そのなかでアニメーションに該当する作品が描画に分類されたのだった。内務省警保局は警察部門を所管した組織で、今日でいえば警察庁に相当する。描画は、警察組織が映画検閲法のために用いた法律用語であり、アニメーションの意味に使っている点では官製用語であった。

「活動写真『フイルム』検閲規則」が施行される一九二五年七月以前は、各都道府県の警察が個別に映画検閲をおこなっており、ジャンル区分が大雑把で地域によってもばらつきがあった。たとえば、一九二四年の京都府の「映画検閲成績」、一九二五年上半期の大阪府や兵庫県の「映画検閲一覧表」では、ジャンル区分に「漫画」が使われていて描画とは書かれていない。▽6 一方、「活動写真『フイルム』検閲規則」施行後に発行された一九二五年下半期の『活動写真フイルム検閲時報』では、アニメーションに相当する作品がすべて描画で統一されている。

それでは描画とはなにか。一九二六年以降の『活動写真フイルム検閲時報――査閲「フイルム」ノ部』には、裏表紙に「フイルム種別表」が掲載されている。そのなかで描画は、「一齣回転ニテ撮影シ技工上活動セシムルモノヲ云フ」▽7と定義されていた。「一齣回転」とはコマ撮りのことだから、コマ撮りによって制作された作品が描画である。描画には、漫画映画や線画映画だけではなく人形映画も含まれていた。

描画は、一般にあまり普及しなかった言葉なのだが、そもそも内務省による映画の分類自体が通常のジャンル区分とおよそかけ離れていた。「フイルム種別表」では、映画全体を「実体画」「描画」「混合画」に分類している。実体画とは、劇映画や記録映画のような実写の作品のこと、混合画とは実体画と描画を複合したもの、つまり実写とアニメーションを組み合わせた作品のことで、いずれも描画以上に馴染みがない名称である。内務省は、まったく独自な視点に立って映画を分類していたことがわかる。

それにしても、誰がこうした分類を決めたのか。「活動写真『フイルム』検閲規則」のキーパーソンは内務省の柳井義男だが、分類を考案したのも彼であろう。柳井は、大著『活動写真の保護と取締』(一九二九年)で、映画検閲を「活動写真『フイルム』検閲規則」に基づいて理論化している。そこに掲載された「フイルム種別表」[図5]は、『活動写真フィルム検閲時報』の裏表紙にある表と同じものだ。彼は、実体画、描画、混合画

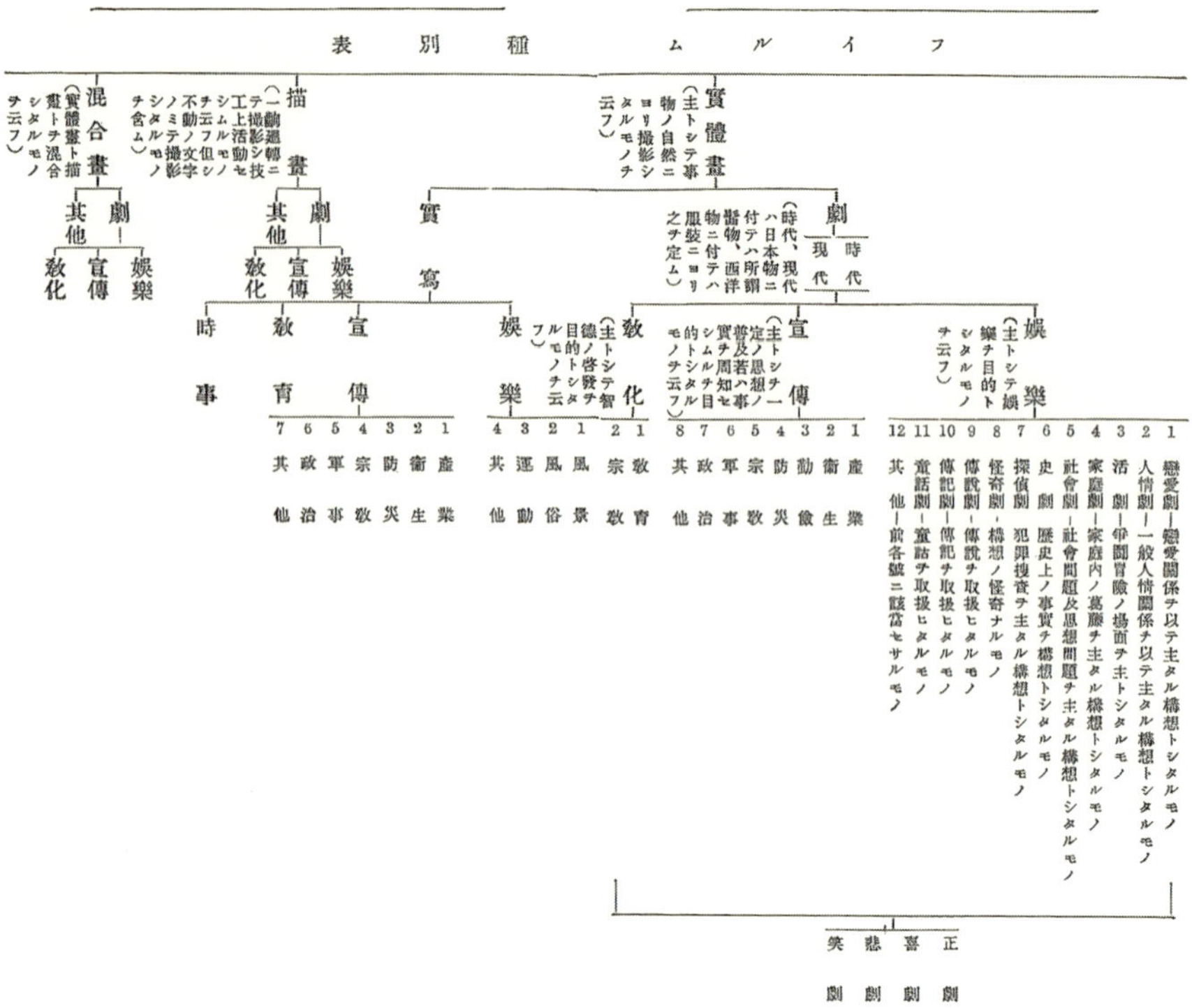

図5 「フイルム種別表」(柳井義男『活動写真の保護と取締』1929)

の違いを次のように説明している。

仍《よつ》て「フイルム」を其の構造上の差異から、之を実体画、描画及混合画に分ける。此の区別の準拠は、要するに「フイルム」の対象に置き、其の客体が有機的移動性があるものであるか、又は技工的に移動せしむるものであるかの点に注目する。即客体が有機的に移動するものは実体画で、技工的に移動するものは描画とする。客体が有機的に移動するものといふのは、簡単に云へば、例へば人とか、動物とか、自ら運動を起こすものを撮影したるものである。所謂漫画の様な、ペンや筆で描いた画が動く様に技工を凝したものは、即技工に依つて移動するもので後者に

属する。▽8

柳井は、映画を分類する基準をフィルムの「構造上の差異」に求めている。ここで問題になっているのは、「映画の運動がどのようにつくられているか」ということだ。彼は、フィルム上の動きが「有機的」であるか「技工的」であるかによって映画を分類する。「有機的」とは、それ自体がもつ動きを直接に記録すること、つまり対象の動きをストレートに撮影していることであり、これが実体画に相当する。「技工的」とは、映画の動きがカメラの技法によって人工的につくられていること、つまりコマ撮りで撮影されていることで、これが描画であった。映画を分類するうえでなによりも重視された特徴は、ストレートに撮影しているかコマ撮りで撮影しているかという差異なのであった。

柳井は、「全体を一、〇〇〇とした時、実体画は九九〇を占めてゐる」▽9と述べ、「量的に見れば、描画、混合画は殆ど問題にならない程少数である」と書いている。つまり彼は、描画と混合画を合わせても全体の一パーセントにすぎないことを認めながら、劇映画や記録映画との構造上の違いを優先し、描画と混合画を実体画に対置させている。長編の劇映画が中心の映画全体から見れば、短編しかなかった漫画映画の制作本数はごく少数であり、ジャンルとしての地位も低かった。しかし柳井は、一パーセントに満たない描画と混合画を、九九パーセントを占める実体画と同等のものとして位置づける。当時の漫画映画の置かれた状況からするならば、漫画映画に対する過大な評価であって、一般の映画関係者や観客には思いもよらない分類法であっただろう。

戦後の日本において、コマ撮りした作品をアニメーションと見なす認識が登場するのは一九五〇年代半ば頃からである。この点から考えると、一九二五年の時点でコマ撮りによる作品を描画という言葉で総称すること自体、驚くべきことである。しかし、なぜ描画のような定義が可能であったのか。

4　描画と分類学の思想

柳井義男の目的は、複雑に絡み合った多様な映画のジャンルを秩序あるものとして体系化することであった。「フイルム種別表」の前提にあるのは、近代分類法の発想であろう。近代分類学を確立したのは博物学であり、その起源は一八世紀の動植物学者、カール・フォン・リンネにさかのぼることができる。結果的に「フイルム種別表」は、リンネの分類学の発想を映画に応用したものになっている。

リンネがおこなったのは、すべての植物を体系的に秩序づける分類表を作成したことである。彼は、植物の分類が植物のもっとも重要な部分に基づくべきだと考え、雄しべと雌しべの特徴に注目した。そして、同じ特徴をもつ個体をまとめた「種」、相互に類似したものをまとめた「属」を区別した。ミシェル・フーコーも述べているように、一七世紀から一八世紀の古典主義時代の人文科学は、網羅的秩序づけを企てており、知の中心は「表（タブロー）」を作成することにあった。[10] リンネの分類学が影響力をもったのは、この世に存在するすべての植物を分類表のどこかに位置づけることができるという普遍性を獲得していたからである。

『活動写真の保護と取締』では、映画を考察するうえで「観察」という言葉が頻繁に使われている。柳井は、まるで博物学者のように映画を外側から観察する。そのうえで彼は、映画の本質が運動のあり方にあると判断し、映画の「種」として実体画、描画、混合画を規定した。そしてこの「種」に、個別的な映画のジャンルの「属」が規則正しく配分されている。「フイルム種別表」は、映画の諸ジャンルの網羅的秩序づけを企てた「表（タブロー）」に他ならない。そこでは、あらゆる映画作品が例外なく分類表のどこかに位置づけられることになる。
「フィルム種別表」の分類学的な発想は、従来の映画の世界にはなかったものだ。戦前においてもっともポピュラーなアニメーションの名称、たとえば漫画映画、人形映画、影絵映画などは、コマ撮りで制作されたかどうかではなく、スクリーンになにが映っているか、つまり「作品がどのように見えるか」を基準にしていた。それは、映画を観る観客の経験的な印象に基づいたジャンル区分であった。しかし「フィルム種別表」では、こうした経験主義的な立場は捨象されている。分類の基準は、フィルムに内在する本質的なものでなければならなかった。

日本では、一九五〇年代半ば頃から、コマ撮りした作品をアニメーションと見なす発想が普及した。戦前の「作品がどのように見えるか」という発想が観客の立場によるものであったとするなら、戦後に一般的となったアニメーションの定義は、「いかにして作品がつくられているか」という制作者の立場に基づいていた。一方、描画の「一齣回転ニテ撮影シ技工上活動セシムルモノヲ云フ」という定義は、戦後のアニメーションの発想に近い。描画は、戦後のアニメーションの定義を先取りしていたといえよう。しかし、なぜこのような定義が可能だったのか。

柳井は法学部の出身であり、『活動写真の保護と取締』も「法理論」に基づいて書かれている。彼が映画のジャンルを網羅的に秩序づけるのは、映画の「保護と取締」を法的に規定しやすくするため、映画検閲を滞りなく実行させるためであった。戦前の「作品がどのように見えるか」という区分は、ジャンルの捉え方が曖昧であるため、網羅的な秩序づけにはふさわしくない。映画検閲が必要としていたのは、観客の主観的な視点ではなく映画の本質に基づいた客観的な規定であった。柳井は、映画の本質を動きのあり方に求めたが、動きに基づいた分類をおこなうためには、制作者の立場に立たざるをえなかった。映画検閲が「いかにして作品がつくられているか」という視点を必要としたのであり、コマ撮りによる分類という当時は珍しかった認識を可能にしたのである。描画は、映画を保護し取締るという目的がなければ存在しない言葉であった。

「活動写真『フイルム』検閲規則」は、映画法の成立とともに廃止されたが、その理念は映画法にも継承されており、描画という言葉も受け継がれていた。一九四〇年に施行された「映画法施行規則」の第六条は、登録を申請して許可証をもらわないと映画の仕事に従事できないことを定めたものである。翌年に改正された条文では、指定すべき業務の種類に「特殊映画ノ演出」や「特殊映画ノ撮影」をあげており、特殊映画が「描画又ハ之ニ準ズル映画ヲ謂フ」[11]と説明されていた。「映画法施行規則」では、描画が特殊映画として括られていたのだった。

内務省は一九二五年から一貫して描画の名称を用いたが、その割に一般に浸透していないのは、この言葉が法律用語で映画検閲の枠内に留まっていたからである。当時は、文部省も描画という言葉をほとんど使っていない。一九三九年から文部省は、映画法に基づいて「一般用映画」の認定をおこなったが、その内訳は「劇」「実写」「線画」であった。描画ではなく線画が用いられたのは、文部省の関心が映画教育にあったからだろう。

しかし一九四〇年代になると、映画に対する内務省の権限が拡大したためか、描画という言葉を見かける機会がにわかに増加した。たとえば一九四三年版の『映画年鑑』では、漫画映画、線画映画、影絵映画などがすべて「描画」に分類されている。[12]描画がようやく表舞台に出てきたわけだが、その使用も太平洋戦争が終結する一九四五年までの数年間であった。内務省は、終戦後にGHQ（連合国最高司令官総司令部）の指令によって廃止され、描画という言葉も使われなくなった。結局、描画はあまり普及しないまま忘れ去られたのである。しかしこのことは同時に、作品をコマ撮りによって分類する発想も忘却されたことを意味する。

5 政岡憲三と動画

「動画」という言葉を最初に用いたのが政岡憲三であることは定説になっている。確かに動画は政岡が使いはじめた言葉であろうが、どのような意味で用いられていたのかについては改めて検証する必要がある。アニメーションに該当する名称で当時よく使われたのは、漫画映画や線画映画などであって、映画雑誌などで動画という名称を見かける機会はあまりなかった。ただし、雑誌以外でこの言葉が使われている場所があった。ひとつは、政岡が一九三七年に発足した「日本動画協会」で、これはプロダクションの名称である。もうひとつは、彼が制作した漫画映画のクレジットタイトルであった。

政岡がいつ頃からクレジットタイトルに動画を用いたのかははっきりしない。彼は洋画家を志して上京し、映画の美術スタッフなどをこなしていたが、一九二九年には日活の撮影所に入社して漫画映画を目指した。政岡の漫画映画第一作は『難船ス物語第壱篇　猿ヶ嶋』（一九三〇）で、続いて『難船ス物語第弐篇　海賊船』（一九三一）を制作している。前者のクレジットタイトルには「漫画製作」、後者には「作画」とあって、動画という表記はなかった。

政岡は、一九三二年に「政岡映画製作所」を立ち上げ、翌年には「政岡映画美術研究所」を新たに設立し、松竹でトーキーによる漫画映画『力と女の世の中』（一九三三）を制作した。作品は現存しないが、記録ではスタッフの表記に「動画」とあり、瀬尾光世の名前があげられている。[13]動画は、政岡が自分のプロダクションを設立したときに生み出した言葉であったのかもしれない。現存する作品では、『べんけいとウシワカ』（一九三九）のクレジットタイトルに、「製作」が日本動画協会、「原画及監督」が政岡憲三、「動画」が熊川正雄らと記されていた［図6］。政岡が松竹動画研究所で制作した『くもとちゅうりっぷ』（一九四三）［図7］も、クレジットタイトルに「動画」とある。

クレジットタイトルにある動画は、どのような意味で用いられたのか。このことを考察するための前提として、漫画映画を制作するためのコマ撮りの技術と、その技術で制作された作品を区別して考える必要がある。戦後の日本では、動画（アニメーション）という言葉がコマ撮りで制作された作品の総称として用いられるようになった。しかし戦前では、絵を動かす技術という意味で使うのが一般的で、作品の総称として使用されることはまずなかった。

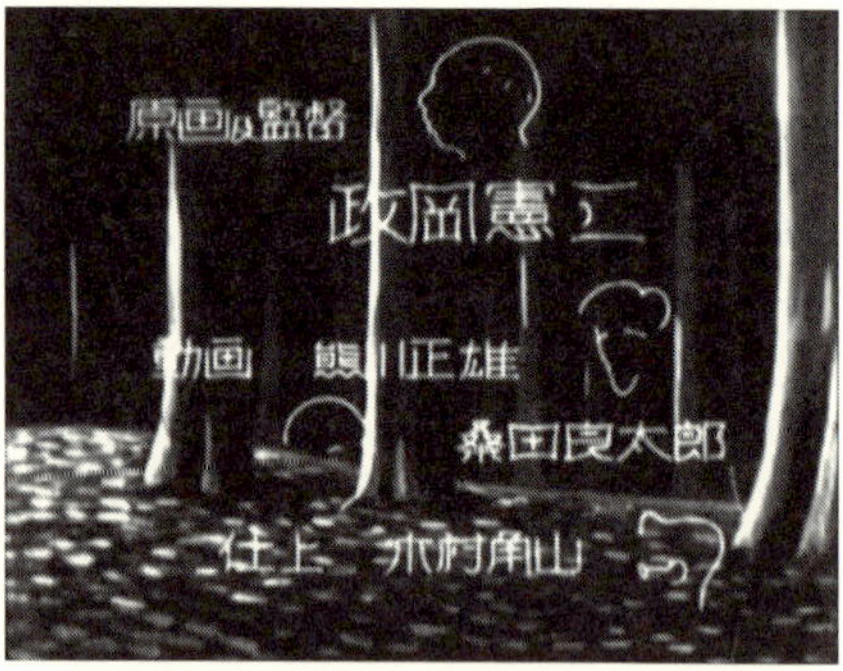

図6　政岡憲三『べんけいとウシワカ』（1939）

図7　政岡憲三『くもとちゅうりっぷ』（1943）

これは日本だけの特殊な傾向ではなく、似たような状況は欧米にもあった。戦前のアメリカでは、アニメーションが「動きをつくる」という意味の技術用語として使われていた。[14] ジャンル名としては「アニメイテッド・カトゥーン（Animated Cartoon）」などが用いられており、アニメーションをジャンル名として用いることはあまりなかった。アニメーションという言葉をジャンル名として使うことが一般化するのは、欧米においても一九五〇年代以降なのである。

政岡の漫画映画のクレジットタイトルにある動画という言葉は、ジャンル名ではなく絵を動かすという意味の技術用語として用いられている。動画のあとに明記された名前は、絵を動かす仕事をした人、つまりアニメーターのことである。

『べんけいとウシワカ』や『くもとちゅうりっぷ』のクレジットタイトルには、「動画」とは別に「原画」があった。つまりここでは、基になる絵を描くこととその絵を動かすことが区別されている。動画は、絵を動かすことに重点を置いた言葉であり、それは原画を描くこととは別の作業なのであった。政岡は、家内制手工業的であった漫画映画の制作に分業化を導入した作家である。[15] 彼が動画という言葉を使ったことと、漫画映画の制作を分業化したことは関連していた。動画という言葉は、プロダクションの設立とともに漫画映画の制作プロセスが細分化されたことに対応しているだろう。つまり政岡は、分業化を進めていたからこそ動画という言葉が必要になったといえるのだ。

今日、政岡がアニメーションの訳語として動画という言葉を用いたと解説する文章をたびたび見かけるが、実際にそうであったのかどうか改めて考える必要がある。戦前・戦中の政岡がアニメーションの訳語として動画を用いたと述べたことはないし、そもそもアニメーションという言葉を使った形跡がない。当時の日本では、アニメーションという言葉自体がほとんど知られておらず、動画がアニメーションの訳語であったとは断定できない。

動画に関しては興味深い記述がある。晩年の政岡にインタビューした秋山邦晴は、政岡の発言を伝えて、「描画ということばが一般に使われかけた時期でもあったが、病画といったひびきを感じさせるので、動画ということばを推進したのだという」[16]（傍点秋山）と書いている。秋山の記述を信じるならば、動画は描画の言い換えである。確かに、描画の定義は「一齣回転ニテ撮影シ技工上活動セシムルモノヲ云フ」であり、コマ撮りで制作された作品のことであって、戦後のアニメーションの定義を先取りするものであった。動画は、当時ほとんど知られていなかったアニメーションの訳語というよりも、すでに存在していた描画を言い換えたものであると考えたほうが、一九三〇年代の状況に対して自然であろう。おそらく戦後になって戦前を振り返った人が、描画の意味がアニメーションに通じているため、動画をアニメーションの訳語だと解釈したのではないか。

ただし政岡は、描画をジャンル名というよりはコマ撮りすることの意味で使っていたようだ。彼は、一九四四年の「漫画映画発展のための諸問題」で、漫画映画の制作プロセスを解説しているのだが、そのなかで「動画は描画映画のうちの第一線である」[17]と書いている。これは、漫画映画にとって絵を動かすことがもっとも重要であるという意味である。政岡は「描画映画」という単語を使っているが、「漫画映画」や「人形映画」のように「〜映画」といった場合にはジャンルを示す名称となる。逆にいえば、単に描画といったときにはコマ撮りすることを意味する。彼は、コマ撮りで制作された作品の総称として「描画映画」、絵を動かす技術の意味で「動画」を使っている。

戦中において動画という名称は少しずつ使われるようになっていた。それは主に、描いた絵を動かすという意味の技術用語であって、ジャンルを示す名称としては使われていない。しかし、動画をジャンル名として用いた例がなかったわけではない。『映画技術』一九四二年一〇月号は「漫画・線画・影絵映画」の特集で、巻頭論文は島崎清彦の「動画映画とその技術」である。これは、単に動画ではなく「動画映画」という言葉を使用した珍しい例である。先に触れたように「〜映画」といった場合は、ジャンルを示す名称となる。島崎の論文では、動画映画が漫画映画、線画映画、影絵映画の総称として用いられている。しかし当時、動画映画は例外的な用法であったといえそうだ。というのも、島崎が動画映画を説明して、「適切な名称ではないかもしれないが、漫画、影絵、千代紙等を含める総称として今仮にさう呼んでおこう」[18]と書いているからである。このようにわざわざ断りを入れているのは、動画映画という名称が一般的ではなかったことを示している。

政岡が設立した「日本動画協会」には、「動画」という言葉が使われていた。このようにプロダクション名に動画を入れることは戦後一般化し、一九四五年発足の「新日本動画社」(同年に「日本漫画映画株式会社」と改称)、一九四八年発足の「日本動画株式会社」(一九五二年に「日動映画株式会社」と改称)、一九五六年発足の「東映動画株式会社」などに見いだすことができる。新日本動画社や日本動画株式会社は、政岡が山本善次郎(山本早苗)らとともに設立した会社であり、東映動画株式会社は日動映画株式会社が東映に吸収されて生まれた会社だった。プロダクション名に動画を使う習慣は、政岡を通して戦前から戦後に受け継がれている。

6　アニメーターとアニメーティング

戦前の日本では、アニメーションに近似した名称として「アニメーター」という言葉を使うことがあった。『活映』一九三三年八月号の「トーキー漫画のことい〴〵」は、この語を用いた早い例である。そこでは、

「アニメイター」が「描かれた絵画を「静」より「動」に導く役目をする技術家[19]」と説明されていた。この文章が「神原直裕訳述」となっているのは、アメリカの雑誌に掲載されたディズニー映画の記事を抜粋して翻訳したものであったからである。出典は明記されていないが、「アニメイター」は英語をカタカナにしたものであろう。

また、『キネマ旬報』一九三六年四月一日号の「改訂映画用語辞典」に「アニメーター」の項目があり、「漫画映画の作画家[20]」と説明されている。このアニメーターの語も英語に基づいていたかもしれない。しかし、この映画用語辞典で注目したいのは、「アニメーター」の項目はあってもアニメーションの項目が存在しないことである。

このことは、たまたま「改訂映画用語辞典」がそうであったというわけでもなさそうだ。というのは、同様のことが戦後の映画辞典でも繰り返されているからである。たとえば、一九五四年刊行の『映画百科辞典』を見ると、「アニメーター」はあってもアニメーションの項目がない[21]。この辞典は、岩崎昶、瓜生忠夫、今井正、宮島義勇のように、著名な映画評論家、映画監督、映画スタッフが編集を手掛けていて、当時においてもっとも包括的な映画辞典である。一九五〇年代半ばの時点で、アニメーションは辞典に入れるほどポピュラーな言葉ではなかったということだろう。辞典の編集や執筆を手掛けたのは、戦前から活動する映画関係者なので、戦前の考え方がそのまま反映されていた。アニメーターはあってもアニメーションがないという事実も、戦前から戦後へと継承されたと考えることができる。

戦前にアニメーターという言葉が頻繁に用いられたわけではないが、映画辞典の項目にあげられるぐらいであるから、アニメーションという言葉よりも使用頻度が高かったのだろう。この事実はなかなか興味深い問題を提示している。つまり、アニメーターという言葉が使われていても、アニメーションという言葉が知られていないという状況を想定することができるのだ。

アニメーターという言葉が使われたことは、動画がジャンル名ではなく技術用語であったこととも無関係ではない。政岡憲三は、先の「漫画映画発展のための諸問題」のなかで、「動画家」という言葉を使っていた。動画家とは、絵を動かすことを専門とした技術者のことである。アニメーションをジャンル名として用いる習慣がなかったとしても、アニメーターに相当する技術者は存在しており、それが動画家なのであった。

アニメーションに近似した言葉としては、映画評論家の今村太平が用いた「アニメーティング」がある。この言葉を使ったのは今村だけで、他の論者が用いることはなかったようだ。今村の文章にアニメーティングが登場したのは、一九三九年刊行の『映画芸術の性格』に収録された論文「日本漫画映画のために」に「アニメエイティング」とあるのが最初であろうか。そこでは、アニメーティングが「活動写真に分解した運動を厳密に絵に描きとつてゆくといふこと[22]」と説明されていた。

今村は、映画における一瞬一瞬の運動の分解こそが、漫画映画にリアリティを与えると考えていた。彼は『漫画映画論』（一九四一年）のなかで、「生気づける」という単語に「アニメーテイング」とルビを振っている。[23]アニメーティングは、アニメート（生気づける、活発にする）の現在分詞であるから、今村の用法は本来の意味に忠実である。今村のいうアニメーティングとは、リアルな動きが再現されているという意味であり、彼はこの言葉を技術用語として用いている。

前述の「改訂映画用語辞典」には、アニメーターの項目があってもアニメーションの項目がなかった。それと同様に戦前の今村もまた、アニメーティングという言葉は使ってもアニメーションという言葉を用いることはなかった（ただし戦後は、アニメーションをジャンル名として使っている）。アニメーターやアニメーティングが使われたからといって、アニメーションが知られていたとはかぎらない。わたしたちは、最初にアニメーシヨンという言葉が存在し、そのあとにアニメーターやアニメーティングが派生語として生まれたと思いがちだが、むしろ逆だと考えるべきなのである。

今村がアニメーティングを使うのは、決まってディズニー映画を論じるときだった。一九三〇年代は、ウォルト・ディズニーのプロダクションが巨大化し、大量のアニメーターが輩出された時代である。「トーキー漫画のこといろ〳〵」がディズニー映画に関する英文の翻案であったことと、そこにアニメーターという言葉が登場していることは偶然ではない。アニメーターもアニメーティングも、分業化の発達したディズニー映画と関連していたからこそ使われた言葉だったといえそうだ。

7 アニメーション

戦前・戦中にアニメーションという言葉を見かけるのは稀だが、皆無というわけではなかった。わたしの知るかぎりでいえば、一九三四年の小型映画雑誌『パテーシネ』に「アニメシヨン」▽24とあるのが最初の使用例である。しかしここで注目したいのは、『日本映画』一九四一年二月号の連載「映画講座・撮影」に登場する「アニメイション」である。そこでは、アニメーションがトリック映画の技術として取り上げられており、次のように説明されていた。

これは元来静止的なものに運動を与へる技法である。被写体の一部あるひは全部を少しづゝ動かしながら、その各々をフィルムの一齣づゝに撮つていけば映写される際にそれらは一連の動きあるものとして現れる。

これが劇映画中に採り入れられることもあるが一番広く使はれてゐるのは漫画映画である。[25]

アニメーションは、コマ撮りによって動きをつくる技術として定義されていて、ジャンル名としては説明されていない。「劇映画中に採り入れられる」とあるのは、実物をコマ撮りすることをいうのであろう。つまり、コマ撮りの技法を広くアニメーションと捉えていて、漫画映画に限定して使っていない。こうした発想は、戦後になって一般化するアニメーションの定義と基本的に同じである。

「映画講座・撮影」の連載は、『日本映画』一九四〇年一〇月号から始まっており、同時期に連載された「映画講座・演出」「映画講座・シナリオ」と合わせて、一九四三年に『映画学入門』として刊行された。そこにも、いま引用した文章がそのまま再録されている。しかし当時、アニメーションという言葉が普及した形跡はほとんどない。他の映画雑誌や単行本で見かける機会がなかったのである。

「映画講座・撮影」の「アニメイション」がどこに由来しているのか定かではない。この言葉もまた、外国の文献を参照していたのかもしれない。しかし、「映画講座・撮影」に「アニメイション」が登場した一九四一年は、太平洋戦争が勃発した年で、日本が未曽有の戦闘態勢に向かった時期であった。本章では、戦中という時代状況であったことに注目し、アニメーションという言葉と映画統制との関連性を指摘してみたい。

「アニメイション」が登場したのは、『日本映画』の連載とこの連載を単行本化した『映画学入門』においてだった。『日本映画』と『映画学入門』に共通するのは、発行元が財団法人「大日本映画協会」であったことである。大日本映画協会は、映画統制委員会の決議に基づいて一九三五年に発足した。もともとこの協会は、内務省が映画国策を推進するため、民間企業の協力を得る目的で設立した官民一体の組織で、内務省、文部省の両大臣や著名な政界人、代表的な映画会社の社長や役員などが参加した。要するに内務省の肝煎りで誕生した組織であって、当初から映画国策を民衆に伝える役割を担っていた。『日本映画』は、この目的を遂行するために刊行された映画雑誌である。雑誌の出版を請け負ったのは文藝春秋社だが、社長の菊池寛は『日本映画』創刊号のあいさつ文で、この映画雑誌が大日本映画協会の「宣伝機関」[26]であることを明言していた。

大日本映画協会は、「映画法」の普及に積極的に取り組んでいた。一九四〇年の「映画法施行規則」第六条によって、映画の仕事に従事する者は試験を受け、政府に登録をすることが義務づけられた。この試験は「技能審査」と呼ばれ、春と秋の年二回おこなわれた。大日本映画協会は実技部門を担当し、協会の嘱託を受けた専門家が試験を審査した。

京都と東京で「第一回技能審査」が開催されたのが一九四〇年八月で、『日本映画』同年九月号に技能審査の小特集と試験問題が掲載された。同誌で「映画講座・撮影」の連載が始まるのは、翌月の一〇月号からである。つまり「映画講座」の連載は、映画法に基づく技能審査を念頭に置いていた。連載を単行本にした『映画学入門』は「日本映画選書」の一冊として刊行されたが、序文を寄せた菊池は、この選書が映画会社の養成所に所属しない人に向けた技能審査の入門書であることを指摘している。[27]

技能審査は、漫画映画の関係者も対象となっており、漫画映画や線画映画に関する試験問題が出題された。[28]大日本映画協会編の『映画撮影学読本（上・下）』（一九四〇―一九四一年）は、技能審査のための入門書として刊行されたものだが、「線画と漫画映画」の章を大石郁雄が執筆している。

「映画講座・撮影」で説明された「アニメイション」の内容は、戦後一般的になるアニメーションの定義と同じである。しかし、むしろここで注目すべきは、この「アニメイション」の内容が、「活動写真『フイルム』検閲規則」のなかで定義された描画の「一齣回転ニテ撮影シ技工上活動セシムルモノ」と基本的に同じであることだ。
「活動写真『フイルム』検閲規則」以来、内務省が管轄する映画検閲法では、アニメーションに相当する作品が描画と呼ばれていた。一方、大日本映画協会自体が内務省を背景にしており、映画法の普及を補助する役割を担っていた。「映画講座・撮影」の連載は、映画法に基づく技能審査の実施に対応しているが、技能審査の必要性を条文化した「映画法施行規則」第六条には、すでに触れたように描画という言葉が使われていた。大日本映画協会の出版物で必ず描画という言葉が用いられたわけではないが、描画の発想は大日本映画協会の出版物に受け継がれているだろう。

要するに「映画講座・撮影」は、内務省による映画統制の文脈にあり、このときアニメーションの定義は、描画の定義を継承した側面があったといえるのではないか。あるいは、描画を用いる習慣があったので、その延長にアニメーションという言葉を受け入れることができた。一般にアニメーションの訳語は動画といわれるが、少なくとも戦中においては、描画こそアニメーションの訳語にふさわしい。

しかし当時、アニメーションという言葉は普及しなかった。あるいは、普及する以前に戦局があまりに悪化し、そのまま終戦を迎えてしまった。つまり、アニメーションは広まるきっかけを失ったのである。終戦とともに映画法は廃止され、内務省の解体とともに描画という言葉は使われなくなった。おそらく、アニメーションという言葉も、描画と同じ運命をたどっている。つまり、戦中においてアニメーションという言葉は映画統制の文脈にあったのであり、描画という言葉が映画法の廃止とともに消滅したように、アニメーションという言葉も映画統制の終焉とともに忘れられたのである。

一九四〇年代に登場したアニメーションという言葉は、そのまま戦後に受け継がれたわけではなかった。戦前と戦後には、ひとつの断絶があるのだった。むしろ戦前から戦後に継承されたのは、漫画映画、影絵映画、人形映画のような、大衆的に普及した名称のほうである。このことは同時に、「作品がどのように見えるか」という観客の立場からの作品分類の発想が戦後に継承されたことを意味している。

戦後の日本は、アニメーションという言葉を知らないという地点から出発したのであり、この言葉を新たに発見する必要があった。また、コマ撮りで動きをつくる技術をアニメーションと呼んだ戦中の発想も受け継がれなかったのであり、そのため戦後改めて「いかにして作品がつくられているか」という発想を獲得しなければならなかった。

▽1 戦前・戦中の映画統制に関しては、稲田達雄『映画教育運動三十年――その記録と回想』(日本教育映画協会、一九六二年)、田中純一郎『日本教育映画発達史』(蝸牛社、一九七九年)、牧野守『日本映画検閲史』(パンドラ、二〇〇三年)、加藤厚子『総動員体制と映画』(新曜社、二〇〇三年)を参照。

▽2 山根幹人『社会教化と活動写真』帝国地方行政学会、一九二三年、二〇二頁。

▽3 「昭和七・八年本邦映画界回顧」『国際映画年鑑〔昭和九年版〕』国際映画通信社、一九三四年、四一頁。

▽4 同前、四三頁。

▽5 北條希士雄「大石郁雄氏が語る線画と図解映画」『映画技術』第四巻第三号、一九四二年一〇月号、二〇頁。

▽6 『大正十五年度 日本映画事業総覧』国際映画通信社、一九二五年、二七九―二八一頁。

▽7 「フイルム種別表」内務省警保局編『活動写真フイルム検閲時報――査閲「フイルム」ノ部』内務省、一九二六年、頁付なし。

▽8 柳井義男『活動写真の保護と取締』有斐閣、一九二九年、六一五頁。

▽9 同前、六一九頁。

▽10 ミシェル・フーコー『言葉と物――人文科学の考古学』渡辺一民、佐々木明訳、新潮社、一九七四年、九九―一〇〇頁。

▽11 「映画法施行規則」日本映画雑誌協会編『昭和十七年 映画年鑑』日本映画雑誌協会、一九四二年、一三章六頁。

▽12 日本映画雑誌協会編『昭和十八年 映画年鑑』日本映画雑誌協会、一九四三年、一三五頁。

▽13 『松竹七十年史』松竹株式会社、一九六四年、七七六頁。

▽14 土居伸彰『個人的なハーモニー――ノルシュテインと現代アニメーション論』(フィルムアート社、二〇一六年)の第二章を参照。

▽15 政岡憲三は、「実は分業化をひろめたのは僕で、村田(安司)が人手が足らないのでどうしたらいいだろうというから、僕のところでもしているからと、分業をすすめたんだ」と語っている(「政岡先生にインタビュー」『アニメーション狂専誌FILM 1/24』第二三・二四号、一九七八年、二二頁)。

▽16 秋山邦晴「日本映画音楽史を形作る人々40――政岡憲三 アニメーションの系譜1」『キネマ旬報』第六六八号、一九七五年一〇月下旬号、一三七―一三八頁。

▽17 政岡憲三「漫画映画発展のための諸問題」『映画評論』第一巻第九号、一九四四年九月号、三七頁。

▽18 島崎清彦「動画映画とその技術」『映画技術』第四巻第三号、一九四二年一〇月号、八頁。

▽19 「トーキー漫画のこといろ〳〵」神原直裕訳述『活映』第六六号、一九三三年八月号、三八頁。

▽20 編集部編「改訂映画用語辞典」『キネマ旬報』第五七一号、一九三六年四月一日号、二八八頁。

▽21 岩崎昶、瓜生忠夫、今井正、宮島義勇、松山崇編『映画百科辞典』白揚社、一九五四年、三一八頁。

▽22 今村太平『映画芸術の性格』第一芸文社、一九三九年、一四三頁。「日本漫画映画のために」の初出は、「漫画映画――日本漫画映画の前提としての日本芸術の瞥見」(『映画界』第一巻第二号、一九三八年八月号)だが、この論文に「アニメーティング」は使われていない。

▽23 今村太平『漫画映画論』第一芸文社、一九四一年、一七頁。

▽24 むらさき「三四年度コンテスト作品に関する覚書」『パテーシネ』第七巻第六号、一九三四年六月号、四四頁。

▽25 「映画講座・撮影」『日本映画』第六巻第二号、一九四一年二月号、一三七頁。

▽26 菊池寛「創刊に際して」『日本映画』第一巻第一号、一九三六年四月号、一八頁。

▽27　菊池寛「序」『映画学入門』大日本映画協会、一九四三年、二―三頁。

▽28　たとえば「漫画映画の動体基本はおほむね、円形を以つて構成されてゐる、何故に円形が必要か」などの設問があった（「昭和十七年春期技能審査試験問題集」『日本映画』第七巻第六号、一九四二年六月号、一一五頁）。

第三章

戦前の自主制作アニメーション

――アマチュア映画作家の「特殊映画」について

1　アマチュア作家のアニメーション

テレビで放映されるテレビアニメーションや映画館で公開される劇場アニメーションは、アニメーションのプロダクションが制作する商業作品であり、ひとつの作品に大勢のスタッフが関わっている。それに対して、個人が自主的に制作する非商業的なアニメーションが存在する。一九九〇年代以降、パーソナルコンピュータの普及やソフトの充実によって、アニメーションを制作することが容易になった。今日ほど誰でも自由にアニメーションを制作できる時代はない。

一方、テレビアニメーションや劇場アニメーションが娯楽作品であるのに対し、芸術性を追求したり、実験的な表現を試みたりするアニメーションが存在する。日本においてアートアニメーションなどと呼ばれるそうした作品は、おおむね個人による自主制作である。もちろん、自主制作だからといって芸術的、実験的な作品であるとはかぎらない。テレビアニメーションや劇場アニメーションのスタイルを目指した自主制作の作品も存在するからである。

かつてはアニメーションの制作が困難で、個人が制作するものではないと考えられていた。こうした通念を覆したのが、一九六〇年に久里洋二、真鍋博、柳原良平が結成した「アニメーション三人の会」である。この会は、大手のプロダクションによる子供向けの漫画映画が中心であった状況のなかで、個人の表現手段として子供向けではない作品を制作した。久里らは、戦後における自主制作アニメーションの草分けであった。

しかし、戦前の日本でも自主制作のアニメーションが存在していた。制作していたのは、小型映画を用いるアマチュア映画作家である。映画館で公開される商業映画が三五ミリフィルムであったのに対し、一七・五ミリ、一六ミリ、九・五ミリ、八ミリなどのフィルムによる映画が小型映画であり、家庭用、アマチュア用の機材として普及していた。戦前には小型映画でアニメーションを制作するアマチュア作家がかなりいて、なかにはアニメーション作家として認められる者もいた。

今日でこそ戦前のアマチュア作家のアニメーションに目が向けられるようになったが、しばらく前まではまったく忘れられた状況にあった。山口且訓、渡辺泰の『日本アニメーション映画史』（一九七七年）は、綿密な調査による労作だが、戦後の自主制作アニメーションについては詳しく取り上げていても、戦前の作品はまったく欠落していた。津堅信之の『日本アニメーションの力——85年の歴史を貫く2つの軸』（二〇〇四年）では、戦前のアマチュア作家のアニメーションに触れて、「記録に残っていないか、ごく限られた資料にしか残っていないと思われるため、こんにちでも状況が把握されていない」[▽1]とある。

アマチュア作家が制作した戦前のアニメーションは、荻野茂二、坂本為之、森紅《もりくれない》、竹村猛児のような何人かの作家を除いて、作品がほとんど現存していない。失われた資料も多く、戦前の状況を知ることは容易ではない。しかし、資料がまったく残っていないわけではなく、当時の映画雑誌などから作家や作品、作品の評価などをある程度まで調査することが可能である。本章の目的は、あくまで現時点でわかる範囲内でのことだが、戦前のアマチュア作家によるアニメーションの状況を把握することにある。それは、このテーマに関する初めてのまとまった研究となるだろう。

戦前の自主制作アニメーションを考えるうえで忘れてならないのは、アニメーションをめぐる環境が今日と同じではないことである。アマチュア映画は、商業映画と異なる世界を形成していて、アニメーションに対しても独得な考え方をもっていた。アマチュア作家は漫画映画だけではなく、影絵アニメーション、人形アニメーション、抽象アニメーションを制作したが、当時これらの作品は、漫画映画も含めて「特殊映画」という枠で括られていた。特殊という言葉には、主流の映画とは異なるというニュアンスがある。つまり、抽象アニメーションのような作品だけが珍しかったのではなく、アニメーションを制作すること自体が特殊なことだった。

全体的に戦前のアマチュア作家は志が高く、アマチュア映画独自の世界を開拓しようとしていた。つまり、商業映画の真似をするのではなく、商業映画があまり手を出さない分野こそ、アマチュア映画が担わなければならないと考えていた。アマチュア映画のなかで劇映画の制作が比較的少なかったのは、劇映画は商業映画の領分であって、アマチュア映画が目指すべき方向ではないと見なされたからである。一方、記録映画や教育映画がさかんに制作されたのは、商業映画館で上映される機会の少ない作品だったからである。同じ理由によって、芸術性や前衛性を追求する作品が制作されている。こうした態度はアニメーションにも反映されていて、芸術的、前衛的な表現に向かう傾向があった。もちろんすべてがそうした作品であったわけではなく、商業的な漫画映画の模倣もあった。しかし、アマチュア作家のアニメーションが商業的なアニメーションとは異なる方向を目指していたのは確かである。

いまやアニメーションは日本文化を代表しているが、戦前のアニメーションは、商業的な作品であっても制作体制が脆弱であり、少人数で家内制手工業的に制作されていた。しばらくのあいだ短編作品しかなかったし、それも長編の劇映画と併映される添え物にすぎず、さらには欧米の漫画映画の人気に押されていた。

戦前においては、商業的な立場にいる漫画映画作家も小型映画と縁が深かった。当時は娯楽用の漫画映画だけではなく、アニメーションによる教育映画、教材映画、広告映画などがあったが、そうした作品は一六ミリでつくられることが多かった。また、三五ミリで制作された短編の漫画映画は、九・五ミリや一六ミリにプリントされ、家庭での鑑賞用として販売された。

しかし、こうした事情がプロフェショナルとアマチュアの距離を縮めている。戦前には、田中喜次や荒井和五郎のように、アマチュア映画から商業的な世界に進出した作家がいた。一般に商業映画とアマチュア映画の世界は隔絶しており、ほとんど接点はないのだが、アニメーションは別である。ここには、アニメーションの作り手が少なく、商業的な体制が整っていなかったことが影響している。しかしまた、アマチュア作家が制作するアニメーションの水準が高かったからでもあるだろう。

2 影絵映画の芸術性

国内で制作される漫画映画は、外国の作品から影響を受けたギャグマンガが中心であった。ギャグマンガ以外では、昔話や童話を描いた教訓的な漫画映画が多く、いずれにしろ子供を対象にしてつくられている。つまり、漫画映画は子供が観るものというのが当時の一般的な通念で、大人を対象にしたアニメーションはいくつかの例外を除いて存在しなかった。こうした状況のなかで、芸術性を追求するようなアニメーションが制作される機会はなかった。

しばらくのあいだ、日本では芸術的なアニメーションの存在自体が知られていなかった。そうした作品が制作されるためには、通常の漫画映画とは異なるアニメーションを知る必要があっただろう。作品の芸術性が評価された最初といえるのは、ドイツの影絵アニメーションである。日本の作家は、影絵アニメーションによって従来の漫画映画とは異なる表現の可能性に目覚めたといえる。

影絵アニメーションとは、紙などを切り抜いて型をつくり、透過光（背後から光を当てること）によってコマ撮りしたアニメーションで、「影絵映画」と呼ばれていた。ただし、切り絵を黒く塗ったり、紙の上に黒いシルエットの絵を描いたりした影絵映画もあった。一見すると透過光の作品と変わらないが、技法的には通常の漫画映画と同じである。

影絵映画は昔から知られていて、一九一〇年代にチャールズ・アームストロングの作品が公開されており、幸内純一の『なまくら刀』（一九一七）の一部にも影絵が用いられていた。しかし、影絵映画の存在を知らしめたのはドイツの作品である。一九二一年にロフス・グリーゼの劇映画『影を失へる男』（一九二一）が公開されている。主人公の青年が影絵師に自分の影を売ってしまう幻想的な物語なのだが、作中の一部に影絵映画が使われていたようだ。▽2 劇中であるとはいえ、日本人が最初に目にしたドイツの影絵映画であっただろう。

最初に輸入された本格的なドイツの影絵映画は、一九二四年に公開されたエドヴァルド・マティアス・シューマッハーの『カリフの鶴』（一九二三）である。魔法の粉によって鶴になった若い王様が魔法使いからフクロウにされた王女と出会う童話を描いた作品で、アラビア風のエキゾチックな装飾が強調されていた。『カリフの鶴』の反響は大きく、日本でも小林貞二の『傀儡子《くぐつし》』（一九二四）、大藤信郎の『鯨』（一九二七）、銀映社の『四十人の盗賊』（一九二八）など、この作品に影響を受けた影絵映画が誕生した。

田中純一郎は、公開当時に『カリフの鶴』を見た感想として、「漫画によく似てゐるが、どこ迄も影と明り、黒と白とで押し通して行く所に漫画とは又違つた芸術味がある」と書いている。▽3 この発言は、影絵映画が当時どのように受け取られたかを示している。田中が注目したのは、影絵映画のもつ「芸術味」であった。影絵映画は、従来の漫画映画と異なる芸術的な作品として理解されたのである。

一九二九年には、ドイツの影絵映画を代表するロッテ・ライニガーの『アクメッド王子の冒険』（一九二六）［図1］が公開されている。完成までに三年を費やした労作で、「アラビアンナイト」をモチーフにした幻想的な物語を影絵で表現していた。その後もライニガーの影絵映画は、『恋の狩人』（一九三一）、『影絵カルメン』（一九三三）、『盗まれた心臓』（一九三四）、『黄金の女神』（一九三五）が公開されている。『アクメッド王子の冒険』は、『カリフの鶴』以上に評判となった。作品の芸術性が高く評価され、また斬新な表現には前衛性が認められた。その後、日本で多くの影絵映画が制作されたのはこの作品の影響である。影絵映画は、本家のドイツ以外ではさほど発展しなかったが、日本では漫画映画に次ぐアニメーションのジャンルとして定着している。

影絵映画は、すべてをシルエットに還元してしまうため抽象性が高く、細密な造形にも気品があった。『カリフの鶴』や『アクメッド王子の冒険』に認められた芸術性は、従来の漫画映画の評価にはなかったものである。実際、影絵映画によるギャグマンガというのは稀で、幻想的な物語やシリアスなドラマが描かれることが多かった。

図1　ロッテ・ライニガー『アクメッド王子の冒険』（1926）広告（『キネマ旬報』1929年3月11日号）

このことは、日本国内で制作される影絵映画にも影響していて、大人を対象にした作品が生まれている。たとえば大藤の『鯨』は、野蛮な男たちが美しい踊り子をめぐって醜い争いをする話であり、荒井和五郎と飛石仲也の『お蝶夫人の幻想』（一九四〇）は、帰らぬ夫を待ち続ける婦人の悲哀物語で、いずれもおよそ子供向けの内容ではない。子供を対象としないシリアスなテーマを描くことができたのは、漫画映画ではなく影絵映画であったからだろう。影絵映画は、芸術性を追求することのできる稀有な機会を提供したのであった。

ただし戦中になると、影絵映画は文化映画（教育映画などの劇映画以外の短編映画）として位置づけられていく。それは、影絵映画の芸術性が啓蒙的な役割を担うと同時に、影絵映画でよく描かれる童話や神話が教訓的な物語として教育的意味をもったからである。また影絵映画は、大藤が海軍省の依頼で制作した『マレー沖海戦』（一九四三）のようなプロパガンダ映画に活用された。『ニッポンバンザイ』（一九四三）のように、プロパガンダ映画の一部に影絵映画が用いられることもあった。

3　前衛映画とアニメーション

アマチュア作家のアニメーションに対して、影絵映画とともに重要な役割を果たしたのが「前衛映画（アヴァンギャルド映画）」である。ドイツやフランスの前衛映画が日本に紹介されることによって、アマチュア映画のなかにも前衛映画が登場した。前衛映画が商業映画に影響を与えることはほとんどなかったので、これはアマチュア映画に特有の現象である。

前衛映画とは、表現の実験性を追求した映画のことで、一九二〇年代のヨーロッパで流行した。二〇世紀初頭に台頭した前衛芸術運動、たとえば未来派、ダダイズム、シュルレアリスム、ロシア・アヴァンギャルド、バウハウスなどと連動しており、美術家によって制作された作品も多い。

日本では、前衛映画という名称が一般化する以前に「絶対映画」や「純粋映画」という言葉が知られていた。

アニメーションとの関連で重要なのは、ドイツを中心に台頭した絶対映画である。これは純粋抽象の作品を指し、ヴァルター・ルットマン、ヴィキング・エッゲリング、ハンス・リヒターが先駆者として知られている。一方、フランスを中心とした純粋映画は、ストーリーに頼らない断片的なイメージの映画というほどの意味で、基本的に実写による作品を指し、アニメーションである必要はない。ただし、絶対映画と純粋映画の区分が明確にあったわけではなく、両者が混同されることもあった。

日本では、一九二〇年代半ば頃から絶対映画の存在が知られていた。しかし、上映がおこなわれていたわけではなく、映画評論家の文章による紹介であった。熱心に絶対映画を論じたのが岩崎昶で、『映画往来』一九二七年三月号から「絶対映画」の翻訳を、『Musashino』同年一〇月号から「絶対映画への道」を連載した。飯島正が『映画往来』一九二八年九月号から一一月号に連載した「ヴィキヌィ・エッゲリヌィの中斜交響楽」は、ヴィキング・エッゲリングの『対角線交響曲』(一九二四)のことである。なお、絶対映画の作品は公開されなかったが、図版が単行本などに掲載されていた。▽4

一九二八年、ルットマンの『伯林《ベルリン》:大都会交響楽』(以下『伯林』、一九二七)が公開されている。彼は絶対映画の作家として知られていたが、『伯林』は実験的ドキュメンタリーというべき作品で、断片的なショットのリズミカルな編集によってベルリンの一日を描いていた。日本で上映された最初の前衛映画であり、当時は純粋映画と呼ばれていた。この作品がアマチュア作家に与えた影響は絶大で、小型映画のコンテストに『〜の交響楽』『〜のリズム』といったタイトルの作品が急増した。

一九三〇年にはフランスの前衛映画が輸入されている。シネマパレスの支配人だった肥後博が、アルベルト・カヴァルカンティの『時の外何物も無し』(一九二六)など三つの作品を上映した。また、映画監督の鈴木重吉は、マン・レイの『ひとで』やジェルメーヌ・デュラックの『貝殻と僧侶』(いずれも一九二八)など四

図2　ラディスラス・スタレヴィッチ『魔法の時計』(1928)

つの作品を輸入している。ただし、『ひとで』と『貝殻と僧侶』は検閲を通過しなかったため、一九三三年まで公開されなかった。

今日では、アニメーションと前衛映画はまったく異質なジャンルと見なされているが、戦前では両者が結びつくことがたびたびあった。漫画映画と前衛映画の接点は少なかったものの、影絵映画や人形映画には前衛映画と見なされる作品があった。

ロッテ・ライニガーの『アクメッド王子の冒険』の公開は、『伯林』公開の翌年である。ルットマンは『アクメッド王子の冒険』の制作に参加し、抽象的な背景などを描いていた。『伯林』が評判になったばかりであったため、『アクメッド王子の冒険』の解説ではルットマンの参加に言及しているものが多く、この作品を前衛映画に分類する論者もいた。なかには『アクメッド王子の冒険』をライニガーとルットマンの共作と表記した広告すらあった。影絵映画そのものが前衛映画と見なされたわけではないが、一部の影絵映画には前衛性が認められていた。

当時、人形アニメーションは「人形映画」と呼ばれていた。一九三〇年に公開されたラディスラス・スタレヴィッチの『魔法の時計』(一九二八)〔図2〕は、人形映画の存在を知らしめた作品であった。スタレヴィッチの人形映画は、一九二八年に『蛙の王様』（一九二三）、一九三一年に『蟻と蟋蟀《こおろぎ》』（一九一三）が学校巡回映画のプログラムで上映されていたようだが、話題となったのは『魔法の時計』である。

スタレヴィッチは、ロシアからフランスに亡命した作家だが、「フランス前衛映画派の巨頭」と紹介され、『魔法の時計』も前衛映画と呼ばれた。実際にスタレヴィッチが前衛映画の作家であったわけではないのだが、当時の人々はどこか不気味でシュールな味わいをもつスタレヴィッチの作品を前衛映画と理解したのであろう。なお、前衛映画を日本にもちこんだ鈴木重吉は、ヨーロッパ外遊中に『魔法の時計』を観て感激し、スタレヴィッチの自宅を訪れていた。▽5

一九三四年には、オスカー・フィッシンガーの作品が東和商事の配給で公開されている。フィッシンガーといえば、抽象的な形態の動きが音楽にシンクロする前衛的なアニメーションで知られている。絶対映画に相当する外国の作品が日本で上映された最初であった。公開されたのは、「スタディ」シリーズの五番および七番から一二番の七本で、邦題は順に『アメリカン・フォックストロット』（一九三〇）、『ハンガリアン・ダンス5番』〔図3〕、『魔法使の弟子』『ハンガリアン・ダンス6番』（以上一九三一）、『アイーダのバレエ音楽』『モーツァルトのメヌエット』『ルビンシュタインの光の踊り』（以上一九三二）である。これらの作品は、「光の交響楽」というタイトルで括られたが、まとめて公開されることはなく、個々の作品が長編映画と併映された。

フィッシンガーの作品はその後も公開されていて、東和商事は配給作品にカラーによる『タンホイゼル』を加えた。『タンホイゼル』は、リヒャルト・ワーグナーの同名曲がタイトルであること、「円を用いて視覚化したもの」▽6という解説があることから、『サークル』（一九三三）であったことがわかる。PCLが配給した『青の交響楽』は、『コンポジション・イン・ブルー』（一九三五）のことだろう。「光の交響楽」として公開され

図3　オスカー・フィッシンガー『ハンガリアン・ダンス5番（スタディ No.7）』（1931）

図4　アンソニー・グロス，コートランド・ヘクター・ホッピン『生命の悦び』（1934）

た作品は、一九三八年から次々と文部省の認定文化映画に指定されたため、各地の映画館で頻繁に上映された。
一九三五年には、アンソニー・グロス、コートランド・ヘクター・ホッピンの『生命の悦び』（一九三四）［図4］が公開されている。フランスの前衛的な漫画映画で、二人の女性が鉄工所や野原を飛び回る様子などをデザイン的に描いた異色作だった。たとえば野口久光は、「シュール・リアリズムの漫画」「線画映画の新しい境地」▽7と評している。ただしひっそりと公開されていて、評判になったわけではない。

前衛映画は、商業映画の世界でも一部で注目されたが、難解さや芸術至上主義的な態度が批判され、作品に対する関心は急速に失われている。一方、アマチュア映画の世界では、前衛映画に対する関心が持続していた。アマチュア作家にとって、映画が芸術であることと表現が前衛的であることは同義であった。つまり、前衛映画こそが映画の芸術であったのである。アマチュア映画の内部にもさまざまな考え方があり、アマチュアはアマチュアらしく素朴な作品をつくるべきだとする作家や指導者もいて、彼らは前衛映画に否定であった。一方、前衛映画こそがアマチュア映画の目指すべき芸術的な方向であると主張する作家や評論家も少なくなかった。

4　大藤信郎とアマチュア映画

商業的なアニメーションの世界にも芸術志向の作家がいなかったわけではなく、例外的な作家として大藤信郎をあげることができる。大藤は幸内純一の弟子で、一九二一年に「自由映画研究所」を設立した。大藤といえば千代紙映画が有名で、デビュー作の『馬具田城の盗賊』（一九二六）［図5］においても早くもこのスタイルを確立している。千代紙映画とは、江戸千代紙を人形の衣装や背景の素材として使った切り絵アニメーションである。

図5　大藤信郎『馬具田城の盗賊』（1926）

『馬具田城の盗賊』は、千代紙映画のスタイルが珍しかったこともあって評判になった。たとえば『読売新聞』の記事では、「巧緻を極めた画の動かし方は物語の愉快さと共に見る者をして興味を惹かずにはをかず芸術的にも頗る優れたもの」▽8とあり、「物語の愉快さ」だけではなく「芸術的」であることが評価されている。この記事は、素材がもつ造形性にも注目しているのだが、素材の造形性が評価された国産のアニメーションはそれ以前にはなかっただろう。

大藤の作品は外国でも上映されている。一九二九年に衣笠貞之助の『十字

図6　「千代紙グラフ」広告（『小型映画』1930年6月号）

路』（一九二八）がパリで公開されたとき、大藤の千代紙映画『珍説吉田御殿』（一九二八）が一緒に上映された。また、一九三〇年にロシアで「日本映画の夕」が開催されたときは、袋一平が『十字路』とともに『鯨』を上映している。『十字路』は、衣笠が『狂った一頁』（一九二六）に続いて制作した前衛的な劇映画だが、大藤のアニメーションはそうした映画と一緒に上映するのにふさわしい作品と見なされたようだ。彼の作品にも前衛性が認められていて、『鯨』が家庭用の一六ミリフィルムとして販売されたときの広告には、「前衛影絵映画」［図6］というコピーがつけられていた。

大藤は、千代紙映画の評判がよかったので、一九二九年にプロダクション名を「千代紙映画社」と改称した。一方で彼は、影絵映画を得意としており、セル画による漫画映画も制作した。大藤はプロのアニメーション作家で、作品はすべて映画館で公開されたが、アニメーション作家のなかでは異色の存在でもあった。大藤は作家志向が強く、一貫してほとんど独力で制作しており、しかも通常のアニメーションとは異なるスタイルを模索した。そうした作品の制作を継続できたのは、経済的に恵まれた環境にいたからである。

大藤は、アマチュア映画の世界とも深く交流があった。彼は、東京ベビーシネマ倶楽部や全日本パテーシネ協会の理事や顧問を務め、頻繁にコンテストの審査員を担当した。大藤の影絵映画『国歌　君が代』（一九三二）は、伴野商店の社長で日本パテーシネ協会の会長である伴野文三郎から依頼された作品で、九・五ミリで販売することを前提に制作された（オリジナルは三五ミリ）。この作品は、パテーシネ協会関連の発表会の際に必ず最初に上映されたという。

一九三二年には、大藤の発案による「大藤式線映画撮影台」が伴野商店から発売されている。▽9 小型映画専用の漫画映画の撮影台で、アニメーションを制作するアマチュア作家が増加したことに対応した商品であった。わざわざ「大藤式」と名づけられているのは、アマチュア映画の世界で彼がよく知られた存在だったからである。アマチュア映画との関わりが深かったことは、大藤という作家のアマチュア的な性格を示しているが、彼がアマチュア作家に与えた影響は大きかった。

大藤は、アマチュア作家のアニメーションをどのように考えていたのか。一九三〇年に彼は、東京ベビーシネマ倶楽部主催の「線映画をめぐる研究会」で講演をしている。そのなかで大藤は、外国の線映画（漫画映画）を真似ただけの安易な作品が乱造されたため、すぐれた作り手が漫画映画から離れていったと主張したうえで、次のように語っている。

> 近年非常に線映画も発達は致して参りましたが、未だに芸術家は線映画に手を出しません。そう云ふ訳で現在の日本の線映画で芸術的なものと云ふやうな映画は一本もないと私は思ひます。〔……〕
>
> 大体に於て現在日本線映画は陳腐極まるものばかりです、最も《〔ママ〕》私もその一人ではありますが、それは、販売とか興業《〔ママ〕》とかに支配されて居るがためなのであらうと思はれます。
>
> この点は、当倶楽部の方々は自由なのですから、飛び離れた芸術的線映画を製作して戴き度くと私は希望致して居るのです。▽10

大藤は、日本に芸術的な漫画映画が存在しないことを嘆いている。彼は、芸術的な漫画映画が存在しないのは、作品が販売や興行に支配されているからであり、こうした拘束から自由なアマチュア作家から芸術的な漫画映画が生まれることの希望を語っている。実際、戦前のアマチュア作家は芸術的なアニメーションを制作しており、大藤の主張は伝わっていたといえよう。

大藤は、アマチュア作家の坂本為之が制作した色彩漫画映画『春ひとゝき』（一九三四）に関する評のなかで、作品の一部が絶対映画のようになっていたことに触れ、「自分なぞこうした映画を作りたいと思ひ「色彩感覚」「音楽による色彩」「色彩の分解」等と計画は立てては居るが、未だに仕事に追はれて出来ずに居る」[▽11]と書いている。「音楽による色彩」といったタイトルから、大藤が音楽とシンクロしたカラーによる抽象アニメーションを構想していたと推測することができる。おそらくここには、一九三四年に公開されたオスカー・フィッシンガーからの影響が認められる。実現はしなかったが、映画のカラー化、トーキー化の研究に取り組んでいた大藤らしい構想といえよう。

5　特殊映画とアニメーション

戦前のアマチュア映画は、アマチュア映画団体とともに発展した。当時どのような作品が制作されたのかを知るためには、アマチュア映画団体が主催した小型映画コンテストに注目するのがよい。戦前の日本では、複数のコンテストがつねに開催されており、作家たちは熱心に作品を応募した。コンテストで入賞すれば発表会で上映されるだけでなく、一部の作品は小型映画で販売されたり、貸し出しがおこなわれていた。

小型映画は明治時代の末頃から単発的に輸入されていたが、本格的な普及が始まるのは、パリで貿易の仕事をしていた伴野文三郎が一九二三年にパテーベビーを輸入してからである。一九二六年に大阪で九・五ミリの愛好家が発足した「ベビーキネマクラブ」は、日本で最初のアマチュア映画団体で、同年には「東京ベビーキネマ倶楽部」（のちに「東京ベビーシネマ倶楽部」と改称）が、翌年には「京都ベビー・シネマ協会」が誕生した。ベビーキネマクラブは、西日本の諸団体を統合して一九二九年に「全関西ベビーキネマ連盟」（のちに「全関西パテーキネマ連盟」と改称）となり、東京ベビーシネマ倶楽部も組織を拡大して、一九三一年に「日本パテーシネ協会」となった。一九三四年、日本パテーシネ協会と全関西パテーキネマ連盟が統合し、新たに設立されたのが「全日本パテーシネ協会」である。この協会は、関東支部と関西支部をもち、両支部に各地のアマチュア映画サークルが所属していた（何度も名称が変わって紛らわしいため、以後「パテーシネ協会」と総称することがある）。

パテーシネ協会関連のコンテストは作風が自由で、斬新な作品を評価する傾向があり、早くからアニメーションが入選していた。アニメーションは、一六ミリのアマチュア映画団体「さくら小型映画協会」が主催する「さくらシネ・コンテスト」でもたびたび入選しており、企業が主催する単発的なコンテストにも見受けられる。本章では、パテーシネ協会関連のコンテストを中心にアマチュア作家のアニメーションがどのように位置づけられていたのかを見ていきたい。

東京ベビーキネマ倶楽部の創立を記念して一九二六年一〇月三日に開催された〈撮影競技会〉（のちの〈パテーベビー撮影大競技会〉〈パテー九ミリ半撮影大競技会〉）は、日本で最初の小型映画コンテストである。このコンテストは、日本パテーシネ協会になったあとも継続し、一九三四年までに一五回を開催するに至っている。全日本パテーシネ協会となるのに伴い、コンテストも第一回から始まるが、関東支部主催のコンテスト、関西支部主催のコンテスト、各支部連合主催のコンテストを開催した。

一九二六年の〈撮影競技会〉では、創作作品がすべて「自由課題」に分類されていた。その後しだいにジャンルの分化が進み、「劇映画」「記録映画」「教育映画」などの区分が生まれている。しばらくはアニメーションを想定した分類は存在しなかったが、アニメーションの応募数が多くなると、新たな区分を設ける必要に迫られた。このとき登場したのが「特殊映画」という名称である。

一九三二年の〈第十二回パテー九ミリ半撮影大競技会〉の応募規定に、「特殊——線映画、技巧映画等の如きもの」とあり、同年の第十四回の応募規定から「特殊映画、線映画、技巧映画等の如きもの」となった（発表会では単に「特殊映画」と呼ばれた）。「線映画」は漫画映画のことだが、これが特殊映画に分類されたのは、コマ撮りという特殊な技法で制作されていたからであった。しかし、特殊映画に分類されたのはアニメーションだけではない。線映画とともにあげられた「技巧映画」とは、技巧的な手法でつくられた作品という意味で、コマ撮り以外のトリック撮影による作品を含んでいる。また、前衛映画（絶対映画、純粋映画）も特殊映画に分類された。なぜなら前衛映画は、撮影の技巧を強調して制作されることが多かったからである。前衛映画はコマ撮りで制作されるとは限らないので、この場合もアニメーションではない作品が特殊映画に振り分けられることになる。

本来、特殊映画は、アニメーションに該当する作品が多くなったことに対応した名称であろう。しかし、コンテストに応募される前衛映画が増加すると、特殊映画と前衛映画を同一視する傾向が生まれている。前衛的な作風で知られたアマチュア作家の金子安雄は、特殊映画を次のように説明している。

ここで所謂特殊映画の名称の下に包括される映画とはどんなものであるか、先づ純粋映画、絶対映画と云はれるもの、映画詩と云はれるもの、超現実主義映画と云はれるもの『映画眼』と云はれるものから色彩映画、トーキー、漫画等に及ぶものである[12]。

「純粋映画」「絶対映画」「超現実主義映画」などは、外国の前衛映画につけられた名称である。「漫画」があげられているのでアニメーションも特殊映画の一部だが、金子の定義は前衛映画に比重を置いている。コンテストにアニメーションが増加した一九三〇年代初頭は、前衛映画が流行した時期でもあった。つまり、アニメーションと前衛映画はいずれも新しく登場したジャンルであった。従来のアマチュア映画の主流がストレートに撮影した記録映画であったのに対し、そうではない作品が増えたのである。しかし、アニメーションや前衛映画が多くなったといっても、全体からみれば少数派であった。両者は、通常の実写作品と異なる特殊な技法の作品としてひとつにまとめられたのである。

パテーシネ協会関連のコンテストでは、毎回何人かの商業映画の監督が審査員を担当していた。たとえば、牛原虚彦《きよひこ》、村田実、大藤信郎、衣笠貞之助、鈴木重吉らである（牛原、大藤、鈴木はパテーシネ協会の顧問でもあった）。彼らは、戦前の日本映画のなかでもとくに斬新な作品を手掛けた映画監督である。そうした監督が審査員を務めているところに、パテーシネ協会の映画に対する姿勢を読み取ることができる。

戦前のアマチュア作家は、海外のコンテストに応募することにも熱心であった。とくに〈国際小型映画コンテスト〉は、各年に開催国を変えておこなわれる大規模なもので、アニメーションもたびたび入選していた。パテーシネ協会は、このコンテストのために〈国際小型映画競技会日本予選大会〉を事前におこない、そこで選出された作品を応募していた。

一九三七年の「第六回国際小型映画競技会参加規定」を見ると、アニメーションと前衛映画を区別しようとする傾向が認められる。そこでは、「劇映画」「記録映画」「教育映画」などとともに「特殊映画（漫画、人形、影絵等の映画）」があり、それとは別に「純粋映画（幻想、印象、絶対的の映画）」という分類が設けられた。つまり、アニメーションの枠として「特殊映画」が存続し、前衛映画のために「純粋映画」という枠が新たに設けられている。こうした分類の新設は、出品作品にアニメーションと前衛映画の数がさらに増え、両者の違いがより明確なったために生まれたのであろう。なお、特殊映画という言葉が使われたのはアマチュア映画の世界だけではなく、「映画法」関連の条文などにも見いだすことができる。たとえば、一九四〇年の「映画法施行規則」第六条に、漫画映画、影絵映画、人形映画を指す名称として「特殊映画」[13]が用いられている。

6　小型映画コンテストのアニメーション

ここで、コンテストに入選したアマチュア作家のアニメーションを抜きだしてみたい。[14]小型映画雑誌などから作品が特定できるのは、コンテストに上位で入選したアニメーションである。つまり、評価の高かった作品が記録として残っている。以下にあげているのは、主にコンテストで四位以上に入選した作品である。一度入選してもその後登場しないような単発の作家は除き、継続的にアニメーションを制作した作家を中心にあげている。取り上げているのはコンテストの入選作のみであり、当然ここにあげた以外にも多くのアニメーションが制作されている。

一九二七年から始めているのは、それ以前のアマチュア映画のコンテストにアニメーションが入選することはなかったと考えられるからである。一九四一年で終わりにしているのは、戦争の影響によってコンテストがおこなわれなくなるからである。年数はコンテストの成績発表の時期に合わせているので、作品の制作年と異なっている場合がある。作品のなかには複数の賞を獲得しているものもあるが、最初の受賞と思われるコンテストをあげている。

アマチュア作家が制作したアニメーションのジャンルとして、漫画映画、影絵映画、人形映画、絶対映画があった。注意しなければならないのは、影絵映画や人形映画と呼ばれていてもコマ撮りで制作されているとは限らないことで、影絵劇や人形劇を記録した作品の可能性もある。本章では、影絵劇、人形劇をストレートに撮影した作品は除外し、コマ撮りで制作されている、あるいはコマ撮りであることが明らかな作品のみをあげている。

絶対映画は純粋抽象の作品と理解されていて、抽象であれば実写かコマ撮りかの区別は問わなかった。それは前衛映画の一種であり、コマ撮りでつくられていても漫画映画、影絵映画、人形映画とは別種の作品と見なされるのが普通であった。ただしアマチュア映画では、コマ撮りという特殊な技法でつくられる漫画映画や人形映画も、前衛映画である絶対映画も特殊映画に分類された。以下にあげる絶対映画は抽象アニメーションのみだが、本文では作品との関連で実写の絶対映画に言及している場合がある。

一九二七年

岡野卯馬吉『凸坊夢物語』漫画映画、東京ベビーシネマ倶楽部〈第二回パテーベビー撮影大競技会〉三等

一九二九年

田中喜次『幸を探す犬と豚』人形映画、京都ベビー・シネマ協会〈全国連合撮影競技大会〉二等一席

田中喜次『盗賊を退治したアリババ』影絵映画、〈第五回パテーベビー撮影大競技会〉二等第一席

山口武雄『太郎君の空中探検』漫画映画、〈第六回パテーベビー撮影大競技会〉四等四席

一九三〇年

岡野卯馬吉『マッチの頭』漫画映画、アメリカン・パテッキス協会〈国際コンテスト〉第三部一等

一九三一年

山口武雄『太郎君の地獄征伐』漫画映画、日本パテーシネ協会〈第九回パテーベビー撮影大競技会〉第三部三等二席

山口タケヲ『お角刀』人形映画、〈第十回パテー九ミリ半撮影大競技会〉四等十四席

一九三二年

荻野茂二『ＦＥＬＩＸノ迷探偵』人形映画、〈第十一回パテー九ミリ半撮影大競技会〉一等二席

荒井和五郎『大喰ひの猫』漫画映画、同前二等二席

荒井和五郎『坊やの散歩』漫画映画、〈第十二回パテー九ミリ半撮影大競技会〉二等

一九三三年

山口タケヲ『蛸壺』漫画映画、東京小型映画協会〈第一回コンテスト〉一等

荻野茂二『百年後の或る日』影絵映画、〈第十三回パテー九ミリ半撮影大競技会〉二等第五部

森紅『或る音楽』絶対映画、同前二等第六部

荒井和五郎『ザ・グラトナス・キャット』漫画映画、同前五等第五部一席

浅田勇『卵と殿様』漫画映画、〈第十五回パテー九ミリ半撮影大競技会〉二等第六部

荒井和五郎『七匹の子山羊』影絵映画、同前三等第六部

山口タケヲ『動物オリムピック』漫画映画、同前四等第六部第二席

森紅『旋律』絶対映画、全関西パテーキネマ連盟〈第五回競技会〉三等四席

一九三四年

坂本為之『ガランドウの太鼓』影絵映画、全日本パテーシネ協会〈関西支部主催第一回コンテスト〉二等二席

浅田勇『むぐらの椋助』漫画映画、同前三等一席

浅田勇『紙風船』漫画映画、全日本パテーシネマ協会〈関東支部主催第一回コンテスト〉二等二席

荒井和五郎『メチャ〳〵ヒコーキ』漫画映画、同前三等一席

浅田勇『お伽音頭』漫画映画、同前三等二席

今枝柳蛙《りゅうあ》『ミッキーとゴリラ』人形映画、全日本パテーシネ協会〈第一回各支部連合九ミリ半映画作品大競技会〉一等

坂本為之『春ひとゝき』漫画映画、同前三等二席

一九三五年

今枝柳蛙『ミッキーの活躍』人形映画、明治貿易株式会社〈ゲバルト・コンテスト〉三等一席

荻野茂二『PROPAGATE（開花）』絶対映画、西班牙《スペイン》バルセロナ小型映画協会〈第四回国際小型映画コンテスト〉第二部C部門一等

荻野茂二『AN EXPRESSION（表現）』絶対映画、同前第三部一等

今泉正路『交叉』絶対映画、同前第一部C部門二等

坂本為之『青赤二原色による習作 アレグロ二重奏』絶対映画、〈第二回関西支部九ミリ半映画作品〉二等三席

今枝柳蛙『音を伴ふ習作』絶対映画、〈第二回各支部連合コンテスト〉二等三席
坂本為之『未知の国から来た未知のもの』漫画映画、A・S・C〈国際コンテスト〉入選

一九三六年

山口タケヲ『ピストン太郎』漫画映画、明治大学広告研究会〈小型広告映画懸賞募集〉推薦
山口タケヲ『漫画・春の暴君』漫画映画、エルモ社〈大コンテスト〉第二部入選一席
竹村猛児『鈎《つりばり》を失した山彦』影絵映画、〈第三回各支部連合九ミリ半映画作品競技会〉三等二席
山口タケヲ『漫画・山賊退治』漫画映画、さくら小型映画協会〈第四回さくらシネ・コンクール〉二等

一九三七年

浅田勇『創造』漫画映画、全日本パテーシネマ協会関東支部〈第四回春季コンテスト〉で最高点を取るが出品差し止め
竹村猛児『錫《すず》の兵隊』影絵映画、同前三等一席
浅田勇『怪談』漫画映画、全日本パテーシネマ協会関西支部〈第四回春季コンテスト〉特選
浅田勇『武勇講談』漫画映画、全日本パテーシネ協会〈第六回国際コンテスト日本予選大会〉九ミリ半の部入選
坂本為之『エメリヤンと蝙蝠《こうもり》』影絵映画、仏国小型映画連盟〈第六回国際小型映画コンテスト〉第二部A部門一等
浅田勇『製鉄』漫画映画、全日本パテーシネ協会〈第四回各支部連合コンテスト〉一等
竹村猛児『百足退治』影絵映画、同前二等二席

一九三八年

竹村猛児『戦場より』影絵映画、全日本パテーシネ協会関東支部〈第五回春季コンテスト〉二等三席
浅田勇『海を描く』漫画映画、全日本パテーシネ協会〈第五回各支部連合コンテスト〉一等同格
荒井和五郎『春湖伝』影絵映画、同前二等二席
竹村猛児『蜘蛛と頼光』影絵映画、国際文化振興会〈日本を海外へ紹介する為めの十六ミリ映画〉二級

一九三九年

浅井新吉『人形映画 春の声』人形映画、〈第十回さくらシネ・コンクール〉入選
浅井新吉『人形映画 娘と雲助』人形映画、同前入選

一九四〇年

竹村猛児『旅の一寸法師』影絵映画、全日本パテーシネ協会関東支部〈第七回全日本九ミリ半映画作品競技会〉二等一席
今枝柳蛙『命の的』影絵映画、〈第十二回さくらシネ・コンクール〉入選
浅井新吉『カワイ、サカナヤサン』影絵映画、同前入選
浅井新吉『猿蟹合戦』人形映画、同前入選
竹村猛児『日本武尊《やまとたけるのみこと》』影絵映画、〈第二回日本を海外へ紹介する為めの十六ミリ映画〉別賞

一九四一年

竹村猛児『素戔嗚尊《すさのおのみこと》』影絵映画、日本小型映画協会〈第九回小型映画作品懸賞競技〉第一部推薦
今枝柳蛙『八岐大蛇《やまたのおろち》』影絵映画、同前第一部特選

取り上げた作品は、ほとんどが九・五ミリで、一六ミリの作品は今泉正路の『交叉』、山口タケヲの『漫画・

山賊退治』、竹村猛児の『蜘蛛と頼光』『素盞鳴尊』『日本武尊』、今枝柳蛙の『命の的』、浅井新吉の『猿蟹合戦』など、八ミリは坂本為之の『エメリヤンと蝙蝠』、今枝の『音を伴ふ習作』などである。ただし、異なるフィルムのヴァージョンが存在している可能性もある。

ここにあげた作品のなかで現存するのは、荻野茂二の『FELIXノ迷探偵』『百年後の或る日』『PROPAGATE（開花）』『AN EXPRESSION（表現）』、森紅の『旋律』、坂本為之の『ガランドウの太鼓』、竹村猛児の『鈎を失した山彦』『蜘蛛と頼光』などで、作品の大半は行方不明である。しかし当時は、九・五ミリで販売された作品や貸し出しをおこなっていた作品、一六ミリで配給された作品があった。現在は行方不明でも新たに発見される可能性があり、今後これらの作品が発掘されることを期待したい。

7　田中喜次の影絵映画

影絵映画を得意とした作家に、田中喜次、荒井和五郎、竹村猛児、今枝柳蛙らがおり、荻野茂二、坂本為之、山口タケヲ、浅井新吉らも手掛けていた。影絵映画が数多く制作されたことは、アマチュア作家によるアニメーションの大きな特徴のひとつである。一人で制作でき、芸術性が認められた影絵映画は、アマチュア作家に親しみやすいスタイルであった。

最初に注目したい作家は田中喜次である。田中は、一九二七年に結成された京都ベビー・シネマ協会の創立メンバーであった。のちに彼は商業映画に進出しているため、従来のアニメーション史でも馴染みのある作家である。

田中は、早くからアニメーションを手がけたアマチュア作家の一人で、当初はコマ撮り機能のないカメラを使い、クランクを小刻みに回しながら漫画映画を制作していた。東京ベビーキネマ倶楽部の創立メンバーである服部茂は、全日本パテーシネ協会の歴史を振り返った座談会で、「漫画は関西の方が早いのではないかね、京都の田中喜次氏が一人でやつてゐた様に思ふが[15]」と語っている。田中以前にアニメーションを制作したアマチュア作家はほとんどいなかったようである。

田中は、パテーベビーを始めた旧制中学校時代を振り返り、「中学の頃から小型映画をやり出しました。ベルリン都会交響楽等に大いに影響されました。マンレイをまねて絶対映画を作つたのもその頃です[16]」と語っている。田中の作家活動は、ヴァルター・ルットマンの『伯林』やマン・レイの『ひとで』などの前衛映画の影響を強く受けるところから出発していた。

東京ベビーシネマ倶楽部が一九二七年におこなった〈第二回パテーベビー撮影大競技会〉に、田中辰夫の『アルコールの習作』が二等で入選している。田中辰夫は田中喜次のことである。『アルコールの習作』は、素朴な作品が多かったなかで前衛的な作風を試みたことが語り伝えられた作品で、さまざまな技法を用いていたようだが、作品の説明に「壜の間を走る豆自働車[17]」というくだりがあるので、部分的にコマ撮りを使用した可能性がある。田中喜次の名前で発表された『幸を探す犬と豚』（一九二九）は、「玩具類に活動の機能を与へたもの[18]」という解説があり、玩具を使った人形アニメーションと考えられる。

田中は、映画監督の村田実に見いだされて帝国キネマに入社し、村田や鈴木重吉の助監督を務めたが、体調を崩して退社している。しかしそれが本格的にアニメーションに取り組むきっかけとなり、同志社大学の学生だった中野孝夫や田村潔、童話の研究をしていた村上栄一や浅井牧夫らとの一〇人で、児童映画を目指した「童映社」を設立した。童映社の第一回作品は、一九二九年の影絵映画『アリババ物語』である。田中は、同

図7　田中喜次『煙突屋ペロー』(1930)

年の〈第五回パテーベビー撮影大競技会〉で『盗賊を退治したアリババ』が入選している。童映社の『アリババ物語』は現存しないが、『盗賊を退治したアリババ』と同一作品であるか、異なるフィルムサイズでつくりなおした作品ではないか。童映社の第二回作品は『一寸法師』(一九二九)、第三回作品は反戦をテーマにした『煙突屋ペロー』(一九三〇)〔図7〕で、いずれも影絵映画である。『煙突屋ペロー』は人気の高い作品で、一九三〇年の〈第一回プロレタリア映画の夕〉など、各地で上映されていた。『煙突屋ペロー』のフィルムは長らく行方不明になっていたが、一九八六年に童映社同人宅で発見された。検閲のためラストの三分の一ほどが紛失していたため、復元されて一九八八年に公開されている。

田中は、一九三一年にJ・O・スタヂオに漫画部を設立し、トーキーによる漫画映画や劇映画などを制作し、戦中は主に文化映画やニュース映画に関わっていた。戦後は影絵映画の『セロ弾きのゴーシュ』(一九四六)などを発表し、持永只仁の人形映画『瓜子姫とあまのじゃく』(一九五六)、『ふしぎな太鼓』(一九五七)、『こぶとり』(一九五八)に共同監督として名前を連ねている。田中は、戦前・戦後を通して日本のアニメーションに貢献した人物だった。

8　岡野卯馬吉、荻野茂二、坂本為之、今枝柳蛙、森紅

岡野卯馬吉、荻野茂二、森紅、坂本為之、今枝柳蛙は、戦前のアマチュア映画を支えた作家で、岡野と荻野が関東、森、坂本、今枝が関西のアマチュア映画界を代表する存在であった。この五人は、多様なジャンルの作品を手掛けるなかでアニメーションにも着手し、作品の評価が高かった作家である。

岡野卯馬吉は、技巧的な作風で知られた作家で、アニメーションを手掛けたのも早かった。岡野の『凸坊夢物語』（一九二七）は、東京ベビーシネマ倶楽部主催の〈第二回パテーベビー撮影大競技会〉で入選した作品で、「凸坊」とあるから漫画映画と考えて間違いない。この作品に関しては、「マッチダンスに愉快になつた[19]」というコメントがあり、次に触れる作品と似たような内容であったのかもしれない。

一九三〇年、パテー社のアメリカ支社であるアメリカン・パテッキス協会は、九・五ミリ作品を対象とした国際コンテストをおこなった。岡野の漫画映画『マッチの頭（A Head and Match Pieces）』（一九三〇）［図8］は、このコンテストで第三部一等に選ばれた作品である。日本のアマチュア作家のアニメーションが海外で評価された最初であった。『マッチの頭』については、「漫画とコマ取り《ママ》の合成による抽象映画[20]」という回想があるのだが、残された図版は抽象映画ではない。前衛的な漫画映画であったのだろう。

図8　岡野卯馬吉『マッチの頭』(1930,『ベビーシネマ』1930年12月号)

図9　荻野茂二『FELIXノ迷探偵』（1931,『日本パテーシネ』1932年2月号）

岡野の作品でもっとも評判になったのは『幻想（Fantaisie - Révolution）』（一九三三）だが、これはコマ撮りによる作品ではなかったようだ。『幻想』は、回転する影をストレートに撮影した抽象的な映画で、モノクロのフィルムを一コマごとに着色してカラーに仕上げていた。一九三三年にパリで開催された〈第三回国際小型映画コンテスト〉の第二部（八、九・五ミリ）C部門で一等に選出されており、パリの発表会では大変な人気であったという。

コンテストに応募された形跡はないが、のちに高名な心理学者となる乾《いぬい》孝が学生時代に制作した九・五ミリの人形映画『鏡』（一九三一）、『人魚と人間』（一九三二）がビデオ版で発見されている。[21] いずれもアンデルセンの童話を翻案したもので、乾が自作した人形をコマ撮りしたアニメーションであった。彼は人形に関心があったらしく、一九四七年には夫婦で人形劇サークル「つくし座」を結成している。

荻野茂二は、戦前・戦後を通してアマチュア映画を代表する作家で、四〇〇〇本以上の作品を制作している。幸運なことに荻野のほぼ全作品が現存しており、国立映画アーカイブに所蔵されている。彼は、記録映画や教育映画を得意とした作家だが、技巧派として知られていてアニメーションも手掛けていた。

荻野の『ＦＥＬＩＸノ迷探偵』（一九三一）［図9］は、ミニチュアの玩具を使った人形映画である。女の子の失くした靴を猫のフェリックスが探しに行く話は少々幼稚だが、コマ撮りの技術が評価された。『百年後の或る日』（一九三二）［図10］は、一〇〇年後の未来に行く設定の影絵映画で、神話や童話が多い影絵映画のなかでは異色作であり、未来都市のデザインにモダンなセンスが活かされていた。その後、荻野は人形映画や影

図10　荻野茂二『百年後の或る日』(1932,『日本パテーシネ』1933年1月号)

絵映画を制作していないようだが、後述するように抽象アニメーションが評判になっている。

坂本為之は多才な作家で、劇映画や記録映画の他に漫画映画、影絵映画、人形映画を制作した。一九三〇年頃、坂本と交流のあった人物のひとりに美学者の中井正一がいる。[22]中井は、一九三一年に「貴志学術映画研究所」を結成して映画の制作に携わるが、すでに一九二〇年代末頃から友人の辻部政太郎とともに小型映画で前衛的な記録映画を制作していた。中井もまた前衛映画に関心をもつアマチュア映画作家だったのであり、このことが坂本との接点になっているのだろう。なお、坂本はのちに商業映画に進出し、記録映画『淡路人形芝居』（一九四一）などを手がけている。

坂本の『ガランドウの太鼓』（一九三四）〔図11〕は、レフ・トルストイの童話を描いた影絵映画である。完成度の高さが評判になっており、「これはスタンダードにして、サウンドを入れて、公開すれば立派に商売になるでせう[23]」とか、「これはもうアマチュアー映画ではない、商業映画だ[24]」などと評され、九・五ミリの全長版と短縮版が販売された。『ガランドウの太鼓』を八ミリで再制作したのが『エメリヤンと蝙蝠』（一九三七）で、パリで開催された〈第六回国際小型映画コンテスト〉のA部門（八、九・五ミリ）で一等に選ばれている。

一九三四年の『春ひとゝき』〔図12〕は、坂本が初めて挑戦した漫画映画で、モノクロの九・五ミリをカラーにしていた。審査員の大藤信郎は、「切紙細工ものが一寸自分など顔負けのていである」と評価しながらも、色彩については「まづ失敗の部類になると思はれる[25]」と否定的である。また、「この内容中、太陽と衝突する場面は、一寸絶対映画と云ふ感じであつた」という指摘から、作品の一部が抽象アニメーションのようになっていたことがわかる。大藤がこの作品評のなかで、色彩による絶対映画の構想を語っていたことは前述したとおりである。海外のコンテストで入選した『未知の国から来た未知のもの』（一九三六）については、「漫画に因るストーリー映画で、お伽噺の形式を具へ[26]」たという作品解説があった。

今枝柳蛙もアニメーションの制作に熱心で、さまざまな技法に挑戦している。『ミッキーとゴリラ』（一九三四）〔図13〕は、「玩具の齣撮りもの」[27]という解説から、明らかに人形アニメーションであり、フィルムをコマ単位で彩色していた。同年の『ミッキーの活躍』も同種の作品だろう。今枝は、後述するように抽象アニメーションを手掛けているが、影絵映画にも取り組んでいて、『命の的』（一九四〇）や『八岐大蛇』（一九四一）などの作品があった。

森紅は、劇映画、記録映画、前衛映画、アニメーションとあらゆるジャンルを手掛けたアマチュア作家で、多くの作品が現存している。『タバコの煙』（一九三三）は、キューピー人形が玩具の兵隊を指揮する作品で、一部が漫画映画になっていた。『のらくろ一等兵』は現存しないが、「人形映画の齣撮りのトーキーである」[28]という解説がある。森が制作した抽象アニメーションに関しては後述する。

図11　坂本為之『ガランドウの太鼓』(1934,『パテーシネ』1934年6月号)

図12　坂本為之『春ひとゝき』(1934,『パテーシネ』1935年1月号)

図13　今枝柳蛙『ミッキーとゴリラ』(1934,『パテーシネ』1935年1月号)

戦前の日本では、商業的な分野で人形映画が制作されることはほとんどなかった。人形アニメーションではないかと推測できる短編作品もあるのだが、はっきりと断定はできない。[29] 政岡憲三は、田中喜次の劇映画『かぐや姫』（一九三五）の一部でミニチュアをコマ撮りしたとき、「日本では最初の試みだと信ずるものである」[30]と書いており、当時はまだ人形映画が珍しかったことがわかる。

商業映画と比較するならば、アマチュア作家は積極的に人形映画に取り組んでいた。人形映画がつくられていたこと自体、アマチュア作家によるアニメーションの大きな特徴である。ただし、コンテストに入選した人形映画は決して多くはないし、人形映画を継続的に制作したアマチュア作家もほとんどいなかった。しかも、人形映画の大半は既存の人形をコマ撮りしていて、乾や『猿蟹合戦』（一九四〇）の浅井新吉のように自作の人形を用いた作品は珍しかった。アマチュア作家は、人形映画のスタイルを確立できなかったといえよう。

9　荒井和五郎と竹村猛児

荒井和五郎と竹村猛児は、影絵映画を得意としたアマチュア作家である。彼らはいずれも医者が本業で、荒井が歯科医、竹村が小児科医であった。荒井は、のちに商業映画に進出し、前述した『お蝶夫人の幻想』を飛石仲也とともに制作した。彼は、日本のアニメーション史に必ず登場する作家なので、詳しく取り上げておきたい。荒井がパテーベビーで制作を始めたのは、歯科医として独立した一九三〇年からだった。当初は劇映画をつくりたいと考えていたが、最初からアニメーションをつくりはじめ、影絵映画『トンカラ小坊主』、漫画映画『あわて床屋』（いずれも一九三〇）を制作している。一九三一年頃に彼は、小型映画の熱が高じて「荒井歯科医院児童映画部」を発足した。

飯田心美《しんび》は、荒井が影絵映画を制作するきっかけについて、「患者が来るので外出は出来ず、手術台の近くにいてやれる道楽をさがしているうちそうなったという。そういう事情だから室内でまとめられる題材にしぼり、かねて習いおぼえた絵筆の技術を生かして影絵をやることにきめた」[31]と説明している。荒井といえば影絵映画が有名で、飯田も「影絵一筋」の作家としているが、最初は漫画映画の作家として評価されており、たびたび劇映画を手掛けている。

荒井の漫画映画は現存しないが、残された図版から作風を窺い知ることができる。『大喰ひの猫』（一九三二）［図14］は、トーキーによる漫画映画で、大藤信郎の評に「丁度子供の自由画の技巧の拙い処に味があると云ふ様な作品である」[32]とあるように、単純な絵による作品であった。『ザ・グラトナス・キャット』（一九三二）は、『大喰ひの猫』を増補したサイレント版である。次作の『坊やの散歩』（一九三三）［図15］では、複雑な絵を描くようになっている。審査員の吉川速男は、「アマチュアーとしては上手すぎるくらいで、実に感服してしまひました」[33]と評しており、絵の動きと音楽がシンクロしている点も評価された。その後も荒井は、影絵映画『七匹の子山羊』（一九三三）、漫画映画『メチャ〳〵ヒコーキ』（一九三四）などのトーキー作品がコンテストで入選している。のちに共同制作者となる歯科医の飛石は、この頃から荒井の作品を手伝っていた。

一九三五年に荒井は、海彦と山彦のエピソードに基づく影絵映画に着手した。しかし、翌年のコンテストで入選した竹村猛児の影絵映画『鈎を失した山彦』（一九三六）が同じテーマの立派な作品であったため、いったん制作した原画を破棄し、すべてを改めてつくりなおし、その後何度も手を加えて『春湖伝』（一九三八）を完成させている。

『春湖伝』は、全日本パテーシネ協会のコンテストで入選したが、翌年に三五ミリフィルムで再制作された。

図14　荒井和五郎『大喰ひの猫』（1932,『日本パテーシネ』1932年2月号）

図15　荒井和五郎『坊やの散歩』（1932,『日本パテーシネ』1932年7月号）

これが、飛石と連名で発表した『黄金の鈎』（一九三九）〔図16〕である。荒井は、三五ミリ版を制作した経緯について、「外国映画、欧州ものゝ「黄金の女神」〔ロッテ・ライニガーの影絵映画〕といふ影絵を見ましたがあまり良くないのです。これなら自分の方が良いと思つたので、東和商事の知人に話しました所、それではスタンダードにするが良いだらうと云ふわけで作つたわけです」▽34と述べている。『黄金の鈎』を制作したときの撮影台は、アマチュア作家の山口タケヲが使っていたものを借りていた。

『黄金の鈎』は、東和商事の配給で劇場公開され、荒井にとっての商業映画デビューとなった。この作品は評判がよく、学校巡回映画連盟の定期配給プログラムにも選ばれ、日本各地の小学校で上映された。『黄金の鈎』の評価が高かったため、荒井と飛石は朝日映画社の専属となり、一九四〇年に代表作となる『お蝶夫人の幻想』を発表した。

図16　荒井和五郎, 飛石仲也『黄金の鈎』(1939,『映画教育』1940年4月号)

『お蝶夫人の幻想』は、ジャコモ・プッチーニの歌劇《蝶々夫人》が原作だが、もともと九・五ミリで制作するつもりで書いたシナリオに基づいていた。録音の段階で莫大な著作権料を要求されたため、オペラ歌手の三浦環が新たに歌詞と曲を提供している。当時の広告に、「日本の映画文化がこんな美しい花を咲かせた！　ライニガー女史を遥かにしのぐファンタジイの素晴しさ！　世界映画芸術の最高水準を衝く力作」とある。

『東京朝日新聞』に、『お蝶夫人の幻想』の撮影現場を訪れた記者の報告が掲載されている。そこには、「何とスタヂオは二階八畳の客間に過ぎず、撮影装置が物干台の欄干の壊れで組立てゝあるやら、投影器はビール箱に銀紙を貼つただけという簡単さなので呆然とした」[35]とある。別の記事で荒井は、「何しろ一寸凝りすぎた趣味位の積りでやつてゐる」[36]と述べている。荒井と飛石は、三五ミリで劇場公開される作品であっても、アマチュア映画の延長で制作していた。

かつて「荒井歯科医院児童映画部」を発足した荒井だが、『お蝶夫人の幻想』については「大人に見せるものを作り度いと思つて居ます[37]」と語っており、子供向けではない作品を目指すようになっていた。「大人に見せるもの」とは、大人の鑑賞に堪えうる芸術的な作品という意味である。荒井は、影絵映画の芸術性をどのように考えていたのか。彼によると、影絵は「原始的、単純」だが、「他の映画又は絵画に見出す事の出来ない誇張が明快に現れる」という。荒井が重視したのは、「影絵の輪郭線のリズム」であった。

> 影絵映画の映画的効果は輪郭線のリズムにあるのであるから、影絵映画は運動の構図、舞踏の構図等の明快なる物体の輪郭線のリズムに依る、黒、白、光、音のシムホニイである。だが、これはフイツツシ《〔ママ〕》ンガアの絶対音楽映画とは異なるものである。
>
> 影絵映画に於ては、黒の絵、例へば人物、動物等の運動に対して白、灰色、濃灰色等の運動に〈光〉の交叉と音楽の融合、カツト、カツトのリズムに依つて構成せられたものこそ、絶対芸術影絵映画と名付け得るものであらう。幻想的物語、訓話的物語、童話等から進んで到達すべき影絵映画の境地は、このやうなものであらうと思ふ[38]。

荒井は、影絵による運動や濃淡と音楽を融合したり、ショットによるリズムを強調したりする「絶対芸術影絵映画」こそ、「影絵映画の境地」であると主張している。ある座談会で荒井は、「光の交響楽の様なものをやつてみたいんですが[39]」と語っていたが、彼の影絵映画論にはオスカー・フィッシンガーの影響が認められる。「絶対芸術影絵映画」とは、フィッシンガーの「絶対音楽映画」の発想を影絵映画に敷衍して、影絵映画と音楽を融合し、物語に頼らずに影絵映画の独自性を純粋に追求するものといえよう。

『お蝶夫人の幻想』の完成後に荒井は、『ジャックと豆の木』（一九四二）と『砂漠』という二つの影絵映画を制作すると発表した。『砂漠』は、「純粋映画詩の境地を目指す野心作[40]」で、アレクサンドル・ボロディンの交響詩《中央アジアの草原にて》（一八八〇）とミハイル・イッポリトフ＝イワノフの組曲《コーカサスの風景》（一八九四）に基づいた作品であるという。「純粋映画詩の境地」とは、「影絵映画の境地」である「絶対芸術影絵映画」に対応している。『砂漠』は、『ジャックと豆の木』のあとに着手されたようだが、完成しなかった。戦中のことであり、前衛的な作品は制作できなかったのだろうか。

その後、荒井と飛石は『かぐや姫』（一九四二）を発表し、プロパガンダ映画『ニッポンバンザイ』の影絵のパートを担当した。戦後も荒井は、影絵映画の『椰子の実』（一九四七）などを発表したが、共同制作者だった飛石を戦争で失っており、戦前の作品を超えるものではなかった。

図17　竹村猛児『蜘蛛と頼光』（1937,『映画と技術』1939年2月号）

竹村猛児は、アマチュア映画の世界でよく知られた影絵映画の作家である。コンテストの常連で、『鈎を失した山彦』、『錫の兵隊』『百足退治』（いずれも一九三七）、『戦場より』『蜘蛛と頼光』（いずれも一九三八）〔図17〕、『旅の一寸法師』『実剣』（第一部『素盞鳴尊』、第二部『日本武尊』、いずれも一九四〇）など、一貫して影絵映画を制作した。とくに『蜘蛛と頼光』の評判がよく、国内外のコンテストで入選し、国民文化映画協会が配給している。

竹村は、影絵映画の制作と平行して本業の診療にまつわる随筆を書くようになり、菊池寛の紹介で『物言はぬ聴診器』（一九三九年）を出版した。これが好評で、その後も診療随筆集を刊行している。また、ユーモア小説を書いたり『新青年』に推理小説を発表しており、『蜘蛛と聴診器』（一九四二年）という短編小説集も刊行した。竹村は、アマチュア映画作家からアマチュア小説家に転身したようである。

10　浅田勇の漫画映画

漫画映画を得意としたアマチュア作家として、山口タケヲ（武雄、タケオ）、荒井和五郎、浅田勇らをあげることができる。アマチュア作家の漫画映画には、単に商業作品を模倣するのではなく、独自なスタイルを確立しようとする意欲を認めることができる。

山口タケヲは、学生時代から多くの漫画映画を制作したが、作品はすべて行方不明である。コンテストの常連で、『太郎君の空中探検』（一九二九）、『太郎君の地獄征伐』（一九三〇）、『蛸壺』（一九三二）、『動物オリムピック』（一九三三）［図18］、『漫画・春の暴君』『漫画・怪物退治』（いずれも一九三六）などが入選している。人形映画の『お角刀』（一九三二）や影絵映画も手がけていた。

浅田勇は、九州の八幡にある製鉄所に勤めるアマチュア作家である。作品が現存しないため今日ではまったく忘れられた存在だが、戦前のアマチュア映画の世界では評価の高い漫画映画作家であった。浅田がパテーシネ協会のコンテストで入選するようになったのは、荒井の漫画映画が頻繁に入選した時期と重なっている。大藤信郎は、浅田と荒井を指して「漫画映画製作者としてアマチュアの権威である▽41」と評していた。彼らは、アマチュア映画界で双璧をなす漫画映画作家であった。

浅田は、一九三二年に漫画映画の技術をまったく知らずに制作を始め、矢継ぎ早に発表した『卵の殿様』

（一九三三）、『むぐらの椋助』『紙風船』『お伽音頭』（いずれも一九三四）がコンテストで上位入選を果たした。『卵の殿様』は、同名の童謡のレコードに合わせたトーキーの漫画映画である。『紙風船』については、「女の子のつく純〔紙〕風船の動きにつれて、変化する場面の移り変りは、アマチュア線画としては新味のあるものであると思ふ」[42]という大藤の評がある。

鈴木重吉は、『むぐらの椋助』に対する評のなかで、「素人にはおしむべき技術者です、これだけ適確な動きの出来る漫画映画作家は職業者にも恐らく居ません、専門家として立たれる事を望みます」[43]と書いている。他の審査員の評でも、「アニメションの見事なこと、動きの綺麗なこと、遺憾ながら我国の漫画映画製作者達（商売人）ですら、これまでにこれ程、自然に動かしたのを見たことがありません。日本の漫画映画の商売人は此の映画の前に恥ずべきです」[44]と絶賛されている。浅田の漫画映画には、プロ以上という評価がついてまわっていた。浅田が自作の絵の動きを解説した文章によれば[45]、早く動くシーンは一コマ単位で絵を描くフルアニメーションで制作しており、漫画的な動きを実現するために曲線を強調した中割を描いている。彼の漫画映画が評価されたのは、こうした動画の工夫が理由であろう。

図18　山口タケヲ『動物オリムピック』（1933,『日本パテーシネ』1933年10月号）

ところが、浅田は火災にあってすべての作品と機材を消失してしまう。金を貯めてカメラなどの機材を改めて購入し、『怪談』（一九三五）〔図19〕、『創造』（一九三六）、『武勇講談』『製鉄』（いずれも一九三七）〔図20〕、『海を描く』（一九三八）を制作した。『創造』は、「私に取つては、漫画芸術の飛躍的作品だつた」[46]という自信作で、漫画映画の背景に写真を使っていた。

図19　浅田勇『怪談』(1935,『パテーシネ』1936年12月号)

図20　浅田勇『製鉄』(1937,『パテーシネ』1937年12月号)

この点について大藤は、「まつたく現在までにアマチユア、プロフエシヨナルを通じて小生としては未だ見ざる新表現手法であつた」[47]と評している。コンテストで最高点を取り、その表現が高く評価されたが、内容の面でアマチュアに不適切と判断されて、出品差し止めとなった。

『創造』と同様に『武勇講談』も出品差し止めとなったようだが、『製鉄』がコンテストで一等に選出されている。製鉄工場が舞台で、この作品も漫画映画の背景に写真を使っていた。浅田にとっても納得のいく出来だったようで、「こゝに於て、初めて漫画の純映画的表現手法及、詩画としての行き方に強いヒントと、もう立派な芸術作品的資格を得たと思ふ」[48]と書いている。『海を描く』はカラーによる漫画映画である。浅田は、この作品をコンテストとは別に全日本パテーシネ協会に送ったが、ちょうど各支部連合コンテストの審査中だったため、発表会で特別上映され、一等と同格の賞状と賞杯が与えられた。この時期になると、アマチュア映画界での浅田に対する評価は揺るぎないものになっていた。

また浅田は、独自の漫画映画論を提唱したことでも知られていた。彼は、「漫画と云ふものは皆が今まで考へてゐたやうなお笑ひ草ばかりでなく、もつと突進んで、漫画には漫画独得の芸術境もある事に着眼して欲しいものである」[49]と書いている。浅田は、従来の漫画映画がギャグマンガばかりで同じパターンの作品が多く、芸術として認められないことに不満であった。先の引用で彼は、『創造』に対して「漫画で詩を行つた」といい、『製鉄』を「詩画」と呼んでいた。浅田の目的は、漫画映画で詩を表現することにあった。それは、漫画映画の独自性を追求すると同時に、漫画映画を芸術に高める方法であった。

一九三九年に浅田は、商業映画を目指して東京に向かい、鈴木重吉の推薦で満映（満州映画協会）に入社した。当時、満映の文化映画部長だった鈴木は、全日本パテーシネ協会の顧問でもあった。鈴木が浅田を満映に推薦したのは、コンテストに出品された彼の漫画映画を高く評価していたからである。満州に渡った浅田は、首都の新京で小型映画の団体をつくろうとしている。

一九四〇年、満映が「漫画研究委員会」を結成し、漫画映画を制作する具体的な方針を立てる旨が報じられている。[50]浅田はこの委員会のメンバーであったが、結局満映が漫画映画を制作することはなかった。満映に入社しているので、彼もまたアマチュアからプロに進出した作家である。しかし、漫画映画の手腕が活かされる機会はなかったようだ。

11　森紅と荻野茂二の抽象アニメーション

戦前のアマチュア作家は、早い時期から抽象アニメーションを制作していた。商業作品として抽象アニメーションが制作されることはなかったので、そうした作品が存在していること自体、アマチュア作家によるアニメーションの大きな特徴である。抽象アニメーションは、アマチュア作家の芸術志向、前衛志向が端的に表れたスタイルであった。

作品は現存しないが、内藤耕次郎は、一九二九年頃から色彩音楽に基づく抽象アニメーションを一六ミリで制作していた。内藤は、東洋史学の権威である内藤湖南の息子で、のちに心理学者となった。彼は、音楽が色彩に見える共感覚（ある刺激を受けると通常の感覚だけではなく異なる感覚が生じること）の持ち主で、抽象アニメーションを制作したのはこの共感覚の体験を芸術として提示できないかと考えたからであった。しかし、そのような作品に資金を出す人もいないので、「結局私自身でフィルムを一駒一駒着色しつつ画き上げていったり、自分の部屋に動画撮影装置をしつらえてコツコツと製作するよりほかはなかった」[51]と回想している。中井正一は、自宅の一室を内藤に与えて映画制作の援助をしていた。前述したように中井は、一九三一年に貴志康一や辻部政太郎らとともに「貴志学術映画研究所」を発足したが、内藤もメンバーの一人であった。貴志学術映画研究所では、辻部の『海の詩』（一九三二）で内藤が色彩音楽のパートを担当している。

戦前に抽象アニメーションを制作した代表的なアマチュア作家としては、森紅と荻野茂二をあげることができる。森と荻野の抽象アニメーションは、その多くが現存している。当時は、アマチュア映画の分野で抽象映画が流行しており、実写、アニメーションを問わずに制作された。ほとんどの作家は単発的に制作しただけだが、森と荻野は継続的に抽象アニメーションを手がけ、作品に対する評価も高かった。二人は、一九三二年頃から抽象アニメーションを制作していたようである。

森の『ヴォルガの船唄　扇光楽』（一九三二）は、切り紙による円形のグラフィックをコマ撮りした抽象アニメーションである。今日、森の抽象アニメーションはサイレントで上映されるが、当時はすべてレコード式トーキーで音楽がついていた。『ヴォルガの船唄　扇光楽』は、タイトルからロシア民謡《ヴォルガの舟歌》を使った作品だと推測できる。同年に森が制作した『或る音楽』［図21］は現存しないが、コンテストの作品評では次のように書かれている。

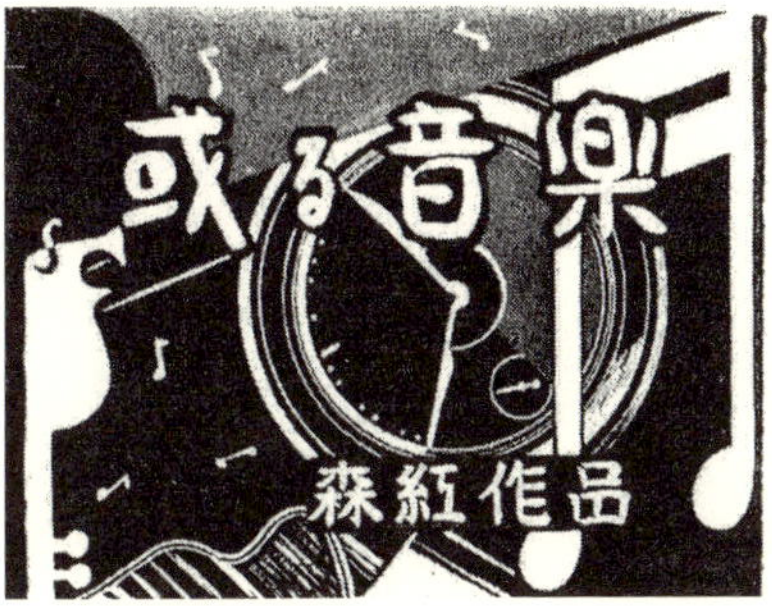

図21　森紅『或る音楽』(1932,『日本パテーシネ』1933年1月号)

〔作意〕聴覚による音楽を視覚化せんとするのもで《〔ママ〕》、一ツの音譜を現はすに、四角、三角、円等大小種々の形をもつた白光を以つてし、是が連続推移によつて、そこに音楽を構成するやうにしたもの。白光の大小は音の強弱を、その潜行して明滅するは音の抑揚と余韻とをみせしものなり。

【評】音楽の分解、聴覚を視覚に代へた研究は察するに余りあり。オリデイナリテーを持つ。[52]

森の抽象アニメーションの特徴は、音楽の視覚化を試みていることにあり、レコードの音楽に抽象的な形態の動きや明滅を正確にシンクロさせていた。切り絵の抽象アニメーションである『旋律』（一九三三）には、「レコード六段曲に合せて線の移動と方形の運動する特殊映画のトーキーである」[53]という解説がある。箏曲《六段の調》を用いたレコード式トーキーであったようである。『千鳥の曲』（一九三〇年代）も切り絵による抽象アニメーションだが、箏と胡弓の曲《千鳥の曲》を使っていたのだろう。

荻野の『?　三角のリズム　トランプの争《あらそい》』（一九三二）は、「?」「三角のリズム」「トランプの争」という異なる三つの作品を一本につないだもので、現存する彼の抽象アニメーションとしてはもっとも古い。「三角のリズム」は、切り絵による抽象アニメーションで、図形を少し浮かせて立体的な効果を出していた。「トランプの争」は、スペードとクローバーがハートをめぐって争う話で、これも抽象的な作品だった。荻野が、抽象アニメーションを最初に制作した頃、オスカー・フィッシンガーの抽象アニメーションは日本で公開されていなかった。荻野は、「私は映画では見たことがなかつたんですよ。雑誌などを参考にしながら、何か変わつた映画をと思つてやり始めたのです」[54]と回想している。おそらく彼は、ドイツの絶対映画の紹介記事や作品図版を参照して抽象アニメーションを制作したのであろう。

一九三五年、荻野が制作した三つの抽象作品が、ブダペストで開催された〈第四回国際小型映画コンテスト（第一回サン・テチアンヌ杯）〉で上位に入賞した。『PROPAGATE（開花）』が第二部（八、九・五ミリ）C部門で一等、『RHYTHM（リズム）』が二等、『AN EXPRESSION（表現）』が第三部（色彩映画）で一等であった。『PROPAGATE（開花）』と『AN EXPRESSION（表現）』は九・五ミリの抽象アニメーションだが、八ミリの『RHYTHM（リズム）』（いずれも一九三五）はコマ撮りによる作品ではなかった。

『PROPAGATE（開花）』〔図22〕は、植物が花を開き、種が飛んで別の場所で成長するという植物のサイクルを描いた作品である。具象的な影絵から始まり、しだいに純粋抽象に発展する。『AN EXPRESSION（表現）』

図22　荻野茂二『PROPAGATE（開花）』原画（1935,『映画と技術』1935年12月号）

〔図23〕は、男女が出会ったときの心理的な変化を幾何学的な形態と色彩の変化で表現している。モノクロの九・五ミリをカラーにしていて、一コマごとに赤と緑のフィルターをかけて撮影したモノクロフィルムをフレーム単位で着色していた。

『RHYTHM（リズム）』は、水の動きのさまざまなクローズアップを構成した作品である。荻野には、同名の『RHYTHM（リズム）』（一九三四）という作品もあって、こちらは回転する抽象的な影を撮影した作品だった。『A STUDY（スタディ）』（一九三七）は、同じ手法による一六ミリのトーキー作品である。これらは、コマ撮りを用いていない実写の絶対映画であった。

荻野は、〈第四回国際小型映画コンテスト〉で入選した三作品を、コンテストに応募するために一ヶ月ほどで仕上げていた。すべてが抽象作品なのは、〈第三回国際小型映画コンテスト〉で一等になった岡野卯馬吉の『幻想』が抽象作品だったからではないだろうか。このコンテストには荻野も『FELIXノ迷探偵』を応募したが、選外だった。おそらく彼は、抽象作品な

図23　荻野茂二『AN EXPRESSION（表現）』（1935,『パテーシネ』1935年10月号）

らば〈国際小型映画コンテスト〉で評価されると判断したのだろう。

戦後に荻野は、「オギノ8ミリ教室」を主宰し、アマチュア映画作家の育成に尽力した。戦後に制作したのは主に記録映画で、いくつかの前衛的な作品があるものの、アニメーションを手掛けることはなかった。ただし、実験映画に対する関心が高まった一九五〇年代末頃には、荻野が戦前に制作した九・五ミリ作品がにわかに注目されている。きっかけは、アマチュア映画団体「CACA（セントラル・アマチュア・シネ・アソシエーション）」が一九五八年に〈小型映画の開祖シャルル・パテー翁9・5㎜映画名作鑑賞〉を開催した際に、荻野の『AN EXPRESSION（表現）』を含めて戦前の作品が上映されたことにあったようだ。

当時、荻野の抽象作品に注目したのは、荻昌弘、向坂《さきさか》隆一郎、羽仁進ら、「シネマ58」（このグループ名は年度ごとに変化する）のメンバーであった。この時期の『藝術新潮』には、アマチュア映画を取り上げる「8ミリ」欄があって、荻野はこの欄にたびたび登場している。「8ミリ」欄を設けたのは、同誌の編集部にいた向坂であった。『藝術新潮』には、『PROPAGATE（開花）』『RHYTHM（リズム）』などの図版が掲載されたが、タイトルが『花』『水のリズム』などと表記されていた。▽55

12　その後の特殊映画

〈第四回国際小型映画コンテスト〉では、今泉正路の『交叉』（一九三五）が入選しているが、これも抽象アニメーションであった可能性がある。船出の見送りのときに五色の紙テープが交差していたことからヒントを得て、紙テープを構成したレコード式トーキーである。今泉は、「融通のきかないテープより線画でやつたらもつと理想に近い作品を得られた事と思ふ」[56]と書いていた。彼は早くから小型映画に着手したアマチュア映画界の重鎮だが、抽象的な作風は珍しい。

この年の国際小型映画競技会では、記録映画や劇映画の部門でも日本人が一等となった。何人もの日本人が上位入選を果たしたことは、当時の新聞やラジオで報じられている。アマチュアの作品であっても、国際的な評価はニュースになるほどの快挙なのであった。とくに荻野の三つの抽象作品が同時に選出されたことは、他のアマチュア作家に刺激を与え、コンテストに応募される抽象作品が増加した。

抽象アニメーションとして評価が高かった作品として、坂本為之の『青赤二原色による習作　アレグロ二重奏』と今枝柳蛙の『音を伴ふ習作』（いずれも一九三五）をあげることができる。『青赤二原色による習作』に関しては、「アマチュアの視覚的、聴覚的感覚への働きかけ、技術研究が期待される」[57]というコメントがあった。赤と青の明滅によって音楽的なものを表現した作品で、コマ撮りで制作されていたらしい。『音を伴ふ習作』には、「歌謡曲『影をしたひて』のリズムを大小様々の円の律動明滅によつて表現したレコード式トーキー作品」[58]で、「一齣撮しが行はれて居る」という解説があり、モノクロのフィルムを彩色していた。審査員評に「今迄見た中で一番画と音とのシンクロナイズが完全であり視覚的に音の持つリズムの興奮を感ずる」[59]とあって、〈第六回国際小型映画コンテスト〉第二部C部門で二等に入選している。

森紅や今枝の抽象アニメーションは、形態の動きを音楽にシンクロさせている。宇野真佐男は、一九三五年の小型映画を展望した文章で、「最近ではオスカー・フイツシンガー氏の『光の交響楽』からの影響が濃厚」[60]

だと指摘しているが、フィッシンガーの映画が公開されたのは一九三四年である。音楽とシンクロする抽象アニメーションは少なくとも森が一九三二年に制作しており、フィッシンガーの作品を観てつくりはじめたわけではなかった。

当時、アマチュア映画の世界では、レコード式トーキーによって音楽と映像を同調させる作品が流行しており、ヒット曲《東京行進曲》にシンクロした服部茂の『東京行進曲』（一九二九）は話題となって市販もされた。森や今枝の抽象アニメーションは、こうした作品の延長にあるだろう。つまり、レコード式トーキーによるシンクロの流行と、前衛映画への関心が交差したところに、音楽とシンクロした抽象アニメーションが成立している。抽象アニメーションが急増したのは、岡野卯馬吉や荻野茂二の抽象作品が〈国際小型映画コンテスト〉で一等に選出され、話題となったからであろう。

一方でアマチュア映画の世界では、抽象作品に対する批判も少なくなかった。森は、抽象作品を否定する側に回るようになり、一九三六年に次のような文章を書いている。

茲《ここ》数年ひらかれてきたコンテストはあまりに私共に刺激を与へすぎた。そして我等を早熟せしめた恨みもないではない。〔……〕その結果が海や山や花は作品ではなくて、嘘にでも何々のリズム、何々の感興だとかでなければならないことにしてしまつてゐる向もある。ひいてはモンタージュやリズムにとらはれて内容といふことがお留守になつてしまつてゐる。随つて採挙げる材料も自ら貧弱になり淋しい作品としかならない。妙にヒヨロ〳〵とした、そのくせ頭ばかりチカ〳〵してゐるまるで不健全な都会の子供のやうないやな感じを与へる。▽61

抽象作品は、一九三〇年代半ばをすぎるとコンテストから姿を消している。日本が戦争に向かうなかで前衛芸術に対する警察の取締りがきびしくなり、アマチュア作家やアマチュア映画団体が前衛的な作風を敬遠するようになったからである。

一九三七年に日中戦争が勃発したことは、アマチュア映画にも多大な影響を与えている。軍国主義が台頭し、娯楽を自粛するムードが広まるなかで、個人の趣味と思われていたアマチュア映画はしだいに居場所をなくしていった。一九三九年に「映画法」が施行されると、事態はさらに悪化した。映画法によって映画産業は国家の統制のもとに置かれ、撮影禁止地区が拡大されるとともに、アマチュア作家はフィルムを入手することが困難になった。一九四〇年にさくら小型映画協会は「日本小型映画協会」と改称し、それにともない各種のアマチュア映画雑誌は『小型映画』に統合された。

一方で映画法には、映画館は文化映画を上映しなければならないという条文があった。教育映画はアマチュア作家が得意としたジャンルであり、作家たちはこぞって文化映画に着手した。啓蒙的な目的をもつ文化映画ならば、単なる趣味ではなく国益につながると考えたのである。このことは、アニメーションに関しても例外ではない。竹村猛児の『素盞鳴尊』や『日本武尊』、今枝柳蛙の『八岐大蛇』は、日本神話がテーマの影絵映画である。これらは、一九四一年に開催された〈第九回小型映画作品懸賞競技〉第一部の入選作だが、第一部のテーマは「皇紀二千六百年を記念にして」である。竹村や今枝の作品は国粋主義に基づいており、文化映画を意識していた。しかし、アマチュア作家の文化映画への傾斜も長くは続かなかった。アマチュア作家のもとにはまったくフィルムが届かなくなり、アマチュア映画が壊滅状態に陥ったからである。

▽1　津堅信之『日本アニメーションの力——85年の歴史を貫く2つの軸』NTT出版、二〇〇四年、一九一頁。

▽2　内田岐三雄「カリフの鶴」『キネマ旬報』第一二五号、一九二四年三月一日号、二四頁。影絵映画について、「既に我々は「影を失へる男」に於てその一端を知り得た」とある。

▽3　田中純一郎「ソシエテ・パンドールの一夜」『活動倶楽部』第三巻第七号、一九二四年三月号、六七頁。

▽4　たとえば、飯島正の『映画の研究』（厚生閣書房、一九二九年）に『対角線交響曲』の図版が、板垣鷹穂の『機械と芸術との交流』（岩波書店、一九二九年）にヴァルター・ルットマンの『オパスⅣ』（一九二四）の図版（「Richter の絶対映画」の表記は間違い。図版の天地も逆）が掲載されている。

▽5　鈴木重吉「人形映画の慈父——「魔法の時計」の製作者スタルビイツチ訪問記」『サンデー毎日』一九三〇年三月三〇日号、一二三頁。

▽6　「東和の40年」編集室『東和の40年——1928—1968』東和株式会社、一九六八年、四八頁。

▽7　野口久光「漫画トーキイの作者達」『キネマ旬報』第五七九号、一九三六年六月一一日号、七〇頁。

▽8　「千代紙細工の映画が出来た」『読売新聞』一九二六年六月三日、五面。

▽9　大藤信郎は、「線映画の作り方」（『日本パテーシネ』第五巻第九号、一九三一年九月号）で、「大藤式線映画撮影台」の使い方を解説している。

▽10　大藤信郎「線映画製作に関する研究座談会速記」『ベビーシネマ』第三巻第一〇号、一九三〇年一〇月号、一二一頁。

▽11　大藤信郎「審査後評」『パテーシネ』第八巻第一号、一九三五年一月号、六三頁。

▽12　金子安雄「特殊映画に就て」『パテーシネ』第九巻第三号、一九三六年三月号、四八頁。

▽13　「映画法施行規則」日本映画雑誌協会編『昭和十七年　映画年鑑』日本映画雑誌協会、一九四二年、一三章六頁。

▽14　作品を取り上げるうえで、以下の文献を参照した。『ベビー・シネマ』『ベビーシネマ』『日本パテーシネ』『パテーシネ』『小型映画』『映画と技術』『キネマ旬報』などの映画雑誌、大伴喜祐『小型映画の記録』（春陽堂、一九三一年）、西村正美『小型映画——歴史と技術』（四海書房、一九四一年）、日本小型映画連盟編『8／16㎜アマチュア映画年鑑［1976年版］』（日本小型映画連盟、一九七五年）。

▽15 「生ける協会史は語る」『パテーシネ』第一二巻第一〇号、一九三九年一〇月号、七一四頁。

▽16 「日本文化映画の初期から今日を語る座談会」『文化映画研究』第三巻第一号、一九四〇年一月号、一八頁。

▽17 吉川速男「京都ベビーシネマ協会々員——御一同様への御挨拶」『ベビー・シネマ』第二巻第五号、一九二九年五月号、四頁。

▽18 吉川速男「短評」同前、五頁。

▽19 森江正巳「試写拝見覚書」『ベビー・シネマ』第一巻第二号、一九二八年二月号、五頁。

▽20 「日本のアマチュア映画」『キネマ旬報』第一五二号、一九五六年八月上旬号、九三頁。

▽21 乾孝『ある青年』（思想の科学社、一九八九年）、津堅信之・吉村浩一「乾孝が制作した1930年代の人形アニメーションの発見と評価」（『アニメーション研究』第七号第一号A、二〇〇六年）を参照。

▽22 辻部政太郎「解題・解説」中井正一『生きている空間——主体的映画芸術論』てんびん社、一九七一年、二〇九頁。辻部は、中井と交流のあった人物として坂本為之の名前をあげている。

▽23 むらさき「三四年度コンテスト作品に関する覚書」『パテーシネ』第七巻第六号、一九三四年六月号、四三頁。

▽24 若葉馨「短評」『パテーシネ』第七巻第六号、一九三四年六月号、五一頁。

▽25 大藤「審査後評」、六三頁。

▽26 「二大国際コンテスト」『キネマ旬報』第五七一号、一九三六年四月一日号、一五二頁。

▽27 大藤「審査後評」、六四頁。

▽28 酒蛙々居士「森紅氏論」『パテーシネ』第一一巻第一号、一九三八年一月号、三六頁。

▽29 『映画教育』第一五号（一九二九年五月号）に図版が掲載された『人形映画 浦島太郎』、同誌第九四号（一九三五年一二月号）で紹介された「全部お菓子で作つた」という『汽車汽車走れ』などである。

▽30 政岡憲三「ミニチュアの製作と撮影についで《〔ママ〕》」『キネマ旬報』第五五九号、一九三五年一一月二一日号、七八頁。

▽31 飯田心美「文化映画雑記——動画作者の変り種 影絵一筋の荒井和五郎」『朝日文化映画の会』第一二六号、一九六六年七月一日号、二一頁。

▽32 「第十一回パテー九ミリ半コンテスト審査合評会」『日本パテーシネ』第五巻第二号、一九三二年二月号、七六頁。

▽33 吉川速男「審査所感」『日本パテーシネ』第五巻第八号、一九三二年八月号、四一頁。

▽34 「荒井和五郎氏に影絵映画かぐや姫の製作談を訊く」『小型映画』第二巻第四号、一九四二年三月号、七頁。

▽35 「影絵映画が出来るまで」『東京朝日新聞』一九三九年一一月二九日、八面。

▽36 「影絵映画「蝶々夫人の幻想」」『東京朝日新聞』一九四〇年三月二九日、七面。

▽37 「荒井和五郎に影絵映画かぐや姫の製作談を訊く」、九頁。

▽38 荒井和五郎「影絵映画について」『映画旬報』第四五号、一九四二年七月二一日号、一三頁。

▽39 「日本の影絵・線画を語る」『映画と技術』第一二巻第二号、一九四〇年一〇月号、八六頁。飛石仲也もフィッシンガーの作品について、「線を使つたものとしては、あれ以上のものは出来ませんね。あの色彩をつかつたのが有りますが実にすばらしいものだと思ひます」と語っている。

▽40 「消息」『パテーシネ』第一三巻第八号、一九四〇年八月号、二五三頁。

▽41 大藤信郎「漫画評」『パテーシネ』第七巻第六号、一九三四年六月号、三一頁。

▽42 同前、三〇頁。

▽43 鈴木重吉「評者の辞」『パテーシネ』第七巻第六号、一九三四年六月号、三七頁。

▽44 むらさき「三四年度コンテスト作品に関する覚書」、四四頁。

▽45 浅田勇「漫画の描き方」『パテーシネ』第九巻第三号、一九三六年三月号、五四―五五頁。

▽46 浅田勇「我が漫画発達史を語る」『パテーシネ』第一一巻第三号、一九三八年三月号、二五八頁。

▽47 大藤信郎「評」『パテーシネ』第一〇巻第六号、一九三七年六月号、四一頁。

▽48 浅田「我が漫画発達史を語る」、二五八頁。

▽49 浅田勇「アマチユア漫画製作態度」『パテーシネ』第一〇巻第三号、一九三七年三月号、五一頁。

▽50 「邦画界ニュース」『映画朝日』第七巻第三号、一九四〇年三月号、二〇四頁。

▽51 内藤耕次郎「心理学への道」末川博編『学問の周辺』有信堂、一九六八年、六八頁。

▽52 「第十三回パテー九ミリ半撮影大競技会出品映画短評」『日本パテーシネ』第六巻第一号、一九三三年一月号、九四頁。
▽53 酒蛙々々居士「森紅氏論」、三六頁。
▽54 石元泰博、荻野茂二「8ミリ作家と語る」『藝術新潮』第九巻第六号、一九五八年六月号、一七四頁。
▽55 萩昌弘「生きている8ミリ史――荻野茂二氏作品」『藝術新潮』第一一巻第八号、一九六〇年八月号、二五九頁。
▽56 今泉正路「入選のことば」『映画と技術』第二巻第六号、一九三五年一二月号、三六五頁。
▽57 西村正美「アマチュア映画の道」『映画と技術』第一一巻第一号、一九四〇年一月号、四八頁。
▽58 大沢詔風「第六回国際コンテスト出品の日本代表作品に就て」『パテーシネ』第一〇巻第八号、一九三七年八月号、三一頁。《影を慕いて》は、藤山一郎が歌った一九三二年のヒット曲。
▽59 「第二回各支部連合コンテスト関東予選審査合評」『パテーシネ』第八巻第一一号、一九三五年一一月号、三一頁。
▽60 宇野真佐男「小型映画の一年間」『映画年鑑［一九三六年版］』第一書房、三五頁。
▽61 森紅「昭和十一年の覚悟」『パテーシネ』第九巻第一号、一九三六年一月号、二一―二三頁。

II

AFTER THE WAR

第四章

アニメーションの概念はいかにして確立されたのか

――ノーマン・マクラレンの受容を中心に

1　戦後日本のアニメーション

今日、アニメーションは、子供でも知っているきわめてポピュラーな言葉となっている。しかし、歴史を振り返ってみるならば、この名称が決して一般的なものではなかったことがわかる。戦前の日本では、アニメーションという言葉がほとんど用いられることはなかった。使われた例が皆無ではないのだが、一般的には知られていなかったのである。このことは、単にその言葉を知らないというだけではなく、アニメーションの概念をもっていなかったことを意味する。

戦前の日本で一般に用いられたのは、漫画映画、影絵映画、人形映画といった個別的な名称であった。戦前のジャンル区分の特徴は、アニメーションとそうではない作品との区別が曖昧なことである。たとえば人形映画は、人形をコマ撮りした人形アニメーションを指すだけでなく、人形劇をストレートに撮影した映画も含めた名称だった。影絵映画も同様で、影絵劇を撮影した実写の作品を指すことがあった。このように実写とアニメーションの混同が起こるのは、なにもアニメーションに対する認識が低かったからではなく、ジャンル区分の基準が今日と異なっていたからである。

戦前におけるジャンル区分の基準は、「作品がどのように見えるか」、つまり観客が見ているのはなにかということにあった。人形をコマ撮りしようと人形劇をストレートに撮影しようと、スクリーンに映っているのが人形であることに変わりはない。人形映画が意味していたのは、観客が見ているのが人形だという事実であり、それ以上の意味はなかった。漫画映画や影絵映画の場合も同様で、観客が漫画を見ているから漫画映画であり、影絵を見ているから影絵映画である。コマ撮りで制作されているかどうかは問わないのであって、観客の目に見えているものがそのままジャンル名になっていた。日本では、戦後しばらくのあいだ漫画映画、影絵映画、人形映画などの名称が使われていて、アニメーションという言葉が用いられることはほとんどなかった。戦前に普及していた名称が、そのまま戦後にも受け継がれていたのである。このことは同時に、「作品がどのように見えるか」という判断基準が戦後に継承されたことを意味する。

　戦前と同じ発想が続いていたのは、一九四五年の終戦から一〇年ほどの期間だと考えられる。このことを確認するため、一九五四年刊行の『映画百科辞典』[▽1]に注目してみたい。これは、当時におけるもっとも包括的な映画辞典で、それぞれの項目を著名な評論家や作家が執筆していた。アニメーションに関連する言葉も含まれており、当時の理解がどのようなものであったのかがわかる。

『映画百科辞典』には、アニメーションのジャンルを示す名称として「漫画映画」「線画映画」「影絵映画」「人形映画」「動画映画」があった。漫画映画は、「漫画を主題にした映画、動画映画の一種」とあり、その歴史が記述されている。線画映画にも「線が動く映画で、動画映画の一種」とあり、「教育映画、学術映画などに用いられている」と説明されている。教育用の作品を線画映画と呼ぶ習慣は、すでに戦前において一般化していたものだ。一方で動画映画は、「漫画映画・線画映画など、描かれた画の動く絵の総称」と説明されている。影絵映画にも「動画映画の一つ」とあるので、漫画映画、線画映画、影絵映画が「描かれた画の動く絵」の作品であり、それらが動画映画によって総称されている。

　しかし、ここで注意しなければならないのは、動画映画がアニメーションの訳語であったわけではないことである。そもそも『映画百科辞典』には、アニメーションという項目自体が存在しないし、どこにもアニメーションという言葉が使われていない。辞典の刊行された一九五四年の時点では、アニメーションはポピュラーな言葉ではなかったのである。辞典の執筆者は、戦前から活動する評論家や映画作家であったため、戦前の発想がそのまま踏襲されていた。

この点をよく示しているのが人形映画の項目で、執筆しているのはJ・O・スタヂオで漫画映画を制作した田中喜次である。田中は人形映画を説明して、「人形の首・胴・手足を切りはなし、それらを少しずつ動かして一コマずつ撮影してゆくもの、糸あやつり、手あやつりの人形芝居をそのまま撮影するものの二つに分れ」ると書いており、人形アニメーションだけではなく人形劇を記録した映画も含めていた。この項目には、漫画映画や影絵映画のように「動画映画の一種」とは書かれていない。人形劇をストレートに撮影した映画は、確かに「描かれた画の動く絵」の作品ではなく、人形劇映画を含む人形映画を動画映画と呼ぶことはできない。動画映画は、絵のアニメーションの総称であったかもしれないが、アニメーション全体を総称するものではなかった。

戦後の日本でアニメーションという言葉は、専門的な立場にいた作家や評論家が一九五〇年代半ば頃から使いはじめていたようだ。アニメーションの発想は、漫画映画のような戦前のジャンル区分の前提にある発想とはまるで異なっていた。なぜならアニメーションという言葉では、スクリーンに見えているものではなく、「いかにして作品がつくられているか」という制作のプロセスが問われていたからである。ジャンル区分の基準がコマ撮りという制作の手段に求められるようになったのである。さらに、制作プロセスを基準にしてジャンルを規定することで、さまざまな素材や手法による作品をアニメーションとして総称することが可能になった。つまり、コマ単位で制作されているならば、最終的にどのようなスタイルになったとしても、同じジャンルの作品と見なされる。このときアニメーションは、絵のアニメーションだけではなく、人形アニメーションや抽象アニメーション、あるいはピクシレーション（実物を素材にしたアニメーション）などを包括する上位概念となった。
ある名称が新しく登場したことは、その名称の背後にある概念が新たに生まれたことを意味する。アニメーションという言葉が登場したことは、戦前から続いていた漫画映画、人形映画、影絵映画といったジャンル区分の発想に代わって、新たにアニメーションの概念が形成されたことを示している。しかし、一九五〇年代は過渡的な時期でもあった。戦前の発想が払拭されておらず、新しい発想が定着してもいなかったからである。このような過渡的な状況のなかで、アニメーションの概念がどのように確立されたかを検証するのが本章の目的である。

2　ノーマン・マクラレンの作品

本章が焦点を当てるのは、一九五〇年代半ば頃の日本におけるアニメーションをめぐる状況である。なぜ五〇年代半ば頃かといえば、アニメーションという言葉が使われるようになると同時に、アニメーションの概念が確立されたのがこの時期だと考えられるからである。本章では、五〇年代のアニメーションを考察するにあたって、ノーマン・マクラレンの作品受容のあり方に注目したい。

今日、マクラレンはアニメーション作家として認知されているが、一方で彼の作品は常識的な漫画映画とは異なって実験的な傾向を強くもっていた。その作品は、アニメーションであることに対して境界的な位置にあり、従来のジャンル区分に収まりにくいところがある。そのような周縁的な作品受容のあり方を考えることは、当時の人々がアニメーションをどのように捉えていたかを理解する手掛かりとなるだろう。

図1　ノーマン・マクラレン『線と色の即興詩』(1955)

図2　ノーマン・マクラレン『フィードゥル・ディー・ディー』(1947)

マクラレンはスコットランドに生まれ、一九三〇年代初頭にアニメーションの制作を始めている。一時はロンドンにある英国郵政局映画部の仕事に従事していたが、渡米後の一九四一年にカナダ国立映画制作庁（NFB）のアニメーション部門に招聘された。一九八七年に死去するまでカナダに在住し、多くの短編アニメーションを制作するとともに後進の育成に努めた。マクラレンが残した作品は約七〇本、受賞した賞の数は二〇〇におよぶ。

マクラレンの『線と色の即興詩』（一九五五）［図1］は、一九五六年に日本でも劇場公開されて話題となった。しかし、これが日本で最初に上映されたマクラレンの作品だったわけではない。美術評論家の瀧口修造は、一九五五年にアメリカ文化センターでマクラレンの『フィードゥル・ディー・ディー』（一九四七）［図2］と『ペン・ポイント・パーカッション：ペン先の音楽』（一九五一）を観たことを証言している。▽2 ただし、ひっそりとおこなわれた上映で、とりたてて話題になったわけではなかった。

マクラレンは、さまざまな技法による作品を制作した作家である。その技法のひとつにカメラを用いずにフィルムに直接絵を描く「カメラレス・アニメーション」があり、とくに透明なフィルムに絵を描く技法は「ダイレクト・ペインティング」と呼ばれる。『フィードゥル・ディー・ディー』は、この技法による純粋抽象の作品で、フィルムのコマを無視して線が描かれており、その線の動きが音楽とシンクロしていた。

マクラレンは、フィルムに直接サウンドトラックを描く技法でも知られていた。フィルムのサウンドトラックには、音声や音楽の記号化された形が刻まれているのだが、その部分に図形を描いて映写機にかけると、映写機は描かれた図形を音声の記号と判断して音を出す。『ペン・ポイント・パーカッション：ペン先の音楽』は、マクラレンがこの手描きのサウンドトラックの仕組みを解説したドキュメンタリーである。

アメリカ文化センターでマクラレンの作品が上映されたとしても、それを観たのはごく少数の観客にすぎなかった。マクラレンの名前をいっきに知らしめたのは、一九五六年に代表作の『線と色の即興詩』が劇場公開されてからである。劇場公開といっても五分ほどの作品なので、ジュリアン・デュヴィヴィエの劇映画『わが青春のマリアンヌ』（一九五五）との併映であった。原題は「Blinkity Blank（ブリンキティ・ブランク）」だが、公開に当たって『線と色の即興詩』という邦題がつけられた。今日においてもこの作品は『線と色の即興詩』と表記される。一九五六年に公開されたときの邦題がいまだに生きているのであった。

『線と色の即興詩』は、フィルムに直接描いたカメラレス・アニメーションの作品だが、「シネカリグラフ」の技法が用いられていた。シネカリグラフとは、針のような先のとがった器具で黒いフィルムの表面を引っかくようにして描く技法で、引っかいた部分が白い線となる。『線と色の即興詩』では、白い線の一部が赤や青などの色で塗られていた。またこの作品では、サウンドトラックを手描きしていて、モーリス・ブラックバーンの曲をサウンドトラックに録音した上からマクラレンが音を描き加えていた。打楽器のような鈍い音が鳴っているのが手描きした音である。

マクラレンが用いた技法については、久里洋二が一九六五年の『朝日新聞』に連載した「アニメーションの世界」のなかで図説しているのであげておく[▽3]［図3］。同年の〈アヌシー国際アニメーション映画祭〉に参加した久里は、フィルムに直接描く技法をマクラレン本人から直接に教わったのだった。図版の最初のコマがシネカリグラフ、二コマ目がダイレクト・ペインティング、三コマ目が手描きのサウンドトラックである。最後のコマで映写している人物がマクラレンの似顔絵になっている。

ダイレクト・ペインティングや手書きのサウンドトラックは、マクラレンの発案であったわけではない。オスカー・フィッシンガーは、早くからサウンドトラックを手描きしていたし、ダイレクト・ペインティングも

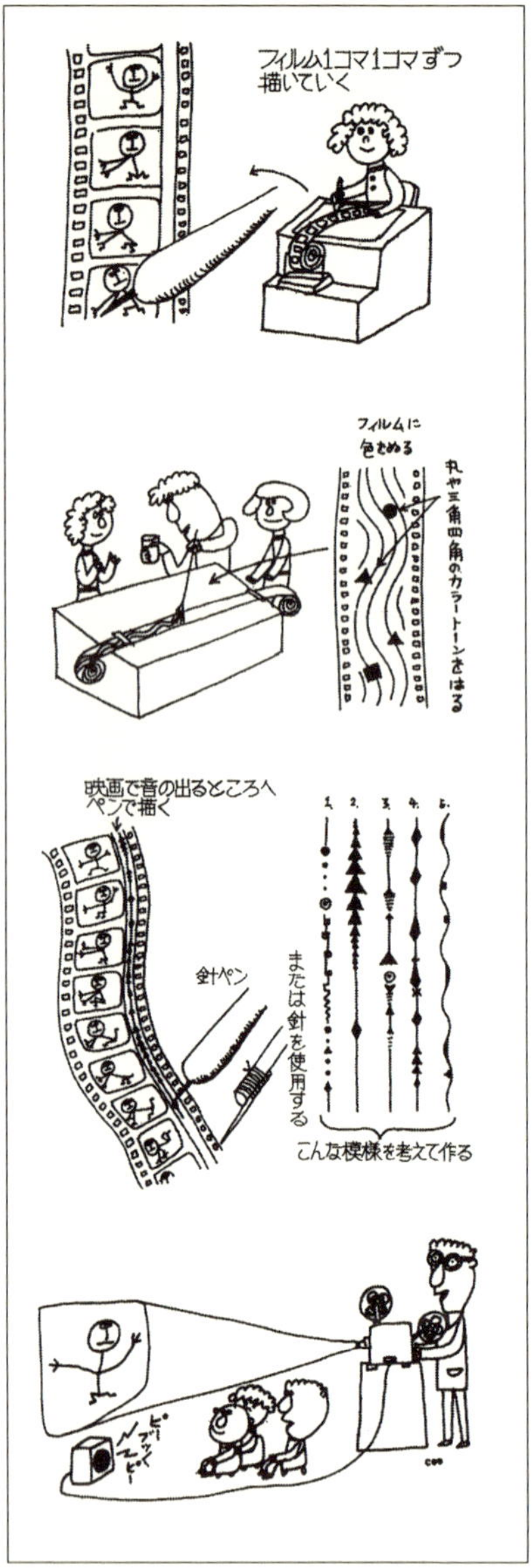

図3　久里洋二「カメラなしの映画の作り方」（『朝日新聞』1965年8月22日）

試みていたといわれる。ただし、ダイレクト・ペインティングに関しては、レン・ライの『カラー・ボックス』（一九三五）が最初に試みた作品として有名である。レン・ライは英国郵政省映画部で働いていたことがあり、マクラレンの先輩であった。マクラレンの功績は、すでに存在したダイレクト・ペインティングや手書きのサウンドトラックを発展させたことにある。

ここで改めて問いたいのは、特殊な技法を用いたマクラレンの作品が、いかなるジャンルの映画として理解されたかである。日本で彼の作品は、当初からアニメーションとして認識されたわけではなかった。まず前衛映画（実験映画）として注目され、そのあとにアニメーションとして評価されるようになっている。しかし、この二つの解釈が別々に存在していたわけではなく、矛盾することなく両立していた。この事実は、一九五〇年代におけるアニメーションの概念を考えるうえで重要である。当時においてアニメーションは、前衛映画とともに発展した側面があったからである。

3　教育映画とアニメーション

前衛映画とアニメーションの関係について論じる前に、教育映画とアニメーションの関係に触れておきたい。一九五〇年代のアニメーションを考えるうえで、教育映画の問題を無視することはできないし、ノーマン・マクラレンもまったく無関係とはいえなかった。当時は、アニメーションが広義の教育映画に分類されることがあり、とくに娯楽作品以外の芸術的なアニメーションは教育映画との関わりが深かったが、これは戦前から受け継がれた傾向であった。

戦前・戦中に教育映画は「文化映画」と呼ばれていた。一九三九年に施行された「映画法」によって、文化映画が映画館で強制的に上映されたため、文化映画の業者は企業的に保障されていた。ところが、終戦とともに映画法が廃止になると、文化映画は映画の興行界から締めだされてしまう。主要な文化映画の制作会社が姿を消し、制作本数も激減して一時は壊滅状態に陥っている。しかし、一九五〇年代初頭には改めて教育映画が注目を集めるようになった。

戦後もしばらくのあいだ、文化映画という名称が使われていた。しだいに教育映画に戻ったが、内容面では戦前・戦中の文化映画の流れを受け継いでいた。教育映画とは、啓蒙的であることを第一義とした映画のことで、その中心は記録映画である。しかし教育映画には、長編の劇映画以外のあらゆる短編作品が含まれていた。たとえば観光映画、科学映画、PR映画などの短編映画は教育映画であり、漫画映画や人形映画の短編も教育映画に分類されていた。教育映画には、芸術的な作品が含まれることもあった。それは、表現のもつ芸術性が教育的な効果をもつと考えられたからである。そのため、ある種の前衛映画が教育映画として扱われることがあった。戦前には、オスカー・フィッシンガーの「スタディ」シリーズが文部省認定の文化映画として上映されている。これは例外的な出来事であったかもしれないが、戦後も教育映画の文脈で前衛的な作品が上映されることがあった。

一九五〇年代初頭に改めて教育映画が注目されたのは、社会教育や学校教育の普及、PR映画の活発化などが原因であった。教育映画の振興を目的とした〈教育映画祭〉がスタートしたのが一九五四年である。この映画祭は国内の作品を対象としたが、関連事業として同年に始まった〈世界短編映画祭〉（山葉ホール）は、各国の大使館が推薦する映画を集めていた。また〈教育映画祭〉を後援した朝日新聞社は、一九五五年に「朝日文化映画の会」を発足し、山葉ホールなどで定期的に上映会を開催した。〈世界短編映画祭〉と〈朝日文化映画の会〉は、記録映画を中心としながらも多様で斬新な作品を集める傾向があった。

当時は、〈カンヌ国際映画祭〉短編部門の受賞作や評判になった短編映画が長編映画と併映で公開されていた。一九五五年に上映されたカレル・ゼマンの『水玉の幻想』（一九四八）〔図4〕のように、短編であっても話題になる作品があったのである。これは、ガラス細工という珍しい素材による人形アニメーションであった。『線と色の即興詩』が公開されたのも、一九五五年の〈カンヌ国際映画祭〉短編部門でグランプリに選ばれたからだろう。

図4　カレル・ゼマン『水玉の幻想』(1948)

〈朝日文化映画の会〉は、こうした短編のアニメーションを集めて上映することがあった。たとえば一九五五年一〇月一一日の〈第四回朝日文化映画の会〉は、「幻想の世界へ」をテーマに、『水玉の幻想』の他、東宝教育映画部が製作した丸山章治の『ムクの木の話』（一九四七）、パット・グリフィンの『テームズ河』（一九四八）、ジョン&ピーター・フォルデスの『原子狂時代』〔図5〕、大藤信郎の『くじら』（いずれも一九五二）、フランスの映画詩的な作品などを上映した。なかには実写の作品も含まれていたが、芸術志向のアニメーションが大半を占めている。

丸山の『ムクの木の話』は、一本の老木に訪れる四季の推移を早坂文雄の音楽とともに描写した詩的な作品で、線画と造形美術の融合を目指していた。『原子狂時代』は、宇宙の創成から人類の歴史をシュルレアリスム風に描いた作品である。のちにCGア

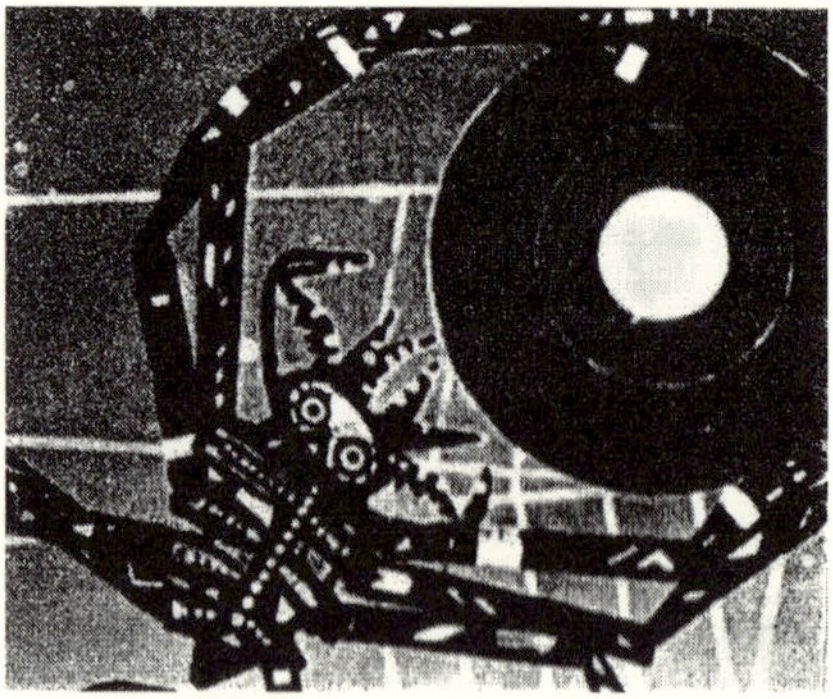

図5　ジョン＆ピーター・フォルデス『原子狂時代』（1952,『キネマ旬報』1956年夏の特別号）

ニメーションの古典的名作『ハンガー』（一九七四）を制作するフォルデスの処女作であり、本作で〈カンヌ国際映画祭〉色彩賞を受賞した。『くじら』は、戦前に大藤が制作した『鯨』（一九二七）のリメイクである。これは、影絵映画にカラーセロファンを応用した色彩豊かな作品で、〈カンヌ国際映画祭〉短編部門で二位に選ばれた。『テームズ河』は、「ミュージカル・ペイントボックス」シリーズのひとつで、スケッチ風の絵画映画である。

『水玉の幻想』を含めたこうした国内外のアニメーションは、従来の漫画映画と比較すると異色作であったが、〈朝日文化映画の会〉はそうした作品を意識的に選んで上映していた。一九五〇年代においては画期的な試みで、「幻想の世界へ」の上映会を訪れたアニメーション研究家のおかだえみこ（岡田英美子）は、「日本の非商業アニメが、こんな場所で大勢の観客を前に上映されたのは戦後最初ではあるまいか」[4]と回想している。このような特集が可能だったのも、文化映画（教育映画）という枠組みがあったからこそだろう。

〈教育映画祭〉の一環として開催された〈国際短編映画祭〉では、マクラレンの新作が毎年のように公開されていた。一九五六年に『数のリズム』（『算数あそび』一九五六）が上映されたのが最初で、一九五七年に『椅子の物語』（『いたずら椅子』一九五七）、一九五八年に『つぐみ』（一九五八）、一九五九年に『つかのまの組曲』（一九五九）、一九六〇年に『線』（『垂直線』一九六〇）、やや時期をおいて一九六四年に『追走曲』（『カノン』一九六四）、一九六五年に『モザイク』（一九六五）が上映されている。記録映画が大半を占める〈国際短編映画祭〉のなかで、マクラレンの作品は異色の存在であった。しかし作品の人気は高く、羽仁進は「国際短篇映画祭などには、いつもカナダからは、このノーマン・マクラレンの作品がおくられてきて、今では名物のようになっている」[5]と証言している。アニメーションの映画祭が存在しなかった当時、教育映画関連の上映会や映画祭が芸術的なアニメーションに発表の機会を与えていた。

4 グラフィック集団の『キネ・カリグラフ』

ノーマン・マクラレンの作品は、一九五五年にアメリカ文化センターで上映され、翌年には『線と色の即興詩』が劇場公開された。しかし日本では、こうした上映がおこなわれる以前に、マクラレンから影響を受けた作品が制作されていた。その作品とは、グラフィック集団による『キネ・カリグラフ』(一九五五)〔図6〕である。

グラフィック集団は、写真家、デザイナーなどさまざまなジャンルの作家が集まったグループで、前衛芸術とグラフィックデザインの総合を目指した。『キネ・カリグラフ』を制作したのは、写真家の石元泰博と大辻清司、デザイナーの辻彩子の三人で、一九五五年二月の〈グラフィック集団 第二回展〉で初めて発表された。カメラを使わずにフィルムに直接彩色した純粋抽象の映画であり、有機的な形態や線がめまぐるしく画面を流れていく。

『キネ・カリグラフ』は、シネカリグラフの技法名がそのままタイトルになっている。タイトルの命名者は、グラフィック集団の顧問を務めた瀧口修造であった。英題は『Cine-Calligraphy』で、瀧口は『キネ・カリグ

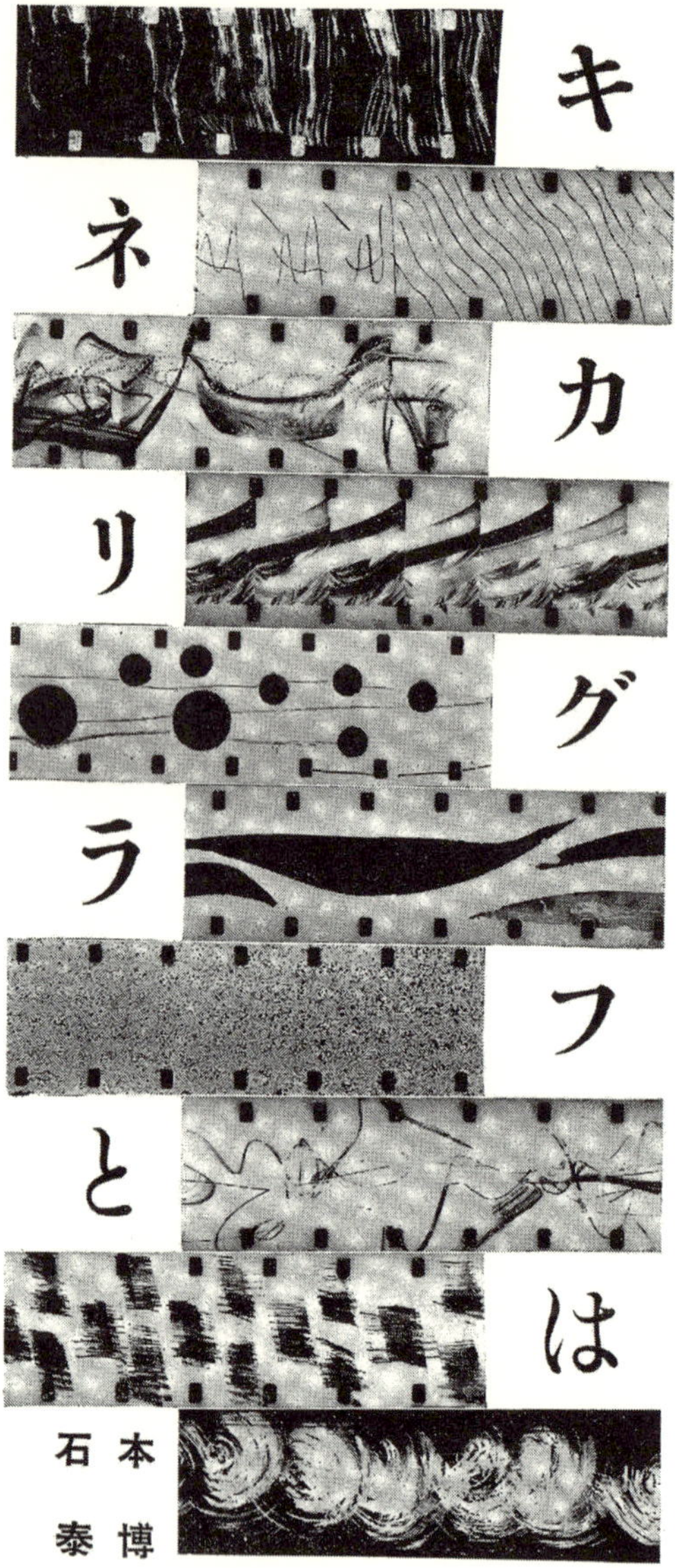

図6　石元泰博「キネカリグラフとは」（『フォトアート臨時増刊号 8ミリ16ミリシネカメラ全書』1955年）

ラフィ』と表記するのだが、大辻や石元が『キネ・カリグラフ』あるいは『キネカリグラフ』と呼んでいるため、本書では『キネ・カリグラフ』で統一している。『キネ・カリグラフ』のオリジナルフィルムは紛失している。一九七〇年代末頃、テレビ番組の『11PM』に貸出したところ戻ってこなかったのだ。今日観ることができる『キネ・カリグラフ』は、一九八六年にパリのポンピドゥー・センターで開催された〈前衛芸術の日本1910−1970〉展に出品するため、当時筑波大学教授だった大辻が学生の協力で再制作したものである。

マクラレンの作品が日本で上映される以前に、なぜその影響を受けた作品が制作されたのか。それは、制作者の一人である石元がアメリカでマクラレンの作品を観ていたからである。彼はアメリカ生まれで、モホリ＝ナジ・ラースローがシカゴに開設したニュー・バウハウス（のちにイリノイ大学に編入）の写真科を優秀な成績で卒業し、一九五三年に帰国していた。『キネ・カリグラフ』を制作するきっかけは、石元がマクラレンの作品の話を大辻にしたことにある。大辻によれば、「彼の話からは、わずかの手掛りしか摑むことが出来なかったが、いつの間にか、そんな映画を作って見ようじゃないか、という話がまとまって、闇を手探りで歩くような作業がはじまった」[6]という。制作者の三人は、思いついたことをなんでも試みたようである。石元は、『キネ・カリグラフ』で試みた技法を次にように解説している。

> その方法としては、フィルムを真黒に現像してその上を針で引掻いて行くとか、鋸の歯等で、一度にたくさん線を書いたり、或はお湯の中に入れてエモーション〔エマルジョン〕を溶かし又はレチキュレイトされたフィルムの上を爪で引掻いたり、真黒に現像したフィルムにペンチで穴をあけたりする方法を取り、これに更に色を加えたのです。その色は、染料（アリザニン）、ラッカー、エナメル、墨汁、マジックインキ、製図用インキ等、様々なものを使い、時にはそれらを併用して見ました。[7]

再制作された『キネ・カリグラフ』はサイレントだが、オリジナル版には音楽が付いていた。武満徹の曲をレコードにプレスし、上映の際に流したのである。音楽は映像とは無関係につくられていて、「今日でいう環境音楽のような」[8]ものであったという。大辻は『キネ・カリグラフ』の完成後、アメリカ文化センターで先に触れたマクラレンの作品を観ている。大辻は、「その一つが余りに我々の作品に似ていたので、少々驚いた」[9]と書いているのだが、『フィードゥル・ディー・ディー』のことであろう。

グラフィック集団のメンバーは、『キネ・カリグラフ』をどのような作品として位置づけていたのか。大辻はこの作品を「前衛映画」と呼んでいる。彼は、同じ手法を用いたマクラレンの作品について、「メカニズムへの積極的な理解と、利用を必要とする点は、アニメーション・フイルムに非常によく似ているが、フイルム自身に描くということを含めて考えるならば、別の分野のものとした方がよいように思う」[10]と書いている。大辻は、ダイレクト・ペインティングやシネカリグラフによる作品をアニメーションとは「別の分野」にあるものとして認識していたようだ。つまり『キネ・カリグラフ』は、アニメーションを意識して制作した作品ではなかったのである。

東京国立近代美術館では、一九五五年末に〈日米抽象美術展〉が開催されている。この展覧会の関連企画として、東京国立近代美術館の「フィルム・ライブラリー」で「抽象映画特集」が組まれ、ハンス・リヒターの『リズム21』(一九二一)などとともに『キネ・カリグラフ』が上映された。また『キネ・カリグラフ』は、一九五六年に『線と色の即興詩』が公開されたあと、同じ技法による作品ということでにわかに注目されている。

グラフィック集団の大辻は、同時に「実験工房」のメンバーでもあった。実験工房は一九五一年に発足した前衛芸術のグループで、主に美術家と音楽家が集まっていた。実験工房というグループ名は、パトロン的な存在だった瀧口の命名である。メンバーの秋山邦晴は、音楽における実験という観点からマクラレンの作品に関心を寄せていた。秋山は、『美術批評』一九五六年一月号の「映画音楽における実験」で、フィルムにサウンドトラックを描くマクラレンの試みを紹介している。秋山は、マクラレンの試みを「ミュージック・コンクレート(具体音楽)」の延長として論じており、「限られた音響の世界をでて、音の無限の可能性を探求しようるという大きな意義をもっている」[11]と評している。

秋山が実際にマクラレンの作品を観たのは、一九五六年に『線と色の即興詩』が公開されたときであった。

秋山は、映画館で作品を観たときの感想を次のように書いている。

「線と色の即興詩」原題――「ブリンキッティ・ブランク」をみたとたん、私は「畜生ッ！　やりやがった」と思わず心のなかで叫んでしまった。映画の手法のうえでも、また、その音楽が試みている実験の点でも、いままで私たちがみな考え、話合っていたような作品が、突然目のまえで、パッパッと花火のようにひろがりはじめたからである。▽12

文中に「私たち」とあるのは実験工房を指している。どうやら秋山は、実験工房のメンバーらとマクラレンと同じような手法の映画を制作するつもりであったらしい。しかし、その作品が制作されることはなかった。日本でマクラレンの作品が上映される以前から、瀧口のような前衛芸術を評価した評論家、秋山のような前衛芸術の作家がマクラレンに関心を示していた。日本でマクラレンに注目したのは、こうした前衛芸術の関係者が最初であろう。しかし、彼らにマクラレンの作品がアニメーションであるという認識はなかったといってよい。マクラレンの作品は、映画というジャンルのなかで前衛的な試みをした作品、つまり前衛映画に他ならなかった。だからこそ前衛芸術の評論家や作家は、自分たちのおこなってきた前衛芸術の延長にマクラレンの試みを位置づけることができたのである。

5　前衛映画としての『線と色の即興詩』

『線と色の即興詩』を前衛映画として評価した映画雑誌は、『キネマ旬報』が最初であろう。同誌一九五六年夏の特別号は「世界のアヴァンギャルド短篇映画」を特集していて、『線と色の即興詩』を取り上げている。しかし、この特集では他にも五本の作品があげられていた。〈朝日文化映画の会〉の「幻想の世界へ」でも上映されたカレル・ゼマンの『水玉の幻想』やジョン&ピーター・フォルデスの『原子狂時代』の他に、バート・ハーンストラの『水鏡：オランダ風物詩』（一九五〇）、ヘルバート・レッゲルケの『一つのメロディーと四人の画家』（一九五四）、ジョルジュ・レニエの『ユトリロの世界』（一九五四）である。

『一つのメロディーと四人の画家』は、ジャン・コクトーなど四人の画家が協力した作品で、アトリエでの画家の生活を記録したドキュメンタリーに、ダイレクト・ペインティングによる短い抽象アニメーションを組みこんでいた。『水鏡』は、水面に反射した風景を逆さまに撮影した実験的な作品で、〈カンヌ国際映画祭〉短編映画部門でグランプリになっている。『ユトリロの世界』は、画家ユトリロの生涯を追ったドキュメンタリーであった。『キネマ旬報』の特集は「世界のアヴァンギャルド短篇映画」だが、このとき前衛映画を代表していたのが『線と色の即興詩』であった。

『水玉の幻想』は、ガラス細工という素材が珍しかったが、人形を使ったアニメーションであったので「人形映画」と呼ばれた。『原子狂時代』は、斬新な絵柄であったにしても具象的な絵による作品であり、漫画映画の一種と見なされることがあった。両者は異色のアニメーションであったが、既存のジャンル区分で捉えることができる作品であった。しかし、『線と色の即興詩』の場合は少々事情が異なる。『線と色の即興詩』は、シネカリグラフの手法が使われていたにしても絵が描かれた作品であって、従来のジャンル区分でいえば漫画映画に近いといえるだろう。しかし当時、この作品が漫画映画と呼ばれることはなかった。それは、『線と色の即興詩』の印象が通常の漫画映画とあまりにかけ離れていたからである。同作の解説に、「昔ドイツで試みられたハンス・リヒターの「絶対映画」の流れを引くもの[13]」というのがあった。絶対映画とは、純粋抽象の映画のことである。岡田晋も「アブストラクト・フィルムと呼んで間違いあるまい[14]」と書いている。厳密には鳥や人、傘などが登場するので純粋抽象ではないのだが、その形は極端に単純化されており、当時の論者はそれを抽象と判断している。

『線と色の即興詩』で注目されたのは、フィルムに直接描くシネカリグラフやサウンドトラックを手描きする技法であった。こうした技法は、アニメーションとしてではなく、映画における表現の実験として理解されている。アニメーションという言葉が一般的ではなく、漫画映画という名称が該当しないとするならば、実験的な手法に基づいて前衛映画（実験映画）と呼ぶしかなかった。

一九五〇年代の半ば頃は、前衛映画や実験映画が注目された時期であり、従来の劇を中心とした商業映画に対して、実験的な作品や自主制作の作品を積極的に評価しようという機運が生まれていた。『線と色の即興詩』はまさにそのような時期に公開されている。あるいは、この作品が話題になったことで前衛映画が改めて注目されるようになったともいえる。

日本では一九二〇年代末頃からドイツやフランスの前衛映画（アヴァンギャルド映画）が知られていた。しかし、日本が戦争に突入すると前衛映画の上映が途絶えてしまい、戦後になっても作品が上映される機会はほとんどなかった。そのため『線と色の即興詩』は、久しぶりに映画館で公開された前衛映画であった。このとき重要であったのは、その作品が同時代に制作されていたことである。当時の映画関係者は、戦前に前衛映画が制作されたことを知っていても、同時代に前衛映画が存在したことは知らなかった。

『キネマ旬報』の特集「世界のアヴァンギャルド短篇映画」の解説では、一九二〇年代から三〇年代にかけてヨーロッパに前衛映画が生まれ、トーキーの到来とともに姿を消したが、「その大胆な表現力が映画一般に与えた影響は大きかった」▽15としたうえで、次のように書いてある。

今日、アヴァンギャルド映画は存在するであろうか。もちろん、無声時代のような、一つのまとまったエコールは存在しない。しかしなお、大きな商業映画の影に、個性的な実験映画の新鮮な姿が散見される。

ここで指摘されているのは、現在でも前衛映画が制作されているという事実である。この短い文章のなかに、「アヴァンギャルド映画」と「実験映画」という二つの名称が使われていることに注意したい。前衛映画は戦前から用いられた名称だが、実験映画は戦後になって新しく登場した名称である。両者は基本的に同じ意味で使われたが、違いもあった。もともと前衛映画は、一九二〇年代から三〇年代にかけて制作された作品に対する名称である。それに対して実験映画は、同時代に制作された前衛映画に対する名称であった。戦後しばらくは前衛映画という名称を使っていたのだが、同時代に制作された前衛映画の存在が知られるようになると、両者を区別するために実験映画という名称を用いるようになった。

一九五七年には、荻昌弘、草壁久四郎、勅使河原宏、羽仁進らが実験映画のグループ「シネマ57」を結成した。このグループは、一九五八年に「シネマ58」、一九五九年に「シネマ59」と、年度が変わるごとにグループの名称が変化する。主な活動は、毎月のように開催される例会で、斬新な映画を集めた上映会をおこなっていた。このグループは、一九六〇年に「アートシアターの会」に移行し、翌年に「アート・シアター・ギルド（ATG）」が設立されるきっかけとなっている。

興味深いのは、「シネマ57」の結成にノーマン・マクラレンが影響をおよぼしていたことである。草壁は、グループ結成の経緯を説明した文章で、「マックラレンの「ファンタジイ」や「隣人」に強いショックをうけたことが、ぼくらをこんどの仕事へ踏みきらせた重要なモメントになったことは事実だ」[16]と書いている。一九五七年一二月の例会は「ノーマン・マクラレン特集」（有楽町プレビューホール）で、『ファンタジイ』『隣人』（いずれも一九五二）、『線と色の即興詩』『椅子の物語』などとともに、グラフィック集団の『キネ・カリグラフ』を上映していた。[17]マクラレンのフィルムをどこから調達したのかは不明だが、カナダ大使館から借り受けたものだろうか。

同時代の前衛映画（実験映画）に対する関心は高まっていたが、日本で見ることのできる作品は限られていた。唯一の例外といえるのがマクラレンの作品であった。羽仁は、「今、日本で、最もその作品が沢山みられる実験映画作家というと、カナダのノーマン・マクラレンだろうと思う」[18]と書いている。一九五〇年代後半においてマクラレンは、もっともポピュラーな実験映画作家であった。

6　『線と色の即興詩』に対する反応

『線と色の即興詩』は、長編映画との併映であったとはいえ、商業映画館で公開されている。観客の目的が『わが青春のマリアンヌ』のほうにあったとしても、結果的に多くの観客が『線と色の即興詩』を観ることになった。そうした観客の大半は、前衛芸術と無縁の人たちである。それでは、一般の観客は『線と色の即興詩』にどのような反応を示したのか。結論をいえば、大いに受けたのであった。岡田晋は、この作品を幼い娘と一緒に映画館で観たときの観客の反応を次のように回想している。

暗黒のスクリーンに、花火のような赤や青の光が、ぶつかったと思うと瞬間飛びちり、形が出来たかと思うと分裂して小さな点に変る。観客は数分間、あきれて黙ってしまったが、そのうち何とも云えぬ笑がこみあげて来た。意味もなく、おかしいのである。理由はわからないが、目というよりも、体全体の感覚へ、不思議な作用が伝わり、中枢神経の笑わす部分を刺激するのである。こういう力に一番敏感な子供―ぼくの小さな娘がまず笑い、それから親父が笑い、観客が一緒になって笑った。[19]

興味深いのは、幼い娘を含めた普通の観客が『線と色の即興詩』を観て笑っていることである。これは岡田だけの体験ではなく、当時の観客の一般的な反応であった。詩人の北川冬彦も「一般の観客もあれは相当面白がって見ていた。笑ってね」[20]と語っている。『線と色の即興詩』を観て観客が笑うのはなかなか奇妙な現象である。なぜなら、今日この作品を映画館で上映しても、観客は声を出して笑うことはないと思えるからである。岡田は観客が笑ったことについて「理由はわからない」と書いたが、当時の作家や評論家も観客が笑うことが不思議だったようである。そのため、なぜ笑うのかがちょっとした議論になっている。『藝術新潮』一九五六年一〇月号掲載の座談会では、『暮しの手帖』編集長の花森安治、劇作家の飯沢匡《ただす》、「おとぎプロダクション」を設立した漫画家の横山隆一が次のような会話をしている。

花森：あれを見ているといつでもみんな笑うんだが、どうして笑うのかな。
飯沢：おつかけたり何かして、やはりアクションがあるからじやないかな。
花森：クシャッとなつたり……。
飯沢：鳥みたいなものがおつかけてみたり、すきをうかがつてちよつちよつとつついて逃げてみたり、だんだん生物に近づいてしまつてるから、それで笑うんじやないか。
横山：あの瞬間を頭で考えちやうでしよう、パッと骨みたいになつたり……。
花森：つまり何か奇想天外すぎるんだね。一、二、三、四とこないで、一がきたり八がきたりするから笑つちやうんだろうな。
横山：絵全体がかわいいですね。
飯沢：音がうまいね。音でずいぶん笑つてやしない？[21]。

当時実験工房にいた山口勝弘は、「マクラレンの映画」というエッセイで、なぜ観客が笑うのかを分析している。山口は、「第一に、この映像の稚拙な出来をみて、笑うことができる。第二に鳥の機械的な動作や、あしを引きのばしたり、羽毛をむしりとって吹きとばしたりする悪戯をみて笑うだろう、〔……〕更に、これらの画面とともに、軽い伴奏音楽のメロディーと、フィルムのサウンド・トラックに直接描いて作った音とがぴたりと呼吸を合わせると、ひとびとは笑いだす[22]」と説明している。

『線と色の即興詩』では、単純な形が次々に現れては消え、ひとつの形がすぐに別の形へと変化する。その形が具象的なイメージをもつことがあったにしても、なんらかの展開や物語を示すわけではない。しかし、展開や物語が欠落していたからこそ、かえってアニメーションが本来的にもっている動きが強調されたといえるだろう。それは、最初期のアニメーションであるエミール・コールの『ファンタスマゴリー』（一九〇八）にも通じる原初的な動きの面白さである。つまり当時の観客は、動きの面白さに素直に反応して笑ったのではないか。

山口によれば、『線と色の即興詩』が映画館で公開されたとき、作品に関する解説のたぐいはいっさいなかったという。映画雑誌には作品の解説があったが、それを読んでいたのはごく一部であろう。多くの観客は、『線と色の即興詩』がどういう作品なのか、どのように制作されたのかをまったく知らずに観ていた。山口は、観客に対してなんらかの解説をすべきだと書いている。確かに『線と色の即興詩』のような特殊な技法の作品を上映するに当たって、なんの解説もしないのは不親切である。しかし、下手な解説がなかったのが幸いしたともいえよう。つまり、観客はなんの先入観もなしにこの作品を観たのであり、そのためにかえって素直な反応を呼び起こすことができたのではないか。

先に引用した岡田の文章では、『線と色の即興詩』が「花火のような赤や青の光」と説明され、秋山邦晴も「パッパッと花火のように」と表現していた。この作品に言及した当時の文章を読むと、花火に例える論者が多いことに気がつく。確かに真黒な画面のなかに赤や青の単純な形が次々と現れては消えていくところは、暗闇の空に打ち上げられた花火と似ている。この点に関連して、花田清輝は次のような発言をしている。

「線と色の即興詩」を僕の持論からいうと、これを大衆芸術でないと見たら間違いなんだ。つまり日本には花火芸術の伝統というものがあるわけだが、それをアヴァンギャルドの目で見直すと、「線と色の即興詩」になる可能性がある。それは抽象のように見えるが、実は何百年という間、大衆の中を通って、親しまれてきているもので、決してかけ離れたものではない。▽23

「僕の持論」とは、芸術のアヴァンギャルドは大衆芸術のなかでこそ実現されるべきだという花田のアヴァンギャルド芸術論を指す。『線と色の即興詩』を日本の伝統芸術に関連させるのは彼らしい強引な論理だが、注目すべきはこの作品が大衆性をもつアヴァンギャルドだと評価されたことである。『線と色の即興詩』は、実験的な表現が注目されたが、一般の観客に受け入れられたことも話題になったのであり、従来の前衛映画や実験映画という枠を越えた広がりをもっていた。

7　一九五〇年代のアニメーション

『線と色の即興詩』が公開された一九五六年頃に限定するならば、この作品は前衛映画（実験映画）として評価されていた。一方、一九五〇年代半ば頃からアニメーションの概念がだんだんと広まっていくなかで、『線と色の即興詩』をアニメーションとして位置づける論者が登場していた。ひとつの例をあげてみたい。映画評論家の登川直樹は、毎年『視聴覚教育』に〈国際短編映画祭〉のレポートを寄稿していた。一九五七年から六一年にかけてのレポートでは、マクラレンの作品が「実験映画」と呼ばれていたのに対し、一九六四年のレポートでは「アニメーション映画」、翌六五年のレポートでは「アニメーション」と呼ばれている。[24]マクラレンは、実験映画の作家からアニメーションの作家に変化しているのであった。

ここで、一九五〇年代の日本ではどのような外国のアニメーションが配給されたのかを振り返っておきたい。五〇年代に公開された外国のアニメーションは、ちょうど前半と後半にひとつの変化を認めることができる。

簡単にいえば、主に前半では長編の漫画映画が、後半では短編のアニメーションが上映されている。

日本では、一九四〇年代末頃から海外の長編漫画映画がまるで堰を切ったように輸入された。アメリカの作品では、デイブ・フライシャー（フライシャー兄弟）の『ガリバー旅行記』（一九三九）が一九四八年に、『バッタ君町に行く』（一九四一）が一九五一年に公開された。しかし、多くの作品が上映されたのはなんといってもディズニーの長編漫画映画である。『白雪姫』（一九三七）が一九五〇年に公開されたのを皮切りに、一九五一年に『バンビ』（一九四二）と『南部の唄』（一九四六）、一九五二年に『ピノキオ』（一九四〇）と『シンデレラ姫』（一九五〇）、一九五三年に『ふしぎの国のアリス』（一九五一）、一九五四年に『ダンボ』（一九四一）と『こぐま物語』（『ファン・アンド・ファンシーフリー』一九四七）、一九五五年に『ファンタジア』（一九四〇）と『ピーター・パン』（一九五三）といったように、毎年一、二本の割合で上映が続いた。

ソ連の長編漫画映画では、イワン・イワノフ＝ワノの『せむしの仔馬』（『イワンの仔馬』一九四七）が一九四九年に公開され、その後もレフ・アタマーノフの『黄金のかもしか』（一九五四）、ドミートリー・バビチェンコの『三つの魔法』などが公開された。フランスの長編漫画映画では、ポール・グリモーの『やぶにらみの暴君』（『王と鳥』一九五二）が一九五三年に公開されている。

一九五〇年代前半は、海外の長編漫画映画をいっきに観ることができるようになった時期であった。ここで重要なのは、ディズニーを中心としたアメリカの作品ばかりでなく、ソ連やフランスの作品が含まれていたことで、アメリカの漫画映画との差異が意識されている。しかし、五〇年代半ばを過ぎると、より多様なスタイルのアニメーション、つまり漫画映画以外の短編作品が続々と公開されている。

筆頭はチェコの人形アニメーションである。一九五五年にカレル・ゼマンの『水玉の幻想』が公開されて話題となったことは先に触れた。他にもゼマンの作品は、特撮映画の長編『悪魔の発明』（一九五八）が一九五

図7　チャールズ・A・ニコルズ，ウォード・キンボール『プカドン交響楽』（1953）

八年に公開されている。チェコの人形アニメーションを代表するイジー・トルンカの作品は、一九五八年に『人形は生きている』が公開されている。これは、トルンカの人形やスタジオを紹介したドキュメンタリーに短編を組み合わせた上映であった。他にもブジェチスラフ・ポヤルの『飲みすぎた一杯』（一九五三）、ヘルミーナ・ティールロヴァーの『仲間はずれの人形』（一九五一）などの人形アニメーションが公開されている。トルンカ、ポヤル、ティールロヴァーは、劇場未公開の作品がテレビでも放映されていた。

グラフィカルなスタイルのリミテッドアニメーションが公開されたのも一九五〇年代後半であった。リミテッドアニメーションを確立したのは、UPA（ユナイテッド・プロダクションズ・オブ・アメリカ）である。しかし、UPAの作品よりも早く、ディズニー映画の短編『プカドン交響楽』（監督：チャールズ・A・ニコルズ、ウォード・キンボール、一九五三）［図7］が一九五五年に公開されていた。これは、アンチ・ディズニーであるグラフィカルなスタイルを取り入れたディズニー映画であった。

UPAの作品は、『近眼のマグー　海底旅行』と『近眼のマグー　猛獣狩』が一九五七年に、『近眼のマグー　珍闘牛士』が翌五八年に公開されており、劇映画『大運河』（一九五六）の冒頭にくっつくかたちで『マクボインボイン 遊星ムーへ行く』（一九五五）も一九五七年に上映された。やや遅れて、一九六一年には長編の『近眼のマグー 千一夜物語』（一九五九）も公開されている。ただしこれらは、UPAのなかでもとくにすぐれた作品というわけではなかった。『ジェラルド・マクボイン・ボイン』（一九五〇）のような代表作は公開されておらず、UPAのスタイルを伝えるのに十分ではなかった。

むしろグラフィカルなアニメーションのスタイルを伝えたのは、ソール・バスによる映画のタイトルデザインである。一九五七年公開の『八十日間世界一周』（監督：マイケル・アンダーソン、一九五六）は、バスの手がけたエンドタイトルが評判になった。一九五八年に公開されたジョン・ハラス&ジョイ・バチュラーの『珍説世界映画史の巻』（一九五六）もモダンなデザイン感覚をもった作品だった。

一九五〇年代後半は、人形アニメーションやリミテッドアニメーションなど、従来の漫画映画と異なるスタイルのアニメーションが続々と公開されていた。そうしたなかに『線と色の即興詩』も含まれていたのである。

8 ジョン・ハラスとアニメーションの新しい運動

『キネマ旬報』一九五五年七月下旬号は、「世界の漫画映画」の特集を組んでいる。これは、ソ連やフランスの長編漫画映画、チェコの人形映画など、それまで観る機会がなかった世界各地のアニメーションが公開されたことに対応した特集であった。この特集でとくに注目したいのは、佐々木能理男が寄稿した「マンヴェルの『動画映画論』」で、これはロジャー・マンヴェルの単著『The Animated Film』（一九五四年）の抄訳である。「マンヴェルの『動画映画論』」では、動画映画と描画映画の名称が区別して使われている。動画映画とはアニメーション一般を指しており、描画映画とは絵で描かれたアニメーションのことであって、描画映画は動画映画の一部である。つまり佐々木の抄訳では、従来の漫画映画と異なるアニメーションの概念が明確に示されている。

またこの抄訳では、アニメーションの歴史が略述されており、動画映画の二つの主流として「アメリカの連続漫画の流れ」[25]と「十九世紀の絵画の影響による完全な様式化の流れ」が指摘されている。前者はディズニーの漫画映画に受け継がれるものだが、後者はポスターのデザインなどに取り入れられることによって大衆化したもので、要するにUPAのリミテッドアニメーションにつながるものである。また、抽象芸術に発展した方向として、ハンス・リヒター、ヴィキング・エッゲリング、ヴァルター・ルットマン、オスカー・フィッシンガーの名前をあげており、その延長でレン・ライやノーマン・マクラレンにも言及している。つまり、カートゥーンの作品だけではなく、リミテッドアニメーションや抽象アニメーションも評価していた。

図8　ジョン・ハラス＆ジョイ・バチュラー『動物農場』(1954)

ここで指摘しておきたいのは、マンヴェルとジョン・ハラスの関係である。ハラスがジョイ・バチュラーと制作した『珍説世界映画史の巻』は日本でも公開されたが、二人の代表作は『動物農場』（一九五四）［図8］である。『動物農場』は当時日本では公開されなかったが、イギリス最初の長編漫画映画であり、社会批評的な視点を取り入れた大人向けの作品として画期的な意味をもつ。マンヴェルの『動画映画論』の原著には、ハラス＆バチュラーがイラストを提供しており、

『動物農場』の制作プロセスが詳しく解説されていた。

ハラスは、すでに『動画映画論』と深く関わっており、内容の面でも協力していたのであろう。おそらくこうした経緯が、一九五九年にハラスとマンヴェルが刊行する『The Technique of Film Animation』につながっている。この共著は、一九六三年に『アニメーション――理論・実際・応用』という邦題で翻訳が出版され、アニメーションの理論書として広く読まれることになる。これは『動画映画論』の延長にある著書で、アニメーションの概念や歴史観が踏襲されていた。つまり日本では、『アニメーション』の萌芽的な著書が、抄訳というかたちであれ早くも一九五五年に紹介されていた。そして、一九五〇年代後半のアニメーションの動向は、この抄訳が提示した方向に進むことになる。

欧米においては、一九五〇年代半ば頃からアニメーションをめぐる変化が起こっていた。それまでディズニーに代表されるカートゥーンのアニメーションが主流だったのに対し、メインストリームから外れていたアニメーション作家たちが、多様なスタイルのアニメーションを積極的に打ちだすようになったのである。このとき彼らは、カートゥーンに対して「アニメーション」という名称を意識的に使った。当時は、欧米でもアニメーションは新しいニュアンスをもった言葉だったのである。

ハラスは、欧米のアニメーションをめぐる新しい動向に貢献した人物であった。彼は、一九五六年の〈カンヌ国際映画祭〉における「国際アニメーション映画週間」に参加している。これは、各国からさまざまなアニメーション作家を集め、多様なアニメーションのスタイルをアピールするものだった。日本からは大藤信郎が招待されたが、その情報が本人に伝わっていなかったために参加できなかった。「国際アニメーション映画週間」が〈カンヌ国際映画祭〉から独立し、一九六〇年にアニメーションを専門とした世界初の映画祭〈アヌシー国際アニメーション映画祭〉が開催された。この映画祭の会議から誕生したのが、同年設立の「国際アニメーションフィルム協会（ASIFA）」である。ハラスは、マクラレン、レフ・アタマーノフ、ポール・グリモー、ジョン・ハブリー（UPAの創始者の一人）、イジー・トルンカなどとともに設立メンバーの一人であった。初代会長はマクラレンで、のちにハラスも会長を務めている。

結果的に佐々木の抄訳「マンヴェルの『動画映画論』」は、こうしたアニメーションをめぐる状況を予告するものであったといえる。そこで提示されたアニメーションの考え方が、その後の国際的な動向として広がったからである。しかし当時、「マンヴェルの『動画映画論』」がもっていた意味に気がついた読者はほとんどいなかったであろう。一九五四年刊行の『映画百科辞典』にアニメーションの項目が欠落していたことからもわかるように、当時はまだ戦前の発想が残っていた。むしろ大方の映画関係者は、戦前の考え方をしていたといってよい。アニメーションの概念が普及するためにはもう少し時間が必要であった。

9　アニメーションとしての『線と色の即興詩』

一九五〇年代後半は、日本国内においても従来の漫画映画とは異なる短編アニメーションが登場した時期であった。このとき重要な役割を果たした作家として、大藤信郎と持永只仁をあげることができる。

大藤は、『くじら』が〈カンヌ国際映画祭〉短編部門で第二位となっていたが、一九五六年にカラーセロファンを使った影絵映画『幽霊船』（一九五六）［図9］が〈ヴェネチア国際記録・短編映画祭〉で特別奨励賞を受賞した。大藤の国内での評価は決して高くなかったが、国際的にはもっとも知られた日本のアニメーション作家となった。一方、上海で人形アニメーションの仕事に従事していた持永は、一九五三年に帰国して「人形

図9　大藤信郎『幽霊船』（1956）

図10　持永只仁『瓜子姫とあまのじゃく』（1956）

映画製作所」を設立した。そして、一九五六年に『瓜子姫とあまのじゃく』〔図10〕、『五匹の子猿たち』『ちびくろ・さんぼのとらたいじ』を発表し、『ちびくろ・さんぼのとらたいじ』が〈バンクーバー国際映画祭〉の児童映画部門で最高賞となっている。持永によって日本にも本格的な人形アニメーションが始まった。

大藤や持永との関連で触れておきたいのが飯沢匡である。飯沢は、「人形芸術プロダクション」を設立し、コマーシャルを中心に人形アニメーションの制作に乗りだした。ビール会社のPR映画『ビールむかしむかし』（一九五六）はとくに評価が高かった作品で、川本喜八郎が制作した人形を持永が操作し、影絵映画のシーンを大藤が担当していた。

『幽霊船』『ちびくろ・さんぼのとらたいじ』『ビールむかしむかし』は、国内外で高く評価されたが、いずれも一九五六年の制作であった。一九五六年はまた、ノーマン・マクラレンの『線と色の即興詩』が公開されて話題になった年でもある。外国のオルタナティブなアニメーションが公開され、国内でもそうした作品が注目されるなかで、『線と色の即興詩』をアニメーションとして評価しようという機運が生まれていた。

しかし、戦前の発想が残っていた当時の状況のなかで、マクラレンの作品をアニメーションと見なすことは決してたやすいことではなかった。なぜならその作品は、戦前から継承された漫画映画、人形映画、影絵映画といったジャンル区分では括れなかったからである。前衛映画でもあったマクラレンの作品を、どうしたら一般的な漫画映画と同列に語ることができるのか。そのような分類を可能にするためには、戦前から続いてきた発想を切り替える必要があった。つまり、作品のスタイルがどのようなものであっても、コマ撮りという技法を用いている作品ならば同じジャンルと見なすという発想を受け入れなければならなかった。マクラレンの作品は、こうした発想に基づいて理解するとき、初めてアニメーションとして位置づけることができたのである。

一九五七年に飯沢は、「映画の魔術——アーニメーション映画の展望」というエッセイを書いている。このエッセイは、「アーニメーション映画という言葉は、まだ日本では、あまり耳なれない言葉である」[26]という文章で始まる。すでに彼は『ビールむかしむかし』を発表しており、アニメーションの制作現場にいた人物であった。しかし、そうした立場にいた飯沢ですらアニメーションを「耳なれない言葉」といっている。

飯沢は、大藤の『くじら』や『幽霊船』が海外の映画祭で評価されたことや「国際アニメーション映画週間」に招待されたことをあげて、「アーニメーション映画というものが、世界の映画界で、大きな関心を寄せられているということが解つた」と書いている。さらに、マクラレンの『線と色の即興詩』が〈カンヌ国際映画祭〉で賞を獲得し、日本で紹介されたことに触れて、「アーニメーション映画というものが、非常に幅の広い、いろ〳〵な試みのできるものであることを知つた」という。続けて飯沢は、次のように書いている。

しかし、アーニメーションというと、何か実験的な響きがあるが、例のディズニーの漫画映画など、これは、なんのことはない、アーニメーション映画なので、たゞ、われ〳〵は「漫画映画」という言葉で、そういう種類のものを呼んでいたわけだ。

しかし漫画だけがアーニメーション映画ではなく、実に、その領域は広いのだ。

この文章における飯沢の議論の進め方は興味深い。彼は、マクラレンの作品によってアニメーションが多様な表現をもちえることを知ったというが、そのあとでディズニーの漫画映画もアニメーションであることに、いまさらのように気づくのであった。

多様なスタイルのアニメーションが公開され、それとともにアニメーションの概念も広まっていた。『線と色の即興詩』は、アニメーションの表現の多様性を代表する作品であった。あるいは逆に、マクラレンの作品がもつ表現の多様性や実験性を受け入れることによって、アニメーションの概念が確立されたといえるかもしれない。当時、アニメーションという言葉は、多様なスタイルの表現を含むもの、飯沢もいうように「実験的な響き」をもつものであった。そうした作品が普及するなかで、従来の漫画映画もアニメーションであることが改めて発見されたのである。つまり、漫画映画の概念が拡張されて、さまざまなスタイルの作品がアニメーションとして認められるようになったのではなく、多様なスタイルをもつ作品をアニメーションと見なす考え方が広まって、漫画映画がその一部に組みこまれたのであった。

10　漫画映画からアニメーションへ

一九五六年は、国内外のさまざまな短編アニメーションが注目された年である。一方でこの年は、日本に商業的な漫画映画が胎動している時期でもあった。東映動画（現東映アニメーション）が発足したのが一九五六年で、翌年には藪下泰司による東映動画第一作の短編『こねこのらくがき』が発表されている。また、横山隆一が率いる「おとぎプロダクション」は、一九五七年に制作した『ふくすけ』〔図11〕が評判となった。その後東映動画の藪下は、カラーによる長編漫画映画『白蛇伝』（一九五八）〔図12〕を完成させ、横山も三五ミリの

図11　横山隆一『ふくすけ』（1957）

図12　藪下泰司『白蛇伝』（1958）

長編『ひょうたんすずめ』（一九五九）を制作した。

『キネマ旬報』一九五八年三月下旬号は、「漫画映画――1958年の魅力」という特集を組んでいる。これは、東映動画が設立され、横山が『ふくすけ』を制作するなど、日本の商業的な漫画映画が本格化したことに対応した特集であった（ただし『白蛇伝』はまだ公開されていなかった）。特集の序文に「日本にもようやく漫画映画の新らしい動きがはじまったようだ」[27]とあり、「そこで必要なのは、漫画映画に対する見解を、つくる側も見る側もハッキリもつことである」と書かれている。この特集には、改めて漫画映画をアニメーションとして捉え直そうという意図を読み取ることができる。

興味深いのは、『キネマ旬報』の特集に寄稿した執筆者が花田清輝、瀧口修造、岡田晋らであったことである。花田と瀧口は前衛芸術のリーダー的な評論家であり、岡田も前衛映画を評価する立場を取っていた。この三人は、『線と色の即興詩』が公開されたときに作品を評価した評論家で、特集でも花田と瀧口がマクラレンに言及していた。「漫画映画の新らしい動き」は、前衛芸術の評論家によって論じられたのである。

瀧口は映像に対する関心が高く、アニメーションについてのエッセイもたびたび書いていた。彼が『キネマ旬報』の特集に書いた「漫画、動画――空間恐怖」は、次のような文章から始まる。

> 漫画映画も最近はだいたい動画と呼ぶことになったようである。しゃべっているとき、相手がその方に暗い人だと童画と取りちがえることがあって、漫画映画の童画、いや動画などと、こちらがあやしくなってしまったりする。[28]

動画という言葉は戦前から存在しており、戦後にも受け継がれていた。瀧口は戦前から評論家として活動していたが、それにもかかわらず漫画映画を動画と呼ぶことになったのは最近であるという。このことがなにを意味しているかといえば、かつて存在していた動画という言葉と、瀧口がこの文章を書いた一九五八年当時における動画という言葉の意味が必ずしも同じではないことである。戦後になってアニメーションという言葉が改めて登場すると、その訳語として動画が用いられるようになった。動画という言葉は以前から存在していたわけだが、アニメーションという言葉の台頭が動画という言葉に改めて光を当てたのである。

瀧口は、動画という言葉をアニメーションの訳語として用いている。この場合の動画は、戦前から使われてきた漫画映画、人形映画、影絵映画の認識とは異なっていた。それは、アニメーションの概念を通過したあとの動画であり、さまざまなアニメーションのスタイルを含んだ上位概念としての動画であった。瀧口が、動画と呼ばれるようになったのが最近だと指摘するとき、そのような意味で動画という言葉を用いるようになったのがこの時期だということである。一方で彼のエッセイは、改めて使われるようになった動画が、多くの人にとって馴染みのない言葉であったことを示している。瀧口は、「動画といっても、一般の映画としては漫画的なものが大部分をしめているので、抽象的に動画といってもピンとこないのである」と書いている。当時は「動画といってもピンとこない」状況だったわけである。

「動画といってもピンとこない」という感覚は、先の引用で瀧口の語っている「動画」と「童画」の取り違えに表れている。この取り違えは、一九六〇年に結成された「アニメーション三人の会」(以下三人の会)も直面する問題であった。メンバーの真鍋博は、取材に訪れた記者からアニメーションとはなにかと聞かれて「動画である」と説明したら、雑誌の文章では「童画」になっていたと語っている。▽29 こうした混乱が起こるのは、漫画映画が子供向けのものだという通念があったからだが、動画という言葉に親しんでなかったからでもあるだろう。

しかしその後、漫画映画を動画と呼ぶ習慣は定着していった。日本では一九五〇年代半ば頃からさまざまなスタイルの作品が公開されることによって、アニメーションという言葉が広まったが、いくら多様なスタイルのアニメーションが増えたといっても、漫画映画の制作本数がもっとも多いことに変わりはなかった。そのため結果的に、漫画映画を動画と呼ぶ習慣が広まっていった。

ところで、同じ『キネマ旬報』の特集に岡田晋が寄稿した「漫画映画は映画でない」は、漫画映画がいかに通常の劇映画と異なるかを論じたエッセイである。岡田は、映画前史の時代に「動く絵」であるところの動画が誕生し、それが映画の誕生に貢献したことを論じている。このエッセイは、アニメーションの制作がフィルムからデジタルに移行し、「アニメーションは映画ではない」という状況が現実のものとなった今日から考えると、先見的であった。

11 アニメーション(動画)と漫画映画のずれ

一九五〇年代はアニメーションの概念の形成に関して過渡的な時代であった。一方では戦前から受け継がれたジャンル区分の発想が残っており、その一方で従来と異なるアニメーションの考え方が広まっていた。そのためこの時期には、アニメーションという言葉をめぐってさまざまな混乱が起こっている。そして、この混乱は六〇年代にもちこされていた。

漫画映画の制作現場にいた当事者にとって、多様な表現を許容するアニメーションの概念はなかなか受け入れがたいものであったようである。「日本アニメーション映画社」のプロデューサーであった長井安治は、一九六二年に「世界のアニメーションの動向」と題するエッセイを書いている。そのなかで長井は、アニメーションという専門用語が一般化したのはごく最近のことだとしたうえで、次のように書いている。

> 今までの通念に従った漫画、線画、人形、影画による映画なら、はっきり、アニメーションでゴザイといえるのだが、映画のテクニックが複雑になるにつれ、テクニカル・タームとしての「アニメーション」も、その語意をかなり拡げなければならないようだ。とはいうものの、実験映画の、一見アニメ的であるが故に、アニメーション映画を名乗るに及んでは、その範囲を、どこからどこに置くのか、アイマイ模糊として語意の解釈に苦しんでしまうのである。[▽30]（傍点長井）

長井が問題にしているのは、「今までの通念」とアニメーションという言葉のずれである。「今までの通念」とは、彼のあげている漫画映画、線画映画、人形映画、影絵映画などで、いずれも戦前から存続する名称だった。彼は、そうした以前から存在したジャンルをアニメーションと見なすことは納得できても、実験的な作品をアニメーションに含めることには抵抗を感じている。漫画映画の現場にいた制作者たちのアニメーションの捉え方は、長井の考え方とさほど変わらないと考えられる。商業的な場で仕事をしている彼らにとって、実験映画のような作品は無縁であって、そこまでアニメーションの概念を広げる必要がなかった。彼らは、以前から存在したジャンル区分の延長でアニメーションを理解しており、実験映画までアニメーションの範疇に含める考え方に違和感を表明している。しかしそのような態度は、当時普及していたアニメーションの考え方とのあいだにずれを生じさせることになった。

長井が実験映画というとき、それはノーマン・マクラレンのような海外の実験的なアニメーションだけでなく、当時話題となっていた三人の会の作品も念頭に置いている。三人の会は、戦後における自主制作アニメーションの草分け的存在だが、グラフィカルなスタイルや実験的な技法を積極的に導入した。それは、マクラレンの作品などによって開かれたアニメーションの多様性の実践でもあった。しかしそのような実践は、商業アニメーションの現場にいる制作者にとっては無縁である。両者のあいだには、アニメーションという言葉に対する解釈のずれがあり、それが商業アニメーションと自主制作アニメーションの対立をつくりだしている。

一方、アニメーションの訳語として動画を使うことにも問題がなかったわけではない。先に触れたジョン・ハラスとロジャー・マンヴェルの共著『アニメーション――理論・実際・応用』は、一九六三年に翻訳が刊行されている。これは、日本で本のタイトルにアニメーションを用いた最初であった。訳者の伊藤逸平は、あとがきで次のように書いている。

> アニメーションの日本語訳は、どうやら「動画」ということになっているらしいが、私はアニメーションを「動画」とすることは間違っていると思う。〔……〕
> また「動画」となると画だけに限定されてしまうが、アニメーションには、プペット《ママ》・アニメーション、シルエット・アニメーション、スチル・アニメーション、物体アニメーションといった風に、いろいろ種類があり、類別の上からもアニメーションを「動画」とするのは適切ではなかろう。▽31

伊藤は、多様なアニメーションを評価する立場に立っているが、むしろその立場からアニメーションの訳語として動画を使うことに反対している。なぜなら、アニメーションには人形アニメーションやピクシレーションなどさまざまな種類のスタイルがあり、絵を動かす作品に限定されないからである。

森卓也もまた、一九六六年刊行の『アニメーション入門』で似たような議論をしている。森は、「残念なことに、日本語には、アニメーションという言葉の適切な訳語がない」[32]として、「アニメーションをわが国では便宜上〈動画〉と訳し、〈漫画映画〉と呼んではいるが、それらはいずれもアニメーションのある部分をしか代表しないのであって、決してそのすべてではない」と書いている。一九六〇年代には、動画をアニメーションの訳語にすることについて疑問視する論者が少なからずいたのである。しかし動画は、こうした曖昧さを残したままアニメーションの訳語として定着していった。

アニメーションという名称は一九六〇年代を通して徐々に一般的になったが、だからといって漫画映画という名称がなくなったわけではなかった。今日でこそ漫画映画という言い方をしなくなっているけれども、漫画のアニメーションを「漫画（まんが）」と呼ぶ習慣は八〇年代まで存在していた。

アニメーションと漫画映画は両立していたのであり、決してアニメーション〈動画〉が漫画映画に取って代わったわけではなかった。アニメーション〈動画〉と漫画映画のあいだのずれは、簡単には解消されなかったのである。漫画映画という言葉がなくなるのは、漫画映画を指して「アニメ」という略称が一般的に使われるようになってからではないか。たとえば、一九六七年にスタートした〈東映まんがまつり〉（前身は一九六四年の〈まんが大行進〉）が〈東映アニメまつり〉（その後は〈東映アニメフェア〉）に変更されるのは一九九〇年のことであった。

ところで、現代では「動画」という言葉がアニメーションの意味を超えて使われている。たとえば、YouTubeなどの投稿サイトは「動画共有サービス」と呼ばれ、日本の「ニコニコ動画」もそのひとつである。こうした動画投稿サイトは、二〇〇五年頃から次々に登場し、またたくまに普及した。この場合の動画は、アニメーションの訳語ではなく、アニメーションも含めた映像一般を指している。インターネットという新しい映像環境の台頭が、動画という言葉に新たな意味を与えていた。

アニメーションの訳語としての動画は、「画（絵）」が動いたものという意味であった。一方、動画共有サービスの動画は、「画像」が動いたものという意味であろう。後者の動画は、実写とアニメーションが厳密に区別されていない。ここには、デジタル技術の発達によって実写とアニメーションとの差異が稀薄になった現代状況が対応しているかもしれない。

名称やその名称のもつ意味は、時代とともに変化していくものである。そして、名称の意味が変化することは、その名称の意味を支えている概念規定もまた変化することである。アニメーションに関わるさまざまな名称は、長い歴史のなかで意味を変えており、現在もまた変化の途上にある。とくに現代は、デジタル技術の発展によってアニメーションの概念規定が大きく揺らいでいる。わたしたちは、アニメーションに対して柔軟に対応する必要性に迫られている。

▽1　岩崎昶、瓜生忠夫、今井正、宮島義勇、松山崇編『映画百科辞典』白揚社、一九五四年。
▽2　瀧口修造「美術映画雑記」『美術批評』第四八号、一九五五年一二月号、四八―四九頁。
▽3　久里洋二「アニメーションの世界⑤　カメラなしの映画の作り方」『朝日新聞』一九六五年八月二三日、一二面。
▽4　岡田英美子「ブームが来るまで、そして…――昭和20年代から今日までアニメに出会った時と場所」アニメージュ編集部『劇場アニメ70年史』徳間書店、一九八九年、一四八頁。
▽5　羽仁進『カメラとマイク――現代芸術の方法』中央公論社、一九六〇年、一一一頁。
▽6　大辻清司「キネ・カリグラフ――日本における前衛映画」『月刊映画』第一巻第二号、一九五六年七月号、二〇頁。
▽7　石元泰博「キネカリグラフとは――撮影機のいらない映画」『フォトアート臨時増刊号　8ミリ16ミリシネカメラ全書』

一九五五年九月号、一六五頁。
▽8　大辻清司「グラフィック集団――幻の『キネカリグラフ』をめぐって」『月刊イメージフォーラム』第七巻第九号、一九八六年九月号、一三〇頁。
▽9　大辻「キネ・カリグラフ」、二〇頁。
▽10　同前、二一頁。
▽11　秋山邦晴「映画音楽における実験」『美術批評』第四九号、一九五六年一月号、四二頁。
▽12　秋山邦晴「映画における実験――線と色の即興詩について」『月刊映画』第一巻第二号、一九五六年七月号、一二頁。
▽13　「世界のアヴァンギャルド短篇映画」『キネマ旬報』第一四九号、一九五六年夏の特別号、頁付なし。
▽14　岡田晋「ノーマン・マクラレンの世界」『キネマ旬報』第二〇四号、一九五八年五月下旬号、四四頁。
▽15　「世界のアヴァンギャルド短篇映画」、頁付なし。
▽16　草壁久四郎「経過報告に代えて」『Cinema57』第一号、一九五七年、四頁。
▽17　「〈シネマ57〉～〈シネマ61〉活動記録」勅使河原宏『プロダクションノート――勅使河原宏・映画事始』studio 246、二〇〇七年、四〇七頁。
▽18　羽仁『カメラとマイク』、一一一頁。
▽19　岡田「ノーマン・マクラレンの世界」、四四頁。
▽20　花田清輝、北川冬彦、武田泰淳、岡本太郎、田中純一郎「新アヴァン・ギャルド映画運動と日本」『キネマ旬報』第一四九号、一九五六年夏の特別号、七八頁。
▽21　花森安治、飯沢匡、横山隆一、羽仁進「映画は撮影所を飛び出した――短篇映画・前衛映画・小型シネの近作より」『藝術新潮』第七巻第一〇号、一九五六年一〇月号、二三二頁。
▽22　山口勝弘「マクラレンの映画」『月刊映画』第一巻第二号、一九五六年七月号、一八頁。
▽23　花田、北川、武田、岡本、田中「新アヴァン・ギャルド映画運動と日本」、七八頁。
▽24　登川直樹「国際短編映画祭を見て」『視聴覚教育』第一一巻第一二号―第一五巻第一二号、一九五七年一二月号―一九六

一年一二月号および第一八巻第一二号―第一九巻第一二号、一九六四年一二月号―一九六五年一二月号。

▽25 佐々木能理男「マンヴェルの『動画映画論』」『キネマ旬報』第一二四号、一九五五年七月下旬号、四七頁。

▽26 飯沢匡「映画の魔術――アーニメーション映画の展望」『藝術新潮』第八巻第五号、一九五七年五月号、一二八頁。

▽27「漫画映画――1958年の魅力」『キネマ旬報』第一九九号、一九五八年三月下旬号、三八頁。

▽28 瀧口修造「漫画、動画――空間恐怖」『キネマ旬報』第一九九号、一九五八年三月下旬号、四〇頁。

▽29 真鍋博「アニメーションの可能性――三人の会を通して考えること」『本の手帖』第四巻第一〇号、一九六四年一二月号、五八頁。

▽30 長井安治「世界のアニメーションの動向」『記録映画』第五巻第七号、一九六二年七月号、七頁。

▽31 伊藤逸平「あとがき」ジョン・ハラス、ロジャー・マンベル『アニメーション――理論・実際・応用』伊藤逸平訳、東京中日新聞出版局、一九六三年、三七五―三七六頁。

▽32 森卓也『アニメーション入門』美術出版社、一九六六年、九―一〇頁。

第五章

アニメーションの概念はどのように変容したのか

――リミテッドアニメーションから考える

1　一九六〇年代初頭のアニメーション

本章の目的は、一九六〇年代の日本においてアニメーションの概念がどのように変容したかを検証することにある。なぜ六〇年代が問題になるのかといえば、この年代に入って日本でもアニメーションという言葉が広く知られるようになったからであり、同時にアニメーションが多様化に向かった時期でもあるからだ。六〇年代におけるアニメーションの概念の変容は、現代のアニメーションにも大きく影を落としている。今日のアニメーションのあり方を理解するためにも、六〇年代の状況を検証することが不可欠である。

日本では一九五〇年代からアニメーションという言葉が改めて使われるようになっていた。しかしそれは、制作者や評論家といった専門家のあいだのことで、多くの人にとっては未知の言葉であった。それが大衆的に普及するのは六〇年代に入ってからだが、いきなり広まったわけではなく徐々に浸透している。

一九六〇年代初頭には、それまでなかった新しい動向が出揃って、アニメーションのあり方が大きく変化している。当時の主要なアニメーションの動向として、次の三つをあげることができる。第一に、映画館で公開される長編の漫画映画であり、第二に、個人制作による実験的な短編アニメーションであり、第三に、テレビで放映される漫画のアニメーションである。テレビのアニメーションは、当時「テレビ漫画（テレビマンガ）」などと呼ばれていた。

映画館で公開される長編の漫画映画を代表していたのは、一九五六年に発足した東映動画であった。東映動画が一九五八年に公開した藪下泰司の『白蛇伝』は、戦後における長編の漫画映画としては最初であり、カラ

図1　芹川有吾『わんぱく王子の大蛇退治』(1963)

ーである点では日本初の長編だった。その後も東映動画は、毎年のように長編の漫画映画を発表したが、とくに一九六三年に公開された芹川有吾の『わんぱく王子の大蛇《おろち》退治』〔図1〕は完成度が高く、東映動画の最初の頂点と呼べる重要な作品となった。

個人制作による実験的な短編アニメーションを代表していたのは、久里洋二、真鍋博、柳原良平が一九六〇年に結成した「アニメーション三人の会」(以下三人の会)である。三人の会は、戦後における自主制作アニメーションの草分け的な存在であった。彼らは、一九六〇年から六三年まで〈三人のアニメーション〉を、一九六四年から六六年まで規模を拡大した〈アニメーション・フェスティバル〉を開催し、個人でもアニメーションを制作できることを知らしめた。

テレビ漫画を代表していたのは、手塚治虫が一九六二年に設立した虫プロダクション(以下虫プロ)であった。一九六三年から放映の始まった『鉄腕アトム』〔図2〕は、三〇分のテレビ漫画のシリーズとしては日本初であり、この作品の大ヒットによって続々とテレビアニメーションが制作されるようになった。『鉄腕アトム』によって日本のテレビアニメーションの礎が築かれたのである。

東映動画の漫画映画、三人の会の自主制作アニメーション、虫プロのテレビ漫画は、作品の目指している方向がまったく異なり、制作のスタ

図2　虫プロダクション『鉄腕アトム』（1963-1966）

ンスにも大きな違いがある。しかし、いかに立場が異なっていたとしても、アニメーションである点では同じであった。それぞれの動向には対立する側面があったが、このことが逆に自分の立場を確認することにもなったであろう。三つの立場は、反発しあいながらも共存していたのであり、それが一九六〇年代初頭におけるアニメーションの状況を形成していた。当時のアニメーションを考えるためには、これら三つの動向を含めた全体を見据える必要がある。

　東映動画は、戦前の漫画映画を継承する側面をもっていた。戦前の漫画映画を代表する作家は、「日本アニメーションの父」といわれた政岡憲三である。政岡は、それまで手工業的に制作されていた漫画映画に対して、プロダクションによる制作体制を確立した。戦後も漫画映画の発展に尽力し、一九四八年に山本善次郎らと日本動画株式会社（のちに日動映画株式会社）を設立した。この制作会社が一九五六年に東映に吸収されて誕生したのが東映動画である。政岡はディズニーの影響を強く受けた作家だが、東映動画は「東洋のウォルト・ディズニー」を目標に発足した。戦前の漫画映画の理念を受け継ぎつつ、長編の漫画映画のスタイルを開拓したのが東映動画であった。

　戦前の漫画映画を継承する東映動画に対し、三人の会の自主制作アニメーションと虫プロのテレビ漫画は、一九六〇年代に入って登場した新しい動向であり、東映動画と対立する側面をもっていた。虫プロのテレビ漫画は、子供向けの漫画のアニメーションを目指した点で東映動画の作品と同じだが、東映動画が目標とした漫画映画とは異なるスタイルで制作されていた。三人の会は、個人でアニメーションを制作し、大人を対象とした芸術的な表現を目指していて、作品のスタンスが東映動画とは真逆であった。

一九六〇年代初頭におけるアニメーションの多様化は、東映動画に代表される漫画映画に対し、それとは別種のアニメーションが登場することによって生まれている。しかしその東映動画も、『白蛇伝』以降、試行錯誤のなかで長編を手掛けていた。当時の東映動画は、長編の漫画映画を確立する挑戦をおこなっていたのであって、この点でいえばアニメーションの新しい動向を担っていた。三人の会や虫プロと東映動画の対立は、単なる新旧の対立ではなかったのであり、それぞれが別個に独自の方向を追求していた。

本章では、一九六〇年代初頭のアニメーションを検証するにあたって、リミテッドアニメーションに注目したい。なぜなら、この時期におけるアニメーションの多様化は、結局のところリミテッドアニメーションをめぐって起こったといえるからである。東洋のディズニーを目指した東映動画は、ディズニー映画と同様にフルアニメーションを理想としていた。日本でリミテッドアニメーションを試みたのは、三人の会のメンバーであり、手塚が率いた虫プロである。両者のリミテッドアニメーションは決して同じものではなかったが、東映動画に代表される漫画映画とは別のスタイルを提示した点で共通する。

ここで改めて注意しておきたいのは、アニメーションが多様化に向かった一九六〇年代初頭は、アニメーションという言葉が一般に普及した時期でもあったことである。アニメーションという言葉が広まったことは、アニメーションの概念に対する理解が浸透したことでもあるのだが、当のアニメーションが変容にさらされている時期に当たっていた。アニメーションという言葉は、当初からある種の曖昧さをもった名称として広まっていたのである。アニメーションの概念が普及したのは、まさにそのアニメーション自体が変化の渦中にある。なぜ曖昧かといえば、漫画映画、自主制作アニメーション、テレビ漫画のいずれかの立場に立つことによって、アニメーションの捉え方が異なるからである。このことは、日本のアニメーションを考えるうえで大きな意味をもっている。

一九六〇年代に台頭した長編の漫画映画、自主制作アニメーション、テレビ漫画は、今日の日本でも制作されている。つまり、この時代のアニメーションの主要な動向は現代に継承されている。確かに当時と比較すれば、現代のアニメーションは多様化が進行しており、アニメーションの概念も曖昧になっている。しかしその曖昧さは、すでに六〇年代初頭の状況に内包されていたともいえるのであった。

2　リミテッドアニメーション

リミテッドアニメーションはアメリカで誕生している。日本にもリミテッドアニメーションに相当する作品がなかったわけではないが、リミテッドアニメーションという名称やスタイルを知ったのはアメリカの作品によってだった。リミテッドアニメーションは、ニュアンスの異なる二つのスタイルを指す名称として理解されてきた。ひとつは、デザイン的に様式化されたモダンなスタイルのアニメーションであり、もうひとつは、絵や動きを簡略化することによって手間を省いたアニメーションである。前者を代表するのがUPA（ユナイテッド・プロダクションズ・オブ・アメリカ）、後者を代表するのがハンナ・バーベラ・プロダクションであった。

かつてディズニーのスタジオにいたジョン・ハブリーらが、のちにUPAと呼ばれる組織を発足したのは一九四三年のことだった。UPAが目指したのは、絵や動きを簡略化することによって、モダンでグラフィカルなスタイルを確立することである。それは、ディズニーに代表される写実的なフルアニメーションに対し、個性的で新しいアニメーションを提示することであった。代表作となったロバート・キャノンの『ジェラルド・

マクボイン・ボイン』（一九五〇）〔図3〕は、奇妙な声を発する子供の話を太い線と単純化した背景で表現した短編作品である。他にも、殺人事件の裁判をミュージカル風に描いた『ルーティ・トゥート・トゥート』（一九五一）、ホラー仕立ての『告げ口心臓』（一九五三）といった個性的な短編があった。UPAのグラフィカルなスタイルは、世界各国のアニメーションに多大な影響を与えている。しかし、一九五〇年代後半に業績不振に陥り、テレビのアニメーションに進出したものの、一九六四年にはアニメーションから撤退している。

　ハンナ・バーベラ・プロダクションは、MGMで『トムとジェリー』（一九四〇—一九五八）を手掛けていたジョセフ・バーベラとウィリアム・ハンナが一九五七年に設立している。それは、映画館で公開される短編アニメーションの市場が成立しえなくなった時期に当たっていた。ハンナ＝バーベラは、UPAのスタイルを参照しつつ、テレビで放映するシリーズ物のアニメーションを量産するため、絵を単純化して動きを少なくすることで、低予算、短期間で制作できる効率のよいスタイルを考案した。そして、『珍犬ハックル』（一九五八—一九六一）〔図4〕、『原始家族フリントストーン』（一九六〇—一九六六）、『宇宙家族ジェットソン』（一九六二—一九六三）といったテレビ向けの人気シリーズを次々と生みだした。

図3　ロバート・キャノン『ジェラルド・マクボイン・ボイン』（1950）

　今日、一般にリミテッドアニメーションといった場合、ハンナ＝バーベラのように省力化したアニメーションを指しており、手間のかかるフルアニメーションと対照的なスタイルとして理解されているようだ。具体的には、フルアニメーションが一コマ、二コマで撮影するのに対し、三コマ以上で撮影したアニメーションのことで、絵の一部だけを動かしたり、絵の方を動かしたりする方法なども用いられる。この場合にリミテッドアニメーションは、手間を省くための下位的な方法として否定的なニュアンスをもつ言葉となっている。

『ジェラルド・マクボイン・ボイン』のようなＵＰＡの代表作は、映画館で公開することを前提としたフィルム作品で、もともと絵や動きを簡略化したのもデザイン的な様式化を進めるためであった。一方、ハンナ＝バーベラが絵や動きを簡略化したのは、テレビ向けにアニメーションを量産するためである。こうしたスタンスの違いは作品にも表れていて、ＵＰＡの作品が大人向けの風刺的な内容であるのに対し、ハンナ＝バーベラの作品は子供向けの単純な話となっている。本来、ＵＰＡとハンナ＝バーベラのスタイルは区別して考えるべきものである。

図4　ハンナ・バーベラ・プロダクション『珍犬ハックル』（1958-1961）

アメリカのリミテッドアニメーションは、どのように日本に伝わったのか。リミテッドアニメーションに該当する作品で最初に輸入されたのは、一九五五年公開のディズニー映画『プカドン交響楽』（監督：チャールズ・Ａ・ニコルズ、ウォード・キンボール、一九五三）で、ＵＰＡのグラフィカルなスタイルを取り入れた作品である。ＵＰＡの作品はポスト・ディズニーとしての役割を担ったが、そのスタイルはディズニー映画ですら取り入れるようになっていた。

日本にデザイン的なスタイルのアニメーションを知らしめたのは、ＵＰＡというよりもデザイナーのソール・バスが手掛けた映画のタイトルであった。たとえば、一九五六年公開の『黄金の腕』（一九五五）のオープニングタイトル、一九五七年公開の『八十日間世界一周』（一九五六）のエンドタイトル［図5］などである。映画のタイトルは独立した作品ではないし、内容ではなく視覚的なデザイン性が求められるものなので、かえって自由な表現が可能であったのだろう。

日本で初めて上映されたUPAの作品は、「近眼のマグー」の短編シリーズであろう。『近眼のマグー 海底旅行』と『近眼のマグー 猛獣狩』が一九五七年に、『近眼のマグー 珍闘牛士』が一九五八年に公開されており、劇映画『大運河』（一九五六）の冒頭にくっつくかたちで『マクボインボイン 遊星ムーへ行く』（一九五五）も一九五七年に上映された。やや遅れて、一九六一年には長編の『近眼のマグー 千一夜物語』（一九五九）が公開されている。ただしこれらは、UPAのなかでとくにすぐれた作品というわけではなかった。『ジェラルド・マクボイン・ボイン』のような代表作は公開されておらず、UPAのスタイルは十分に伝わっていなかった。他にも、テレビシリーズの『マクボイン・ショー』（一九五六―一九五七）が秘かにもちこまれていたが、この点に関しては後述する。

図5　ソール・バス『八十日間世界一周』エンドタイトル（1956）

一方、ハンナ＝バーベラによるテレビアニメーションは、同時代的に日本でも観ることができた。アメリカで一九五八年に放映の始まった『珍犬ハックル』は、ハンナ＝バーベラが制作したテレビシリーズのなかで最初期のヒット作といえるものだが、日本では翌年に放映されており、その後も多くのシリーズがテレビに登場した。こうしたシリーズ物のアニメーション番組は、子供には人気があったかもしれないが、作家や評論家からはほとんど相手にされなかった。技術的に稚拙で内容も幼稚だと思われていたからで、作品に対する評価は低かった。

ＵＰＡの最盛期は一九五〇年代初頭で、ハンナ・バーベラ・プロダクションが台頭した五〇年代末頃にはすでに衰退期にあった。ここには、短編アニメーションの発表の場が映画館からテレビに移行するという状況の変化が対応していた。一方、日本でＵＰＡのリミテッドアニメーションが注目されたのは五〇年代末頃からである。それは、ハンナ＝バーベラのテレビアニメーションの放映が始まった時期と重なっていた。つまり日本では、ＵＰＡとハンナ＝バーベラがほとんど同時期に知られるようになっており、そのためにリミテッドアニメーションは少々ねじれたかたちで理解されている。少なくとも当時の日本で、一般にリミテッドアニメーションといえばＵＰＡのようなモダンなスタイルの作品を指しており、ハンナ＝バーベラのテレビアニメーションは念頭に置かれていなかった。リミテッドアニメーションは、量産化の方法というよりもアニメーションの新しいスタイルとして理解されていたのである。一方、当時の日本はテレビが大きく発展した時期に当たっており、リミテッドアニメーションは当初からテレビと結びついていた。つまり日本では、ＵＰＡのグラフィカルなスタイルこそがテレビに向いていると考えられたのである。

3　アニメーション三人の会

日本のリミテッドアニメーションを考えるうえで、最初に注目したいのは三人の会である。それは、日本においていち早くリミテッドアニメーションを手掛けたのが三人の会のメンバーであったからである。一方でこの会は、一九六〇年代に入ってアニメーションという言葉が普及したことに大きく貢献したグループでもあった。まず、三人の会がこの言葉を広めたことの意味について考えてみたい。

手塚治虫は、日本のアニメーション史を記述した文章のなかで三人の会に言及し、「〝アニメーション〟という言葉は、わが国では彼らが使い始めたわけであり、従来の〝漫画映画〟はここで死語化したのである」[▽1]と書いているのだが、これは少々いいすぎである。アニメーションという言葉はすでに一九五〇年代から専門家のあいだで使われていたし、この言葉が普及したあとも漫画映画という名称は流通していたからである。三人の会がおこなったのは、専門的な言葉であったアニメーションを一般の人たちに広めたことであった。

三人の会は、大手のプロダクションが時間と費用をかけて漫画映画を制作したのに対し、低予算による個人制作の作品を発表した。今日、個人がアニメーションをつくることはごく普通におこなわれているし、子供向けではないアニメーションも当たり前のように制作されているが、当時そうしたアニメーションは知られていなかった。三人の会は、従来の漫画映画とは異なるというニュアンスをこめてアニメーションという言葉を積極的に用いた。

三人の会が主催した〈三人のアニメーション〉、その後に続く〈アニメーション・フェスティバル〉は評判になり、新聞や雑誌、テレビなどで頻繁に取り上げられている。このことが、アニメーションという言葉を広める役割を果したのは間違いない。三人の会が登場したとき、アニメーションという言葉が知られていなかったことは、会のメンバーによって繰り返し語られている。たとえば、真鍋博は次のように回想している。

ぼくたちがアニメーションをはじめたころ、アニメーションという言葉自体一般化してなかった。雑誌の質問で、アニメーションとはどういうことかと聞かれたので「動画という意味だ」と答えると、童画と紹介された。一般の人には動画といってもわからないので「マンガ映画みたいなものだ」と説明したら、三人のフィルムはちっともおもしろくもおかしくもないといわれた。[▽2]

「動画」が「童画」と間違えられたのは、漫画映画は子供が見るものだと考えられていたからであり、「ちっともおもしろくもおかしくもないといわれた」というのは、漫画映画がギャグ漫画だと思われていたからである。要するに漫画映画とは、子供を対象にしたギャグ漫画というのが当時の一般的な通念で、そうした通念を覆したのが三人の会だった。次に久里洋二の回想をあげてみよう。

アニメーションとは何かなんて誰も知らなくて、説明するのに大変だったよ、あの頃は。NHKなんかには、三人がよく出たんだけど、アナウンサーに、「アニメーションとは何でしょうか」なんて訊かれて、十遍ぐらい、いや四、五年は説明したよ（笑）。「アニメーションとはこういうものです」っていうと、「ああ、そうですか、難しい言葉ですねえ」なんてね。三人で口を酸っぱくして説明したけど、誰も知らないんだよ。▽3

久里の回想から、単にアニメーションという言葉が知られていなかっただけではなく、なかなか理解されなかったことがわかる。アニメーションは「難しい言葉」でもあったのだ。このことは、改めて考えてみると不思議である。確かに当時の人々は、アニメーションという言葉を聞いたことがなかったかもしれないが、漫画映画は誰でも知っていたからである。それにもかかわらず、アニメーションの説明を聞いてもなかなか理解できないのであった。この事実は、漫画映画とアニメーションが同じではないこと、アニメーションを理解するためには漫画映画と異なる発想をしなければならないことを意味する。

三人の会は、単にアニメーションという言葉を普及させただけではない。森卓也はこの会について、「アニメーションという言葉を普及させ、「コマ撮り」の意味の広さを認識させたことの意義が絶大であると思う」と書いている。コマ撮りの概念を拡張する実験的な作品を制作したことも、三人の会の大きな功績であった。▽4
このとき、アニメーションという言葉を普及させたことと、コマ撮りの意味の広さを認識させたことは、異なる出来事であったわけではなく、結局は同じことを意味していた。三人の会の使うアニメーションにはすでにコマ撮りの意味の広さが含まれていたからである。コマ撮りの多様性を示すような作品こそが彼らにとってのアニメーションなのであった。

アニメーションのこうした用法は、なにも三人の会がつくりだしたものではない。アニメーションという言葉は、少なくとも一九五〇年代半ば頃から作家や評論家によって用いられており、三人の会の用法もそれに準じていた。彼らは、自分たちのまわりで普通に使われていたアニメーションという言葉を踏襲したにすぎないのであって、むしろ多くの人がその言葉を知らないことに驚いたであろう。

漫画映画は、戦前から戦後に継承された言葉である。戦前のジャンル区分の基準は、「作品がどのように見えるか」、つまりスクリーンに映っているものがなにかにあった。この場合に漫画映画とは、観客がスクリーンに見ているのが漫画であることを意味している。漫画映画という名称では、観客が見ているものと名称が一致していた。実に単純明快で、疑問を差し挟む余地はどこにもない。しかし、アニメーションという言葉では事情が異なる。この点を考えるために、三人の会が一九六〇年におこなった最初の上映会に対する飯沢匡のレポートを参照してみよう。飯沢は、そのレポートを次のような文章から始めている。

アニメーションというと漫画映画と早合点する人があるかもしれないが、必ずしも笑いを目的としてなくても実物の動きでない動きで諸々のものが動き出せばアニメーションといえる。

もともと「魂を吹き込むこと」なのだからコップが生けるごとく動き出したら立派なアニメーションなのである。[5]

飯沢は、三人の会の上映会をレポートするにあたって、アニメーションとはなにかを説明するところから始めなければならなかった。彼は、アニメーションを漫画映画と早合点してはいけないという。アニメーションは、動かないものを動いているように見せる技術であり、その技術が使われていれば元の素材がなんであってもかまわない。飯沢が例としてあげたのは、コップがひとりでに動きだすことであり、これは実物をコマ撮りするピクシレーションの技法のことである。ピクシレーションは、実写のなかでコマ撮りをおこなうもので、漫画映画とはまったく異なる印象を与えるものだ。しかし、見た目の印象がいかに違っていても、コマ撮りの技法で制作されている以上、同一のジャンルと考えるのがアニメーションであった。

アニメーションが「難しい言葉」であったのは、もはや見た目の印象だけでは作品を区別できないからであり、作品が制作されるプロセスにも目を向ける必要があったからである。こうした発想は、アニメーションという言葉が登場する以前には存在しなかった。アニメーションを説明してもなかなか理解されなかったのは、当時の人たちがアニメーションの概念を知らなかったからである。三人の会は、アニメーションという言葉を普及させたが、それは同時にアニメーションの概念の理解を広めることでもあった。

久里は当時を回想して、「マンガ映画をつくっている先輩はいましたが、ぼくはマンガ映画とは違うんだ、アニメーションなんだというつもりでつくってきました」[6]と書いている。しかし、もともと久里は漫画家として評価された作家であり、自身の漫画のスタイルに基づいたアニメーションを制作した。それにもかかわらず彼は、自分の作品を漫画映画とは異なるものとして位置づけている。つまり、漫画映画とアニメーションを異なる位相にあるものとして意識している。一九六〇年代初頭に普及したアニメーションは、こうした発想に基づくものであった。

三人の会が登場したとき、漫画映画を代表していたのはディズニーであり、東洋のディズニーを目指した東映動画であった。ディズニーと東映動画に共通するのは、フルアニメーションで作品を制作したことである。真鍋は、三人の会を発足した目的について、「アニメーションは絵も新しくなければ意味がないが、絵だけおもしろいアニメーションは他にもあるし、新しい動きをさぐるのがぼくらのテーマなのだ」[7]と書いていた。真鍋のいう「新しい動きをさぐる」とは、従来の漫画映画に特徴的なフルアニメーションとは異なる動きをつくることでもあった。このとき三人の会が注目したのがリミテッドアニメーションである。

4　テレビコマーシャルとリミテッドアニメーション

日本のリミテッドアニメーションというと、一九六三年に放映が始まった『鉄腕アトム』がよく引き合いに出される。しかし、リミテッドアニメーションを手掛けたのは、同じテレビでもコマーシャルのほうが早かった。一九六〇年に飯沢匡は、「今日ほど日本のアニメイション映画が活動している時はない」[8]と書いているのだが、「映画常設館では殆んど見ることは出来ない」という。それは、「商品との抱き合せ、つまりコマーシャル・フィルムとして、現れて来るのである」。『鉄腕アトム』が登場する以前の一九五〇年代末頃、テレビのアニメーションといえばコマーシャルが中心であった。飯沢は、同じ文章のなかで次のように書いている。

最近のコマーシャル映画では寿屋のものが出色の出来栄えを示しているといわれている。これは柳原良平氏の画に多くの人々のアイディアが生かされているのだと聞いている。人によっては、この寿屋のコマーシャルはボサストウのジェラルド・マクボインボインの影響が強いといっているが、最近の漫画映画の傾向として「リミッテッド・アニメイション」（限界式）ということがある。〔……〕
　前記の寿屋のコマーシャルに刺激されて、その後日本の他のコマーシャルにもリミッテッド・アニメイションが多くなって来ている。

「寿屋」とはのちのサントリーのことであり、柳原良平が手掛けたサントリーのテレビコマーシャルといえば「アンクルトリス」に他ならない。飯沢が指摘しているのは、アンクルトリスのコマーシャルにＵＰＡの影響が認められること、またこのコマーシャルの影響によってリミテッドアニメーションによるテレビコマーシャルが増加したことである。

日本でテレビの本放送が始まったのは一九五三年で、しばらくは生放送のコマーシャルが主流であった。アニメーションによるコマーシャルも早くから登場していたが、急増するのは一九五〇年代後半である。そうしたなかでアンクルトリスは、画期的なコマーシャルであった。全日本ＣＭ協議会編の『ＣＭ25年史』には、「幼児向けのチャチなマンガの多かった線画のアニメーションも、一九五八年ごろから目に見えて質が良くなってくる。その水路をひらいた栄誉は、おそらくサントリー（当時寿屋）の「アンクルトリス」シリーズに帰せられよう」[▽9]とある。一九五八年は、アンクルトリスの第一作『トリスバー』〔図6〕が放映された年であった。

アンクルトリスを生みだしたのは、寿屋の宣伝課にいた酒井睦雄、開高健、柳原良平である。のちに小説家となる開高はコピーライター、その後三人の会に参加する柳原はグラフィックデザイナーであった。第一作にあたる『トリスバー』の原案は開高、作画は柳原が担当したが、動画化と撮影をおこなったのはアニメーションスタジオの日本テレビジョン（現ＴＣＪ）である。開高は、日本テレビジョンから参考のためにいくつかのアニメーションを見せられたなかにひとつだけ興味深い作品あったという。それがＵＰＡのアニメーションで、当時の日本テレビジョンはその作品に多大な関心を寄せていた。開高は次のように書いている。

その動画スタジオの担当者たちが金科玉条と仰いで絶対関係者以外に見せようとしないでいるアメリカのテレビ漫画が一本あった。そのスタジオではこの映画をアニメーターたちの教科書として使っているようで、昼食の休憩時間など、ひまなときを見てはせっせと上映して勉強させていたようである。なにげなしにアニメーター室に入ってみると、その映画の主人公を模写したスケッチがあちらこちらのアニメーターの机のまえに貼ってあって、影響の深さをさとらされた。▽10

図6　柳原良平『トリスバー』（1958）

日本テレビジョンが金科玉条としたアメリカのテレビ漫画とは、ＵＰＡの『マクボイン・ショー』であった。これは、一九五六年から五七年にかけて放映されたテレビのアニメーション番組で、『ジェラルド・マクボイン・ボイン』の主人公などが登場する短編で構成されていた。『マクボイン・ショー』は、開高だけではなく酒井や柳原も観ており、ＵＰＡのスタイルがアンクルトリスに反映されることになった。しかし、日本テレビジョンのスタッフもリミテッドアニメーションには不慣れであったようだ。次にあげるのは、『トリスバー』でアニメーターを務めた大西清の回想である。

初めは二コマでフル・アニメーションをやるということだったんですが、柳原さんがリミテッド・アニメーションをつくろうということで、ぼくも一緒に組んでやったわけですが、ちょっとその感覚がわからなかったですね。一番最初のトリスバーの巻は三十秒だったんですが、ぼくがどっさり書いたのを柳原さんはどんどん抜いちゃうんですよ。歩きなんか常識的に十二枚でつくったら、これは人間のまともな歩きにすぎない両足六枚でいい、アニメーションの邪道かも知れないが、それでもかまわない、コマーシャルは印象度が強ければいいのだということで、六枚の動きをむやみにつくられたんです。▽11

大西にとっても本格的にリミテッドアニメーションを手掛けるは初めてであったことがわかる。リミテッドアニメーションといわれたにもかかわらず、フルアニメーションと同じ一秒一二枚で描いているからで、柳原がそれを半分の枚数に減らしている。大西は、「出来上がりを見るまでこわかったんですけれども、結果は非常にうまくいきました」と述べている。「アニメーションの邪道」が効果を発揮したのだった。

『トリスバー』は、会社で嫌なことでもあったのか、落ちこんだ様子で夜道を歩いているアンクルトリスが、バーでお酒を飲んで陽気になって帰っていく話である。背景が無地で必要最小限のものしか描かれていないのは、明らかにUPAの作品の踏襲だった。アンクルトリスが店に入るシーンでは、看板やドアをいっさい描かず、黒い画面から白い画面に移行するだけで表現している（ドアの開く音だけが挿入されていた）。こうした大胆な単純化をおこなうことができたのも、子供を対象につくっていないからである。洋酒のコマーシャルであったため、初めから大人に向けて制作されており、当時のテレビアニメーションに特徴的な幼稚さに陥らずにすんでいる。

ところで、『トリスバー』が放映された一九五八年は、東映動画の長編第一作『白蛇伝』が公開された年でもある。『白蛇伝』はフルアニメーションの作品で、ライブアクションに基づいたリアルな動きを追求していた。それに対して『トリスバー』は、絵も動きも極端に簡略化されている。『白蛇伝』と『トリスバー』はいずれも話題となったが、両者を比較する議論はなかったようだ。しかし結果的に、フルアニメーションとリミテッドアニメーションの対照性を際立たせている。

5　アニメーション三人の会とテレビコマーシャル

一九五〇年代末頃のテレビには、コマーシャル以外のアニメーションがまったくなかったわけではない。日本テレビで平日の深夜に放映された『漫画ニュース』（当初は『マンガニュース』）〔図7〕は、その日のニュースを漫画にした三分半の番組で、一九五七年一〇月から五九年五月まで続いている。ただしこれは、通常のアニメーションではなかった。中原佑介はこの番組を説明して、「動画でなく、切紙によってつくられたさまざまな、その日の登場人物をギクシャク動かし、それに、駒取り《ママ》、駒落しなどのテクニックをつかった線描をミックスして構成したもの」[▽12]と書いている。どうやら実写の一部でコマ撮りを試みた作品であったらしい。

実写と切り絵を組み合わせるのはユニークな手法だが、なにも新しいスタイルを狙ったのではなく、極端に短いスケジュールで制作するためにやむをえずそうしていたようだ。『漫画ニュース』は、朝刊を読んで題材を決めてから深夜の放映時間までに作品が完成していなければならなかった。まともにコマ撮りしていては間に合わないため、実写が中心となったのである。いわゆるリミテッドアニメーションではないが、徹底した省力化の結果であった。番組が長く続いているので評判が悪かったわけではないようだが、『漫画ニュース』の手法はその後に継承されなかった。

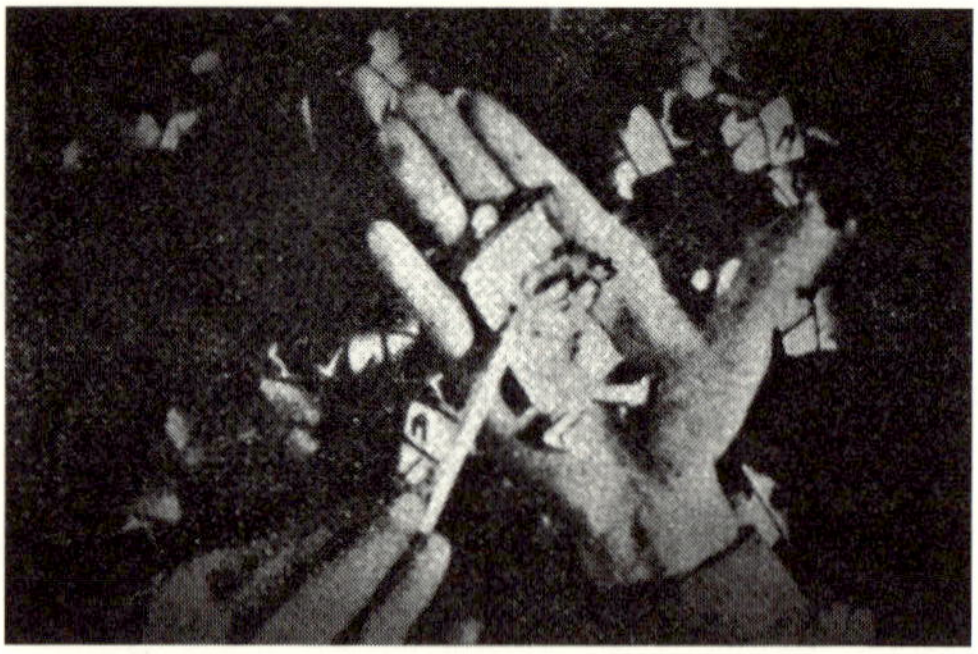
図7　日本テレビ『漫画ニュース』(1957-1959,『キネマ旬報』1959年2月下旬号)

単発で発表されたテレビアニメーションとしては、一九五八年に日本テレビで放映された鷲角博《わしずみ》の『もぐらのアバンチュール』[図8]があった。二〇一三年にフィルムが発見され、「国産初のテレビアニメ」などとニュースになった作品である。カラーによる七分ほどの切り絵アニメーションで、試験的に制作されたものだったようである。それまでも映画館で公開された短編の漫画映画がテレビで放映されることはあったが、テレビのためにアニメーションを制作するのは珍しいことであった。

一九五九年三月二五日、日本教育テレビ(NETテレビ、現テレビ朝日)の番組『半常識の目』の第三回でアニメーションが放映されている。『半常識の目』は、編成局にいた名取洋之助の企画で、安保条約締結などに反対する作家や評論家が集まった「若い日本の会」(浅利慶太、石原慎太郎、大江健三郎、羽仁進、武満徹ら)に一週間毎日三〇分を解放する番組であった。その第三回は「新しい笑い」がテーマで、ゲストに久里洋二、真鍋博、柳原良平の三人が呼ばれた。すでにアニメーションに関心をもっていた彼らは、番組内で新作の短編アニメーションを発表した。『半常識の目』の放映後、久里、真鍋、柳原の三人は、今後もアニメーションをつくり、発表していこうと話し合った。この企画が草月アートセンターの奈良義巳にもちこまれ、一九六〇年一二月に草月会館ホールで上映会をおこなうことが決定した。このとき結成されたのが、三人の会であった。『半常識の目』ではどのようなアニメーションが発表されたのか。いずれの作品も所在不明で作品を観ることはできないが、久里の回想によれば次のような作品であった。

> 真鍋君は美術出版社のＣＭを訂正して一本の作品を作った。たしか「動物園」という細い線だけの画で実にみごとな作品だった。柳原君はサラリーマンの通勤風景をおもしろく表現したが、それがのちに寿屋のＣＭに取り入れていた。私はその当時の世相を風刺した五コマで動くリミテッド・アニメーションでやった。[13]

図8　鷲角博『もぐらのアバンチュール』(1958)

真鍋が出品したのは自作のテレビコマーシャルを直したものであり、柳原の作品はその後テレビコマーシャルにアイデアが使われていて、いずれもテレビコマーシャルと接点をもっている。久里の作品はそうではないが、『半常識の目』でアニメーションを発表したことがきっかけとなり、ミツワ石鹸（当時は丸見屋）のテレビコマーシャルのアニメーションを担当し、一九六〇年に放映された。彼らはいずれも、同年末に最初の上映会〈三人のアニメーション〉を開催する以前からアニメーションによるテレビコマーシャルを手掛けていた。柳原は、「テレビ・コマーシャルの発達で発足した〈アニメーション３人の会〉[14]」という言い方をしている。三人の会が結成される前提には、テレビコマーシャルのアニメーションを手掛けた経験があった。柳原が制作したアンクルトリスのコマーシャルは、UPAのリミテッドアニメーションから影響を受けており、『半常識の目』で放映したのも同様の作品だと考えられる。真鍋が制作したテレビコマーシャルがどのようなものかわからないが、「細い線だけの画」であったとするなら、彼特有のグラフィカルな線画のアニメーションであったのだろう。また、久里が制作したミツワ石鹸のコマーシャルもリミテッドアニメーションであったと推測できる。彼は、テレビコマーシャルのアニメーションについて次のように論じている。

リミテッド・アニメーションは、アメリカのディズニー方式を破った新しい方法であるということは、わたしも知っていた。テレビの場合、ディズニーのようなフル・アニメーションでは、画面がうるさくて内容の目的を十分に発揮することができない。必要性のある部分だけ動画にして表現することが、テレビの場合、いちばん重要なことと言えるかもしれない。スクリーンの小さいテレビでこまかな神経は使う必要はないのである。▽15

そして久里は、「私は16ミリのボレック〔ス〕を買って、もっと質のよいCMというものを作ってみたかった」と書いている。柳原の場合がそうであったように、久里が念頭に置いているリミテッドアニメーションは、UPAのグラフィカルなスタイルであったと考えてよい。久里は、ディズニーのようなフルアニメーションはテレビ向きではなく、UPAのリミテッドアニメーションこそがテレビにふさわしいと考えていた。

三人の会は、最初の上映会をおこなう以前から、また上映会をおこなうようになったあとも、コマーシャルというかたちでテレビとの接点をもっていた。テレビコマーシャルは、スポンサーの依頼で制作する商業作品である。三人の会は、決して商業性を否定していたわけではないのであって、コマーシャルというかたちで商業的なアニメーションと結びついていた。一般に三人の会の作品は、商業作品に対する非商業的な自主制作として位置づけられる。そうした側面があるのも事実だが、商業性と非商業性という対立のみで捉えるのは一面的な見方だといわなければならない。

三人の会が〈三人のアニメーション〉などで発表した作品は、『半常識の目』で放映した作品の延長にある。柳原の『池田屋騒動』（一九六二）［図9］や『両人侍《ふたりざむらい》誉《ほまれ》皮切《のかわきり》』（一九六三）は、アンクルトリスと同様のリミテッドアニメーションである。真鍋の線画のスタイルは、『時間』（一九六四）［図10］のようなグラフィカルな作品につながっているだろう。久里は、『二匹のサンマ』（一九六〇）［図11］や『殺人狂時代』（一九六六）のようなリミテッドアニメーションで社会風刺の作品を制作した。三人の会にとってリミテッドアニメーションの

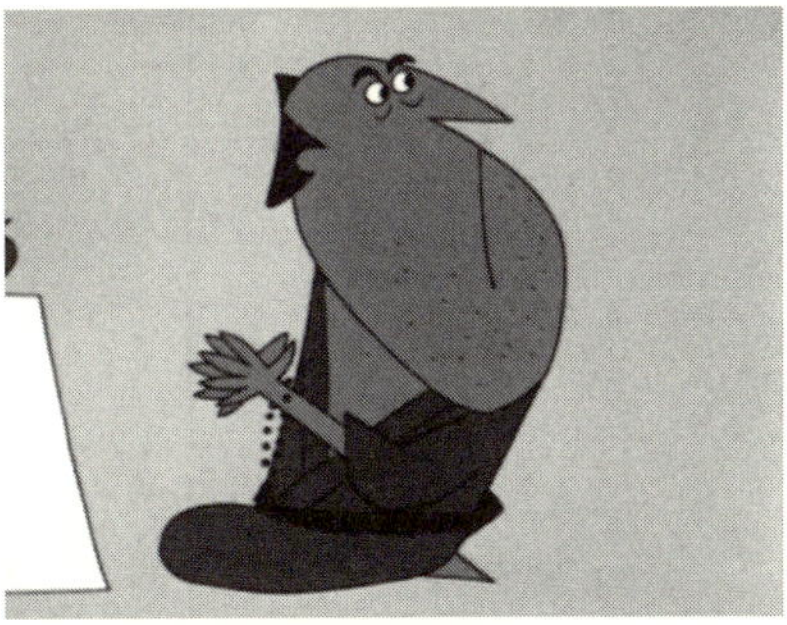
図9　柳原良平『池田屋騒動』(1962)

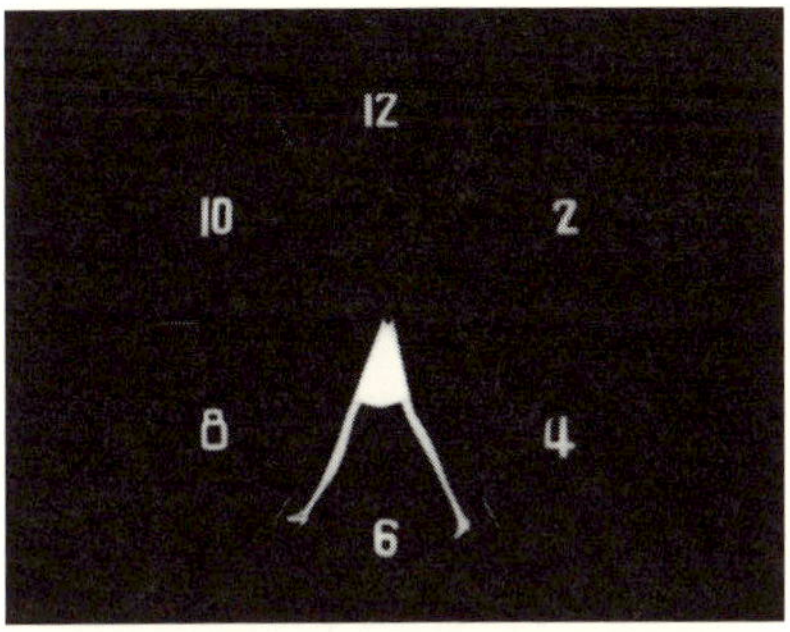

図10　真鍋博『時間』(1964)

図11　久里洋二『二匹のサンマ』(1960)

出発点はテレビコマーシャルにあり、そのスタイルが自主制作のアニメーションに受け継がれていた。

6　アニメーション三人の会と実験映画

三人の会が手掛けたのは、リミテッドアニメーションの作品だけではなかった。一方で彼らは、アニメーションにおける実験的な表現に挑戦していた。それは、三人の会の上映会がすべて草月アートセンターの企画で、草月会館ホールが会場であったこととも密接に関わっていた。当時、実験映画をもっとも熱心に上映したのが草月アートセンターであったからである。

草月会館が落成し、草月アートセンターが発足したのは一九五八年だが、活動が本格的にスタートするのは一九六〇年からである。代表の勅使河原宏が活動を始めるにあたって掲げたのは、「ジャンルの交流」や「芸術の総合」という理念であった。草月アートセンターにはさまざまなジャンルの芸術家が集まり、一九六〇年代における前衛芸術の拠点となった。勅使河原が映画作家であったこともあって、草月アートセンターの企画には映画がよく取り上げられたが、このとき実験映画は芸術の総合やジャンルの交流を実践する場となった。

日本では一九五〇年代半ば頃から、戦前から使われていた前衛映画に代わって実験映画という名称が使われるようになった。当時はノーマン・マクラレンの『線と色の即興詩』（一九五五）が実験映画（前衛映画）と見なされていたことからもわかるように、実験映画とアニメーションは近い関係にあった。実験的なアニメーションは同時に実験映画でもあったのであり、三人の会はそうした認識を共有していた。

早くから草月アートセンターと関わりがあったのは真鍋博である。真鍋は、一九六〇年の最初の上映会直前に次のように書いている。

ちょうど昨年の日宣展あたりをピークに、デザイナーたちが共同作業による没個性化のなかから、別の個性を発見しはじめたように、若い漫画家や画家、写真家、詩人、シナリオライター、ジャズミュージシャンなどが、印刷物や実験映画を通して（つまり、在来の領域を越えて）新しい仕事をはじめている。

〔……〕

一方実験映画にもいろいろ計画が進められている。久里洋二、柳原良平、それにぼくの「アニメーション3人の会」では、モダンジャズ3人の会の協力で十一月下旬、草月会館で開く発表会の準備にはいっている。▽16

「日宣展」とは、日本宣伝美術会（日宣美）が毎年開催したグラフィックデザインの展覧会である。真鍋のいう「印刷物や実験映画」の「印刷物」が発表されたのが日宣美の展覧会であり、「実験映画」が上映されたのが草月アートセンターであった。真鍋は、自分たちのつくるアニメーションを実験映画と呼んでいる。草月アートセンターでは、映画を専門としない作家が実験映画を手掛けたが、この点では三人の会も同様であった。当時、久里は漫画家、真鍋は画家、柳原はグラフィックデザイナーを名乗っていて、異なる分野の作家が集まったことが強調されていた。

草月アートセンターは、一九六〇年一月から〈エトセトラのジャズの会〉を始めている。これは、当時流行していたモダンジャズと他のジャンルのコラボレーションをおこなうシリーズで、芸術の総合やジャンルの交流を実践する最初の企画だった。一九五九年一二月におこなわれた発足準備会には真鍋も参加している。一九六〇年の〈エトセトラのジャズの会〉四月例会は「実験映画特集」で、マクラレンのアニメーション、和田誠や中原収一らがNHKのテスト放送用に制作したオムニバスのアニメーション『3つのはなし』（一九六〇）などが上映された。真鍋が草月アートセンターの企画に直接関わった最初は、一九六〇年の〈作曲家集団／三月の会 林光〉で発表された《ミュージカル・プロジェクション〈僕は神様〉》であろう。真鍋が担当したのは画面構成で、自作のイラストをスライドで上映した。

草月アートセンターには、モダンジャズの演奏を中心とした〈草月ミュージック・イン〉というシリーズもあった。一九六〇年五月の〈草月ミュージック・イン／5〉は「モダン・ジャズの多角的応用」がテーマであり、第一部の「映像とジャズの結合」では真鍋の『シネカリカチュア』が上映されている。この作品は、「一般のアニメーションのようにスムーズな動きではなく、スライドをたて続けに映写するような効果で、非常にテンポが早い」[17]という解説から、極端なリミテッドアニメーションであったことがわかる。

真鍋は、最初の上映会〈三人のアニメーション〉がおこなわれる以前から、草月アートセンターで実験的なアニメーションを上映していた。久里洋二もまた、最初の上映会以前に実験的なアニメーションを発表したが、作品発表の舞台はテレビであった。このことに関連して、久里は次のように書いている。

今の所僕はテレビの実験映画の研究を考えている。〔……〕アニメーションの行き方は無限と云える。今多くのテレビに漫画映画が出ているが、絵画によるアニメーションも新しい実験の場として考えられて来た。〔……〕日本の多くの若い芸術家は中古の16ミリや35ミリで色々の実験映画の制作を考えているが、何か日本的な新しい感覚のものが出て来ればテレビに旋風を起すポイントになるのではないかと思う。[18]

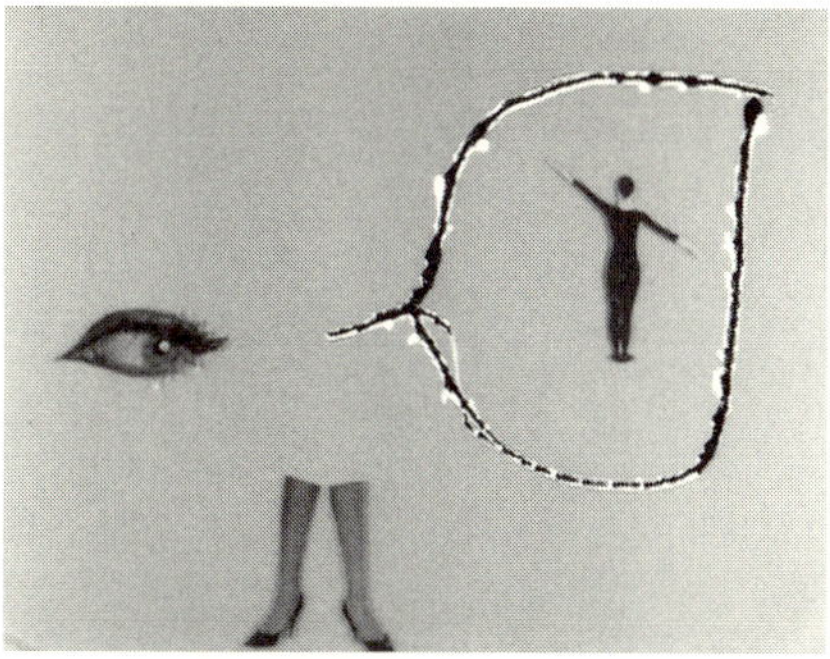

図12　久里洋二『FASHION』(1960)

「テレビの実験映画」とは奇妙な表現だが、久里はテレビで実験映画を放映することを考えており、実際にいくつかの作品が発表されていた。たとえば『FASHION』(一九六〇)〔図12〕は、日本テレビで放映するために制作された作品で、写真のコラージュにシネカリグラフで抽象的なかたちを描いた実験的なアニメーションである。現在から考えると、こうした作品がテレビで放映されたのは驚きだが、当時のテレビはアニメーションに関して試行錯誤の時代で、実験的な作品にも寛容であったのだろう。

一九六〇年の〈三人のアニメーション〉では、自主制作のアニメーションが発表された。しかし、プログラムには明記されていないが、柳原が手がけたアンクルトリスのコマーシャルや久里の『FASHION』も上映されている。三人の会にとって、テレビで放映されるアニメーションと自主制作のアニメーションにさほど違いはなかったといってよい。三人の会は、テレビコマーシャルと実験映画の交差するところに生まれた特異なグループであった。

7　グラフィック・アニメーション

三人の会のなかで実験的な表現にこだわっていたのは久里洋二と真鍋博であった。久里の『人間動物園』

（一九六二）〔図13〕は、女が男をいじめるだけの漫画アニメーションだが、物語的な展開はなにもなく、武満徹による《クラップ・ヴォーカリズム》にシンクロしただけの作品であった。こうした作品は海外でも珍しかったらしく、〈ヴェネツィア国際映画祭〉サンマルコ獅子賞をはじめ海外の映画祭で一一の賞を獲得している。また久里は、社会風刺的な作品をつくる一方でさまざまな素材や技法によるアニメーションを制作した。すでに『FASHION』でもコラージュアニメーションやシネカリグラフを試みていたが、他にも人物をピクシレーションで撮影した『椅子』（一九六四）、ペンジュラム（光の軌跡を長時間露光すること）の手法を導入した『軌跡』（一九六五）などの作品がある。

真鍋の実験性は、アニメーションのあり方そのものに向けられており、アニメーションを従来の枠組みから解放しようとした。『マリーンスノー』（一九六〇）は、舞台とアニメーションを組み合わせる試みで、切り絵のアニメーションが上映されるなかで今井直次の照明が投影され、観世栄夫らがパントマイムをおこなった。『シネ・ポエム作品№1』（一九六二）は、アニメーションを街にもちこむというコンセプトに基づいた作品で、写真家の東松照明に脚本と演出を依頼した。こうしたコラボレーションの試みには、草月アートセンターが掲げたジャンルの交流や芸術の総合といった理念が反映されている。

三人の会の上映会は、一九六四年に新たに参加者を募った〈アニメーション・フェスティバル〉に発展し、和田誠、横尾忠則、宇野亜喜良といった人気のイラストレーターが出品したことが話題となった。この年の出品作に特徴的であったのは、極端に動きの少ないリミテッドアニメーション、あるいはコマ撮りをまったく用いていない作品が多かったことである。

和田の『殺人 murder』（一九六四）〔図14〕は、推理小説や映画のパロディーで、イラストを部分的に動かした極端なリミテッドアニメーションだった。真鍋の『潜水艦カシオペア』（一九六四）〔図15〕は、戦争の嫌いな潜水艦が深海で魚になる童話を描いた作品だが、コマ撮りをいっさい用いることなく、それ以外の方法で絵が動いているように見せた作品だった。破った紙の下から次々と絵が現れる横尾の『KISS KISS KISS』、イラストをオーバーラップで見せた宇野の『la Fete Blanche（白い祭）』（いずれも一九六四）もまた、コマ撮りを用いない作品だった。こうした傾向は〈アニメーション・フェスティバル65〉にも受け継がれ、横尾の『堅々獄《かちかちやま》夫婦庭訓《めおとのすじみち》』は、ポップなイラストによる極端なリミテッドアニメーション、宇野の『お前とわたし』（いずれも一九六五）［図16］は絵を描いた身体を動かした作品であった。

〈アニメーション・フェスティバル〉のコマ撮りを回避する傾向を問題視したのが、アニメーション研究家の森卓也であった。森はこのフェスティバルに関する批評で、「気になることは、まず、アニメーションとは何か、という出発点の問題です」[▽19]と述べ、アニメーションの定義に関して「そのへんの判断というか、作り手

図13　久里洋二『人間動物園』（1962）

図14　和田誠『殺人 murder』（1964）

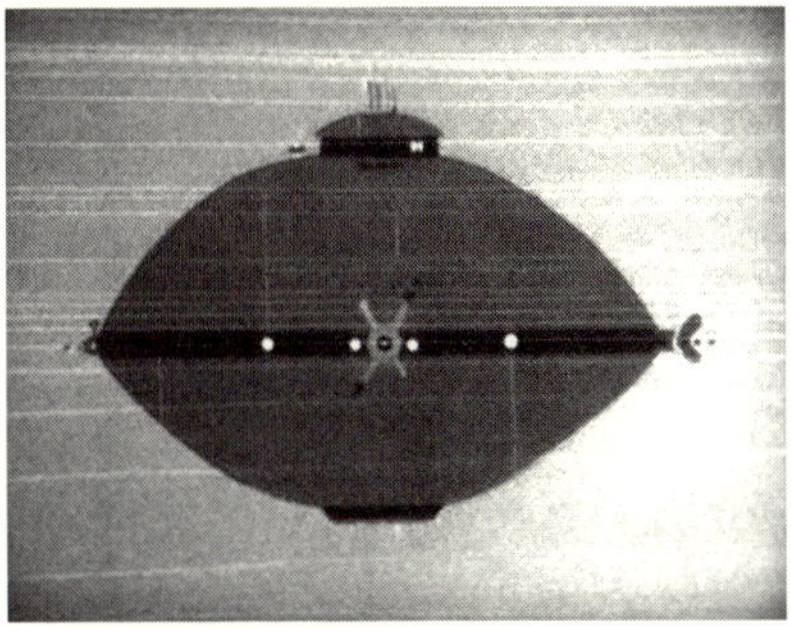

図15　真鍋博『潜水艦カシオペア』（1964）

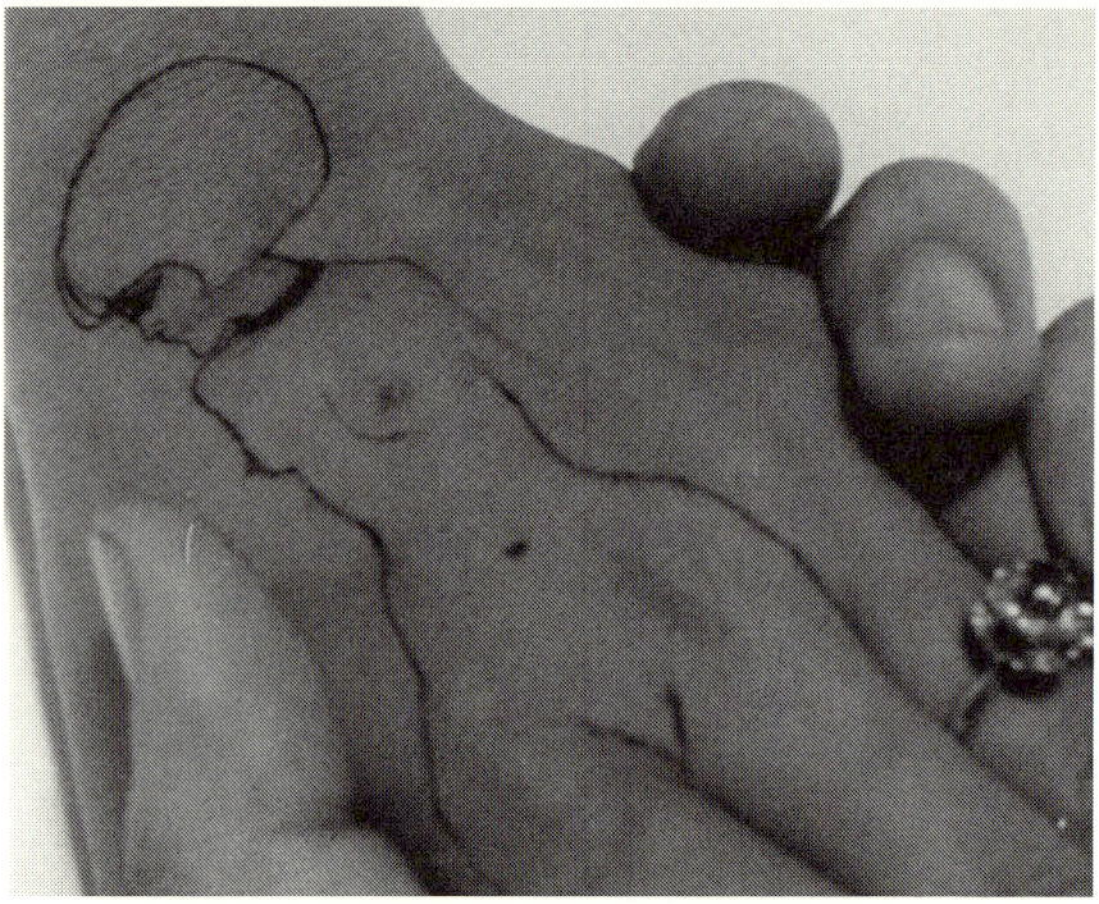

図16　宇野亜喜良『お前とわたし』(1965)

の信念がはっきりしない作品もあります」と疑問を投げかけている。

森が「グラフィック・アニメーション」を提唱したのも、〈アニメーション・フェスティバル〉がきっかけであった。この名称が最初に登場したのは、和田の『殺人 murder』が大藤信郎賞を受賞したときの批評である。そのなかで森は、一九六四年の〈アニメーション・フェスティバル〉の出品作に触れて、「デザイナーやイラストレーターがアニメを試みた場合、その素材である原画そのものへの執着から、スチル・アニメという動画というジャンルを「カートーン・アニメーション」と「アニメートしないアニメ」を選択することが多い」[20]と述べ、「グラフィック・アニメーション」に分類することを主張したのである。グラフィック・アニメーションとは、〈アニメーション・フェスティバル〉の「アニメートしないアニメ」を念頭に置いた名称であった。

森は、本来アニメーションはフルアニメーションであるべきだという立場を取っていた。すなわち、「1秒間24コマのフィルムを、コマ撮りによる映像で埋めてゆくのがアニメの基本であり、カメラ操作で動きを感じさせるなどの技法は、本質的には補助手段であるべきなのだ」[21]。カメラの操作で動きを感じさせる技法は、リミテッドアニメーションでよく用いられるものである。カートーン・アニメーションとグラフィック・アニメーションの区別は、フルアニメーションとリミテッドアニメーションの区別に対応していた。

グラフィック・アニメーションは、〈アニメーション・フェスティバル〉の出品作から発想されたものであったから、「漫画性とは無縁な、意欲的実験的な姿勢でストイックなアニメ美学を追求する作品群」[22]でもあった。カートーン・アニメーションとグラフィック・アニメーションの区別は、従来の漫画映画と実験的なアニメーションの区別でもあった。そのため森は、新しいスタイルの開拓を目指したUPAの作品をグラフィック・アニメーションに分類するが、実験性と無縁のハンナ・バーベラ・プロダクションのテレビアニメーションをそこには含めない。

フルアニメーションを理想とする森にとって、グラフィック・アニメーションに対する評価は両義的である。『殺人 murder』や『潜水艦カシオペア』のような作品はアイデアの斬新さを高く評価したが、一方でコマ撮りを回避する傾向に対しては警告を発していた。結局、森がこだわったのは「アニメーションとは何か、という出発点の問題」、つまりアニメーションの定義にあったといってよい。彼は、アニメーションの概念に忠実であろうとしたのであり、そこから逸脱することを避けようとしていた。

しかし、「アニメートしないアニメ」を制作した〈アニメーション・フェスティバル〉の作家は、アニメーションの定義に対して無自覚であったわけではない。むしろきわめて自覚的であって、彼らは従来のアニメーションの定義を十分にわかったうえで、その定義からの逸脱を意図的におこなっていた。

『潜水艦カシオペア』は、紙に描いたイラストをさまざま方法で動いているように見せた作品で、「アニメートしないアニメ」の典型的な作品である。真鍋が用いた手法は、絵のほうを動かす、照明による光を動かす、絵の前に水槽を置いて揺れているような効果を出す、静止画を短いショットで交差させるなどであった。興味深いのは、こうした方法で制作されているにもかかわらず、一見すると普通のアニメーションのように仕上がっていることである。おそらく映画の技術に明るくない観客は、この作品がコマ撮りを用いていないことに気がつかなったであろう。

『潜水艦カシオペア』にとって、コマ撮りは不可欠な条件ではなくなっている。しかしそうすると、そもそもアニメーションとはなにかが問われることになる。コマ撮りによる制作をアニメーションの本質と考えるならば、『潜水艦カシオペア』はアニメーションではない。しかし、絵が動いて見えるように演出されており、この点ではアニメーションであった。いいかえると、「いかにして作品がつくられているか」という基準に照らせばアニメーションではないが、「作品がどのように見えるか」という基準で眺めるならばアニメーションである。真鍋は、コマ撮り以外の方法で静止画をいかに動かすことができるかに挑戦したわけだが、それは同時にアニメーションの定義を検証する実験ともなっている。

同様のことは、コマ撮りを用いていない横尾の『KISS KISS KISS』や宇野の『お前とわたし』についても指摘できる。森によれば、イラストレーターが動かない作品を制作したのは、「素材である原画そのものへの執着」からである。確かにそうした側面もあっただろうが、横尾や宇野は単にイラストを描いただけの作品をつくってはいないのであって、紙を破る、絵を描いた身体を動かすという技法的な探求がある。彼らもまた、コマ撮り以外の方法でどのように絵を動かすことができるかという実験をおこなっていた。

『潜水艦カシオペア』のような「アニメートしないアニメ」の試みは、リミテッドアニメーションの延長にある。動きを簡略化するリミテッドアニメーションを押し進めていけば、最終的にまったく絵が動かない状態に行き着くからである。そもそもカメラワークや短いショットの連続で絵が動いているように見せるのは、リミテッドアニメーションでよく用いられる方法である。森は「カメラ操作で動きを感じさせるなどの技法は、本質的には補助手段であるべきなのだ」と書いていたが、『潜水艦カシオペア』はその「補助手段」だけで作品を制作したのだった。フルアニメーションを理想とする立場からすれば、そうした補助手段を多用するのは手抜きであり、粗雑な作品と見なされてしまうが、〈アニメーション・フェスティバル〉では同じ方法がアニメーションの実験的表現になっている。

先に触れた『漫画ニュース』は、実写と切り絵のアニメーションを組み合わせていた。もちろんこれは実験的な表現を目指したものではないが、手間を惜しんだために通常のアニメーションから遠ざかっている。アニメーションの省力化を押し進めていくことは、アニメーションであることからの逸脱を招いてしまうところがあった。三人の会やその周辺にいた作家は、むしろこの逸脱にアニメーションの実験性と可能性を求めている。

8　手塚治虫と虫プロダクション

三人の会とは違ったかたちでリミテッドアニメーションを試みたのが、手塚治虫が率いた虫プロである。手塚治虫プロダクション動画部が発足したのが一九六一年で、翌年にはこれが虫プロとなった。年少の頃から漫画映画にあこがれていた手塚にとって、念願のアニメーションのプロダクションである。まだ手塚治虫プロダクション動画部だった頃に就職したアニメーターに山本暎一がいた。山本によると、手塚は入社時の面談の際に次のように語っている。

「しかし、やはり、芸術的なアニメはつくるべきです。ぼくがアニメをやるのも、実験作品をつくるためでしてね。〔……〕

ただ、アニメはつくるのにお金がかかるし、実験作品はあまり売れないから、そればっかりでは制作活動が尻つぼみになっちゃいます。〔……〕ぼくは、実験作品をつくる一方で、大衆娯楽作品もつくります。こちらは商品ですから、お客さんの気にいるように、絶対におもしろくして、うんとヒットさせ、お金が儲かるようにします。そのお金で、実験作品をつくるんです▽23」

手塚は、アニメーションを始めたのは実験的な作品をつくるためであり、大衆的な作品をつくるのは実験的なアニメーションをつくるための資金稼ぎだといっている。同様の発言は晩年までたびたび繰り返されているので、彼の一貫した姿勢であったといってよい。このように手塚が実験的なアニメーションに関心を向けたのは、明らかに三人の会の影響であった。

先の引用で手塚は、「大衆娯楽作品もつくります」とも述べていた。このとき彼の念頭にあったのは、東映動画が制作するような長編の漫画映画である。手塚は、虫プロを発足する前に東映動画の仕事をしていた。手塚の漫画『ぼくの孫悟空』を原作とした藪下泰司の『西遊記』（一九六〇）が制作されるとき、みずから希望して東映動画の制作スタッフに参加したのである。自分でも漫画映画をつくる予定だった手塚は、勉強を兼ねてその仕事に携わったわけだが、大勢でひとつの作品をつくることの難しさを痛感したようである。手塚が〈三人のアニメーション〉を観たのは、『西遊記』の公開後であった。

手塚は、三人の会の作品を観た際の感想として、「ぜんぜん動かないなあと思ったんですね。それと、ずいぶんお金をかけていないアニメーションだなあということが第一印象だったわけ▽24」と述べている。また、同じ会場にいた田河水泡が「ああいうアニメだったらぼくにもつくれるな」と感想をもらしたことについて、「これは大変貴重な言葉なんですね」といっている。それまで個人がアニメーションをつくるという発想が一般的ではなかったからである。さらに手塚は、「それがひとつの芸術的表現の手段であるというね、そういうような印象をわれわれに与えたということでは画期的なことだと思うんですね」とも語っている。次にあげる手塚の発言は、虫プロをつくった理由を述べたものだが、ここには三人の会の作品を観た経験が反映されている。

　私自身はアニメーションというのは本来素人が機会されあればつくれるもんじゃないかという気がしてました。もっとアニメーションの枚数を減らして、人数も減らして、動きを簡単にしても、やはりアニメーションはできるんじゃないかというんで、徹底的にディズニーを忘れ去って簡単に作る方法を探ろうとして、そして虫プロダクションというものをつくったんです。[25]

手塚が「アニメーションというのは本来素人が機会されあればつくれるもんじゃないか」というとき、東映動画よりも三人の会のほうに自分の目指すべき方向を重ねている。文中にある「徹底的にディズニーを忘れ去って簡単に作る方法を探ろう」とは、フルアニメーションであるディズニーや東映動画の作品に対し、リミテッドアニメーションで制作することを指している。

手塚は、三人の会の作品を観て、「ああ、こういうスタイルのアニメーションもなかにはあるんだなと思って、それが虫プロの第一作につながっていったわけです[26]」と語っている。虫プロの第一作は実験アニメーションの『ある街角の物語』（一九六二）〔図17〕で、意識的にリミテッドアニメーションを試みた作品であった。手塚が担当したのは原案と絵コンテで、演出は山本暎一と坂本雄作が務めたが、手塚の思い入れで着手した作品であり、三五ミリによる六〇分の中編を自費で制作している。初公開は、一九六二年一一月五日と六日の両日、銀座の山葉ホールで開催された〈第1回虫プロダクション作品発表会〉のときで、これは自主上映であった。

図17　山本暎一, 坂本雄作『ある街角の物語』(1962)

手塚は『ある街角の物語』について、「全然動いていないアニメーションというものはどんなものかをつくってみようという実験をまずやったんです[27]」と説明している。この作品は、一見すればわかるように通常の手塚の漫画とは異なるデザイン的なスタイルが採用されていた。また、カメラワークや短いショットの連続で動きをつくっており、リミテッドの方法が積極的に導入されていた。しかも、ポスター、街灯、街路樹といった動かないキャラクターをわざわざ登場させ、動きが少ないことを強調している。実際にはぜんぜん動いていないわけではないのだが、手塚が動きの少なさを強く意識していたことは確かである。彼のいう「全然動いていないアニメーション」とは、リミテッドアニメーションをさらに押し進める実験であったといってよい。この実験は、〈アニメーション・フェスティバル〉における「アニメートしないアニメ」に通じるものがある。

ところで、〈第1回虫プロダクション作品発表会〉では、『ある街角の物語』とともに『鉄腕アトム』の第一話「アトム誕生」が上映されていた。『鉄腕アトム』の放映はまだ始まっていなかったが、完成したばかりの第一話を公開したのである。虫プロが『ある街角の物語』の次に着手したのが『鉄腕アトム』で、実験的なアニメーションと大衆的なアニメーションは並行して制作されていた。

『鉄腕アトム』は、毎週一回放映することが決まっていたので、当初から省力化が意図されていた。手塚はその出来具合について、「今見るとウワーッと顔しかめるぐらいのひどいものでございまして、よくもしかしあんな止まってる動かないアニメーションがあるなあと思うぐらい動いてない」[▽28]と語っている。確かに『鉄腕アトム』は、極端に動きの少ないアニメーションに仕上がっていたが、初めから第一話のような状態が想定されていたわけではなかった。つくっているうちにどうしても間に合わないことが明らかになり、徹底した省力化を余儀なくされたのである。

実験アニメーションの『ある街角の物語』と子供向けの大衆的な作品である『鉄腕アトム』は、制作の目的がまったく異なっており、手塚自身も両者を区別して考えていた。しかし、結果的に『鉄腕アトム』は、『ある街角の物語』と同様に「全然動かないアニメーション」になっている。『ある街角の物語』はアニメーションの実験として意図的にそうしており、『鉄腕アトム』は期日に間に合わせるためやむをえずそうなったところがあったが、リミテッドアニメーションを採用した点では同じである。手塚が虫プロの方針として掲げた「ディズニーを徹底して忘れ去」ること、いいかえるとフルアニメーションから離れることは両者に共通していた。

手塚は、『鉄腕アトム』のようなテレビアニメーションを制作するようになったあとも、三人の会の活動を積極的に評価していた。〈アニメーション・フェスティバル〉にも参加し、一九六四年に『めもりい』と『人魚』（いずれも一九六四）、翌年に『しずく』（一九六五）を出品した。また、さまざまな絵のスタイルに挑戦したオムニバス作品の『展覧会の絵』（一九六六）は、当初〈アニメーション・フェスティバル66〉で初公開する予定だった（完成しなかったため『ある街角の物語』に差し替えられた）。手塚は、実験的なアニメーションを自主制作するだけではなく、虫プロのアニメーターにもそうした作品をつくるように推奨していた。手塚にとって大衆的な作品と実験的な作品は両立すべきものであったのである。

9 『鉄腕アトム』のリミテッドアニメーション

『鉄腕アトム』を制作するうえでおこなわれた簡略化は次のようなものであった。通常一コマや二コマで撮影するところを三コマにする、動かなくてもよいところはできるだけ止め画にする、あるいはセル画自体を動かす（引きセル）、同じ動画を何カットも兼用する（バンクシステム）、ショットが長いとキャラクターを動かさなければならないためショットを短くする、などである。

こうした方法を用いたことについて山本暎一は、「こんな粗雑な仕事をするのは、それまで精巧緻密なフル・アニメーションの表現にアニメーター生命をかけてきた一同にとって、自分を否定するにひとしい屈辱的なことだったが、テレビアニメの実現のためには、耐えるしかなかった[29]」と書いている。つくっている当人ですらそのように思っていたのだから、フルアニメーションを理想としたアニメーターが『鉄腕アトム』に否定的なのは当然であった。当時東映動画にいた大塚康生は、「私たちも早速かたずを呑んで見ましたが、一人として技術的に評価する人はいませんでした。極論すると、「あれじゃ誰も見ない」と思うほどぎこちない動かし方でした[30]」と回想している。

一方、アニメーション研究家のおかだえみこは、『鉄腕アトム』の第一話を初めて観たとき、「動いた！　アトムが動いた！　ハムエッグが動いた！[31]」と感動したことを回想している。通常の手塚ファンは、漫画でしか知らなかった『鉄腕アトム』が動きだしたことのほうに喜びを感じている。一般の視聴者は、動きが少ないことをほとんど気にしていなかったのである。アニメーターという制作のプロと一般の視聴者のあいだには、明らかに認識のずれがあった。

実際に『鉄腕アトム』は、誰も観ないどころか爆発的にヒットし、続々とテレビ向けの漫画アニメーションが制作された。『鉄腕アトム』に批判的であった東映動画も、一九六三年末には元虫プロの月岡貞夫の作画と演出で『狼少年ケン』［図18］の放映を始めている。その後のテレビ漫画では、『鉄腕アトム』で用いられた省力化の方法が踏襲され、定着していく。これは『鉄腕アトム』がもたらした負の側面で、テレビに粗雑なアニメーションが氾濫するきっかけとなっている。手塚にしてみれば、苦肉の策で採用した省力化の方法が普及するとは思っていなかったであろう。

結果的に手塚は、アメリカでハンナ・バーベラ・プロダクションが果たした役割を日本において担っている。しかし、両者が実現したことは決して同じではない。テレビのアニメーションを制作するために徹底した省力化をおこなった点では共通するが、志向するところはまったく異なっていた。もともと手塚はハンナ＝バーベラとは別の方向を目指していた。ハンナ＝バーベラの作品は、一〇分程度のギャグ漫画でストーリーもきわめて単純である。それに対して『鉄腕アトム』は、三〇分の番組として制作されていてストーリーも複雑である。当時、そのようなテレビアニメーションは海外にも存在しておらず、虫プロはテレビ向けのリミテッドアニメーションを独自に開拓しなければならなかった。

図18　東映動画『狼少年ケン』(1963-1965)

東映動画のアニメーターが『鉄腕アトム』を評価しなかったのは、彼らが理想とするフルアニメーションとはかけ離れた作品であったからである。一方、手塚は『鉄腕アトム』について、「フル・アニメーション技法をいったん解体し、低予算、短時日でどの程度鑑賞に堪えるものができるかという模索であった[32]」と書いている。フルアニメーションのように動かすことは初めから放棄されているわけだから、単に動きが少ないというだけではこの作品を批判したことにはならない。注目すべきは、動かないことを前提にしたうえでなにがおこなわれているかである。

実際に手塚は、『鉄腕アトム』を制作するうえでさまざまな工夫を凝らしていた。その工夫として次の三つをあげることができる。第一に、漫画の手法の参照である。手塚自身、漫画の文法にきわめて自覚的な漫画家であった。『鉄腕アトム』には漫画の原作があるわけだが、漫画に特有の物語的修辞、誇張表現が積極的に取り入れられた。第二に、映画の演出法の活用である。手塚が熱心な映画ファンであったことは知られているが、極端なアングルなどの画面構成、パンやズームなどのカメラワーク、場面転換などのモンタージュによって画面をドラマチックに演出した。第三に、グラフィック的なスタイルの導入である。手塚はすでに『ある街角の物語』でデザイン的に様式化されたリミテッドアニメーションを試みており、それが『鉄腕アトム』にも反映されていた。手塚らは、動きをつくる余裕がなかったからこそ、制限されたなかで画面をつくるさまざまな方法を開拓せざるをえなかったのであり、それが結果的に独自なリミテッドアニメーションを確立させている。『鉄腕アトム』に表現としての新しさがあったとすればここであろう。東映動画から虫プロに移った杉井ギサブローは、『鉄腕アトム』について次のように語っている。

「一枚の絵で三秒間止めるとか、ぼく個人は、申し訳ないけど最初はバカにしていたんですよ。でも、実際に音が入った映像を見た時に、ぼくはもうその時にフルアニメーションを捨てたというか、こっちの新鮮味の方がいいなと思いましたね。東映動画ではリアリズムで動きを表現することをやって、自分もそういうものだと信じていたんですが、動きを『創る』ということの新鮮味に驚いたわけです。これからは、東映系のアニメじゃなくて、コミックを軸にした娯楽が、『アトム』を軸にして広がっていくだろうという予感が生まれました。ぼくなりの言い方をすれば、『アトム』は映像娯楽の新種です」▽33

完成した『鉄腕アトム』を観て杉井がフルアニメーションを捨てたのは、「動きを『創る』ということの新鮮味に驚いた」からであった。しかしなぜ、徹底した省力化をおこなった『鉄腕アトム』に「動きを『創る』ということの新鮮味」が生まれるのか。リアリズム志向のフルアニメーションでは、現実の動きに近づけることが要求される。現実の世界がモデルになっている以上、物理的な法則にも従わなければならず、アニメーターのつくる動きはリアルさを再現する技術の問題に制限されてしまう。しかし、リアリズムを目指していないリミテッドアニメーションは、現実と異なる動きを自分たちでつくることが可能であり、そこにアニメーターの自由度が生まれるわけである。

ところで、真鍋博は三人の会の目的として「新しい動きをさぐる」ことをあげていた。三人の会にとってリミテッドアニメーションは、「新しい動きをさぐる」ための方法でもあった。このことは、杉井のいう「動きを『創る』ということの新鮮味」と重なるところがあるのではないか。作品の目指している方向はまったく異なるが、少なくともリミテッドアニメーションにそれまでになかった「動き」の可能性を見いだした点では共通するところがあるだろう。

三人の会の作品と『鉄腕アトム』は対極的な関係にある。前者が実験的な自主制作の作品であるのに対し、後者が子供向けに制作された大衆的な商業作品であるからだ。両者は、制作の目的が根本的に異なっており、また作品の置かれている文脈が違うため、同列に語りうるものではない。しかし、三人の会が実験的なアニメーションを自主制作する一方、コマーシャルというかたちでテレビのアニメーションに関わっていたこと、また手塚が『鉄腕アトム』のようなテレビアニメーションを手掛けながら、実験的なアニメーションを自主制作したことを考えると、両者の立場はそれほど遠くないともいえるのだ。

実験アニメーションである三人の会の作品とテレビアニメーションの『鉄腕アトム』を並べてしまうと、両者の接点はほとんどなくなってしまう。しかし、アンクルトリスと『鉄腕アトム』、久里洋二の短編と『ある街角の物語』を並べてみるならば、両者の距離はずっと近くなる。前者はテレビで放映されたアニメーションという点で、後者は実験的なアニメーションという点で同じであるからだ。そして、これらすべてに共通するのはリミテッドアニメーションが活用されたことである。一九六〇年代初頭は、さまざまなかたちでリミテッドアニメーションが模索された時期であった。

10 漫画映画、アニメーション、テレビ漫画

一九六三年に公開された『わんぱく王子の大蛇退治』は、東映動画の最初の頂点と呼べる作品であった。東映動画は、フルアニメーションによるリアリズムを追求する傾向が強く、ライブアクションによる作画法を積極的に使った一九六一年の『安寿《あんじゅ》と厨子王丸《ずしおうまる》』(監督:藪下泰司、芹川有吾)はその典型である。『わんぱく王子の大蛇退治』でもフルアニメーションを追求しているが、それまでの長編と異なるのは、キャラクターに平面的でグラフィカルなスタイルを採用したことであった。

また『わんぱく王子の大蛇退治』は、作画監督のシステムを初めて導入したことでも知られている。作画監

督とは、複数のアニメーターが描く絵を統一する役割を担う人物のことである。作画監督のシステムは、その後の東映動画だけでなく商業アニメーション全体に普及した。東映動画は、この作品によって漫画映画の新しいスタイルに挑戦するとともに、制作のシステムを確立したのである。

『わんぱく王子の大蛇退治』が公開された一九六三年は、『鉄腕アトム』のテレビ放映が始まった年でもある。一方、三人の会が〈アニメーション・フェスティバル〉を開催したのは一九六四年であった。ちょうどこの頃に一九六〇年代の主要なアニメーションの動向が出揃った感がある。それぞれの動向が目指した方向は異なるが、まったく無関係というわけでもないだろう。『わんぱく王子の大蛇退治』がグラフィカルなスタイルを採用したのは、三人の会や虫プロの作品がなんらかのかたちで影響していたと考えられる。一方、三人の会が上映会の規模を拡大したのは、『鉄腕アトム』や『わんぱく王子の大蛇退治』のような漫画のアニメーションが台頭したことへの対抗でもあるだろう。

『鉄腕アトム』の爆発的なヒットによってテレビアニメーションが量産されると、東映動画に代表される従来の漫画映画と区別しようとする傾向が生まれている。当初、テレビで放映される漫画のアニメーションは、テレビ動画、テレビアニメ、テレビ漫画などと呼ばれていたが、しだいにテレビ漫画が定着していく。ただし、『鉄腕アトム』以前にもテレビ漫画という名称があって、一九五八年に始まった『漫画ニュース』をそのように呼ぶ論者もいた。[▽34] しかし、テレビ漫画という名称が普及するのは『鉄腕アトム』が放映されるようになってからである。

三人の会は、自分たちの作品をアニメーションと位置づけていた。東映動画の長編は漫画映画と呼ばれており、テレビアニメーションを指す名称としてテレビ漫画が登場した。そうすると一九六〇年代初頭には、大きく分けると漫画映画、アニメーション、テレビ漫画という三つの名称が混在していたことになる。漫画映画は戦前から存在する言葉であって、アニメーションとテレビ漫画は六〇年代になって広まった言葉である。アニメーションとテレビ漫画には、従来の漫画映画とは異なるというニュアンスが含まれており、結果的に両者は漫画映画を解体する側面をもっていただろう。

三人の会が示したのは、個人でもアニメーションを制作できること、コマ撮りによるさまざまな表現が可能であるということだった。一方、『鉄腕アトム』によってテレビアニメーションのスタイルが確立した。三人の会の実験的な自主制作アニメーションと、子供向けの大衆作品である『鉄腕アトム』は対極的な関係にある。しかし両者は、リミテッドアニメーションを導入することでフルアニメーションとは別の方向を示した点で共通する。三人の会の作品と『鉄腕アトム』が対極的な関係にあったがゆえに、フルアニメーションの漫画映画は二重の意味で解体されることになった。

三人の会は、漫画映画ではなくアニメーションであるという立場を打ちだした。漫画映画以外にもさまざまなアニメーションが存在するのであり、絵のアニメーションであっても漫画映画であるとは限らない。このときアニメーションという名称には、「単なる漫画ではない」というメッセージが含まれている。漫画映画はアニメーションの一部だが、漫画映画だけがアニメーションであるわけではない。要するに、アニメーションが示したのは「表現の多様性」であった。漫画映画は、このような多様な表現のスタイルを含むアニメーションのなかで差別化されていた。

『鉄腕アトム』に代表されるテレビ漫画は、テレビで放映される漫画のアニメーションであり、映画館で上映される漫画映画とは区別されている。テレビ漫画と漫画映画はいずれも漫画のアニメーションであるが、発表される媒体が異なっていた。このときテレビ漫画という名称には、「いわゆる映画ではない」というメッセージを読み取ることができる。漫画のアニメーションが発表される場として、映画以外にもテレビという新し

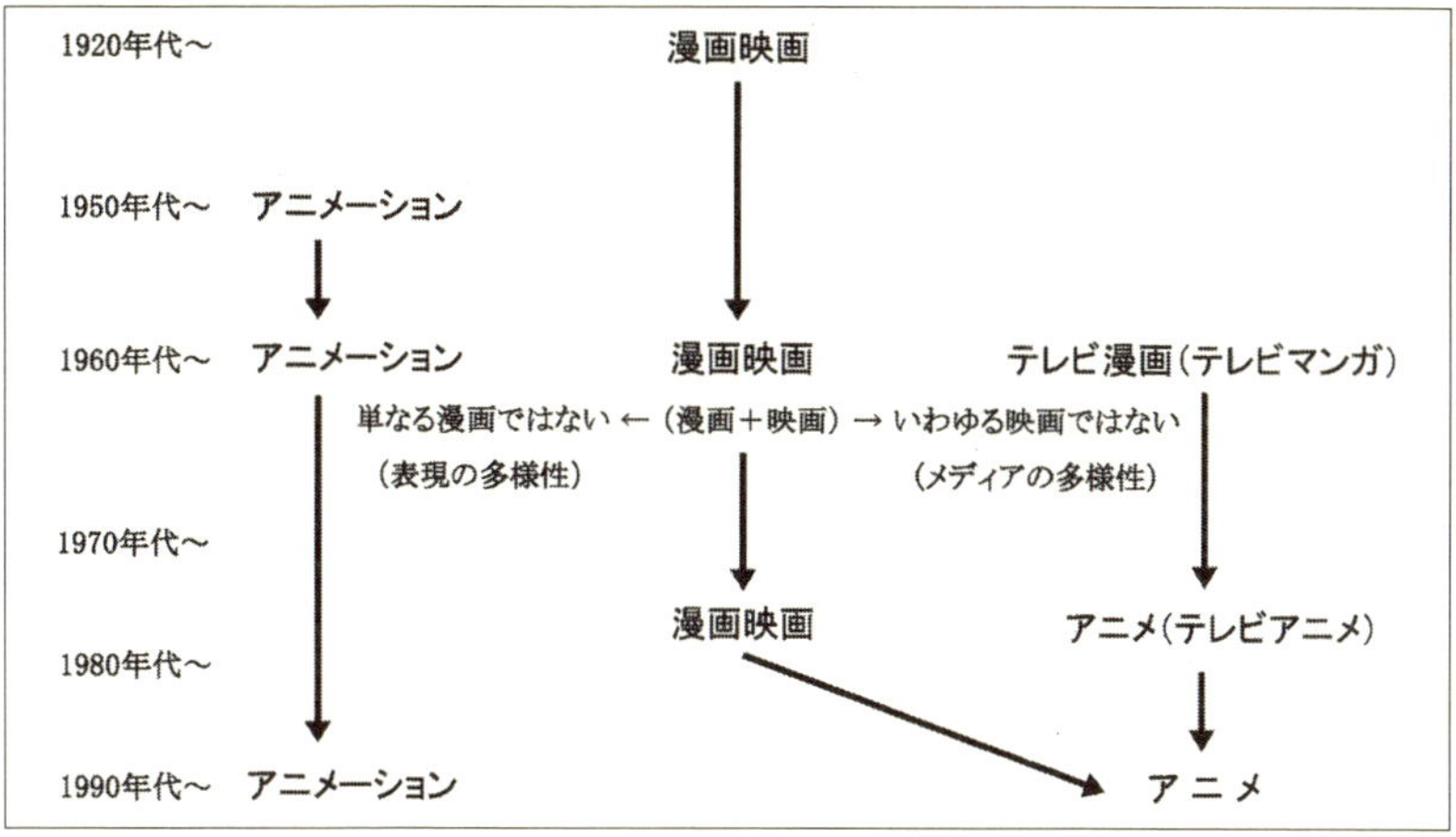

表1　「アニメーションをめぐる名称の推移」（筆者作成）

い映像メディアが登場したのである。要するに、テレビ漫画が示したのは「メディアの多様性」であった。

そもそも漫画映画は、「漫画」と「映画」を合わせた言葉である。アニメーションが示した「単なる漫画ではない」というメッセージは、漫画映画の「漫画」に対する「表現の多様性」を示すものだ。一方、テレビ漫画が示した「いわゆる映画ではない」というメッセージは、漫画映画の「映画」に対する「メディアの多様性」を示している。このとき漫画映画は、表現の多様性とメディアの多様性によって二重に脅かされているといえよう。

一九六〇年代におけるアニメーションの多様化は、漫画映画に対してアニメーションとテレビ漫画が新たに登場することによってもたらされた。このときすでに漫画映画の解体が始まっていたといえるのだ。アニメーションの多様化は、表現の多様性（単なる漫画ではない）とメディアの多様性（いわゆる映画ではない）の両面において進行した。いわば漫画映画は、「漫画」であることと「映画」であることの両方において否定されていたのである。この点で考えれば、その後漫画映画という名称が使われなくなるのは当然というべきであろう。

もちろん漫画映画、アニメーション、テレビ漫画は、それぞれに重なるところがあって相互依存的である。漫画映画とテレビ漫画はいずれも漫画のアニメーションであり、両者はアニメーションの一部である。しかし、漫画映画、アニメーション、テレビ漫画は、それぞれ重なるところがあったにもかかわず、お互いに区別されており、使い分けがおこなわれていた。この複雑な関係は、当時のアニメーションをめぐる状況が生みだしたもので、一九六〇年代に特有の現象である。しかし、重複しながら差別化するという構造は、その後のアニメーションにも受け継がれている。このことを図表化したのが表1の「アニメーションをめぐる名称の推移」である。

11　アニメーションとアニメ

現在、映画館でさかんに公開されている長編のアニメーションは、東映動画が開拓した漫画映画の地平にあるといってよい。今日では個人がアニメーションを制作するのはごく普通になっているが、これは三人の会が切り開いた分野であった。また、虫プロが開拓したリミテッドアニメーションの制作方法は、今日のテレビアニメーションの基礎になっている。結局、現在のアニメーションの主要な動向は、すでに一九六〇年代初頭に確立されていた。しかし、六〇年代の状況がそのまま現代へと続いているわけではなく、時代とともに変化している。

今日、アニメーションという言葉は普通に用いられるが、漫画映画とテレビ漫画は使われなくなっている。もちろんこれらに相当する作品がなくなったわけではなく、漫画によるアニメーションの制作はむしろますますさかんである。それでは、漫画映画やテレビ漫画といった名称がどうなってしまったのかといえば、これらは「アニメ」に移行したのだった。この場合にアニメは、主に日本で放映されるテレビアニメーションを指している。

しかし、もともとアニメはアニメーションの略にすぎず、両者のあいだに違いはなかった。一九六〇年代には、アニメという略称でテレビのアニメーションを指す用法はなかったのであり、たとえば手塚治虫にとってアニメはアニメーションのことである。一九八〇年代に手塚は、「テレビアニメーション」「劇場アニメーション」「実験アニメーション」という区分を設けたが、同時に「劇場アニメ」「テレビアニメ」「実験アニメ」ともいっていて、アニメーションとアニメを区別しない。テレビアニメーション（テレビアニメ）がアニメになるのは、それほど遠い昔の出来事ではなかった。

一九六〇年代のテレビ漫画は、一六ミリフィルムで制作されており、漫画映画として劇場公開されることがあった。東映動画は、一九六三年に長編の漫画映画『わんわん忠臣蔵』（監督：白川大作）と併映で、テレビ漫画の『狼少年ケン』を映画館で上映した。このテレビ漫画の公開が好評で、一九六四年に〈まんが大行進〉となり、一九六七年に〈東映まんがまつり〉となった。漫画映画もテレビ漫画も漫画のアニメーションなので、「まんが（漫画）」という言葉で括ることができたのである。今日のアニメに相当するものをあえて過去に求めるとするならば、この「まんが」がそれに当たるだろう。

『鉄腕アトム』以降、テレビ漫画が新たな局面を迎えたのは『宇宙戦艦ヤマト』が登場してからで、一九七〇年代後半のことだった。テレビでの放映は一九七四年から翌年にかけてだが、当初は視聴率が低く、予定回数を待たずに終了している。しかし、再放送がおこなわれると人気が高まり、一九七七年にテレビ版を再編集した劇場版『宇宙戦艦ヤマト』が大ヒットした。そして、一九七八年の『銀河鉄道999』（一九八一）、一九七九年の『機動戦士ガンダム』（一九八〇）などのヒットがあとに続いている。『鉄腕アトム』の時代を「第一次アニメブーム」とするならば、「第二次アニメブーム」が始まったのだった。

『宇宙戦艦ヤマト』を最初に特集したのは、サブカルチャー雑誌『月刊ＯＵＴ』一九七七年六月号（第二号）だが、その後に刊行されたアニメーションの専門誌、たとえば『別冊テレビランド』として一九七八年に刊行された『アニメージュ』などは、「アニメ」や「テレビアニメ」という言葉を積極的に使っていた。これらの雑誌が中心的に扱っているのはテレビのアニメーションであり、アニメとはテレビアニメのことである。おそらく雑誌メディアにおけるこのような言葉の使用が、のちにアニメという略称によってテレビのアニメーションを指すきっかけとなっている。一九七〇年代から八〇年代にかけては、漫画映画という名称も使われていた。しかし、しだいに漫画（まんが）という言葉が使われなくなり、たとえば〈東映まんがまつり〉が一九九〇年に〈東映アニメまつり〉（その後は〈東映アニメフェア〉）に変更されたように、アニメと呼ぶことが一般化している。

テレビ漫画が単にアニメと呼ばれるようになると、劇場公開される漫画のアニメーションもアニメと呼ばれるようになった。そもそも漫画映画とテレビ漫画の区別は、映画とテレビという映像メディアの違いに基づいていた。一方で当時のアニメブームは、テレビで放映されたアニメーションを再編集した映画が大ヒットしたことも大きな要因である。一般のファンにとっては、テレビ作品も劇場作品も漫画のアニメーションであることに変わりはなく、両者を区別する理由がなかった。映画とテレビの差異が意識されなくなれば、漫画映画やテレビ漫画の言葉としての意味も失われる。結局、テレビ漫画がアニメになるとともに、漫画映画がアニメに回収されてしまったのだった。

一九九〇年代前半には、テレビアニメの制作本数が減少していたが、新たなブームのきっかけとなったのは、一九九五年に放映が始まった庵野秀明の『新世紀エヴァンゲリオン』（―一九九六）で、その後社会現象になるほどのヒットを記録した。一九九五年はまた、押井守の長編『GHOST IN THE SHELL／攻殻機動隊』が劇場公開された年でもある。この作品は、翌年にアメリカで公開されて評判になった。

一九九〇年代後半に、欧米で日本のアニメーションが「Anime」と呼ばれて注目されている。Animeとは、テレビで放映される漫画のアニメーションを指す名称で、あくまで日本の作品に限定して使われた。これは、漫画のアニメーションを指してアニメと呼ぶ習慣がそのまま輸入されたものであろう。一方、海外におけるAnimeの人気が日本に伝わることによって、国内においてもアニメが漫画のアニメーションを指す名称として印象づけられることになった。

漫画映画という言葉は過去のものとなったが、漫画映画を継承したアニメーションがなくなったわけではない。一九八五年に設立されたスタジオジブリは、東映動画から独立した高畑勲と宮崎駿のプロダクションである。東映動画のフルアニメーションの精神は、スタジオジブリに継承されている。しかしこれは、テレビアニメが中心の今日において稀有なことだった。

二〇〇四年、東京都現代美術館で〈日本漫画映画の全貌〉展が開催されている。これは、あえて漫画映画であることにこだわった展覧会で、戦前の政岡憲三、戦後の東映動画、現代のスタジオジブリの系譜を日本の漫画映画の主流として捉えていた。監修を務めた大塚康生は、東映動画のアニメーター一期生であり、高畑や宮崎と組むことも多かった。この展覧会の主眼は、テレビアニメに波及しているリミテッドアニメーションに対し、漫画映画がもっていたフルアニメーションの伝統を強調することにあった。

しかし、こうした作り手側のこだわりが一般に普及しているとはいいがたい。多くの観客／視聴者にとっては、フルアニメーションとリミテッドアニメーションの区別など大きな問題ではないからである。それは、

『鉄腕アトム』が最初に放映されたとき、東映動画のアニメーターが動きが少ないことに否定的であったのに対し、一般のファンは単に動いていることを喜んだのと同様の違いである。

一方、アニメーションという言葉は今日でも広く使われている。アニメーションには、さまざまな素材やスタイルを含む総称としての意味がある。この総称としての用法は、一九五〇年代にアニメーションという言葉が登場し、六〇年代に普及した頃から基本的に変わっていない。そうすると今日では、大きく分けるとアニメーションとアニメの二つの言葉が存在していることになる。六〇年代には漫画映画、アニメーション、テレビ漫画という三つが混在していたが、現在ではアニメーションとアニメの二つに置き換わったのだった。

アニメは漫画のアニメーションを指す名称として用いられるようになったが、アニメだけがアニメーションではなく、他にもさまざまな種類のアニメーションが存在する。また、個人作家が制作した芸術志向のアニメーション（アートアニメーションなどと呼ばれるもの）は狭義のアニメには含まれない。アニメは、そうしたアート志向の作品から明らかに区別されていた。しかし一方で、アニメーションの略称としてアニメを用いることは普通におこなわれているし、逆にテレビアニメを指してアニメーションと呼ぶこともある。アニメーションとアニメは差別化されているが、重複してもいるのだった。

すでに一九六〇年代にも、漫画映画、アニメーション、テレビ漫画は、それぞれが重複しながら差別化されていた。今日におけるアニメーションとアニメの関係も同様である。三つの言葉が二つになったが、重複しながら差別化されるという構造そのものは変わっていない。結局のところアニメーションとアニメの使い分けは、アニメーションの多様化が始まった六〇年代前半に起源をもっている。

12　今日におけるアニメーションの多様化

一九六〇年代初頭におけるアニメーションの多様化は、表現の多様性とメディアの多様性という両面において進行した。このとき、表現の多様化とメディアの多様化を促したのがリミテッドアニメーションであった。

表現の多様性を示したのは、久里洋二、真鍋博、柳原良平が一九六〇年に結成した三人の会であった。三人の会にとってリミテッドアニメーションは、フルアニメーションに対する新しいスタイルであり、多くのスタッフと経費をかけてつくる大手のプロダクションに対抗する手段であった。リミテッドアニメーションがアニメーションの制作を個人に解放したのであり、ここから表現の多様性が広がっている。

メディアの多様性を示したのは、手塚治虫が一九六二年に設立した虫プロである。虫プロが『鉄腕アトム』で試みたリミテッドアニメーションは、フルアニメーションでは不可能だったテレビアニメーションを可能にしたのであり、従来の漫画映画とは異なるアニメーションのあり方を示した。リミテッドアニメーションによって、新しい映像メディアが開拓されたのである。

リミテッドアニメーションは、アニメーションのあり方を変容させる大きな要因となっている。リミテッドアニメーションがもたらした表現の多様化とメディアの多様化は、今日のアニメーションの状況にも大きく影を落としている。しかし現代は、アニメーションの多様化がさらに進行しており、新たな次元に突入している。

一九六〇年代には新たにテレビという映像メディアが登場しただけであったが、八〇年代に入るとＯＶＡ（オリジナル・ビデオ・アニメーション）が登場している。ＯＶＡとは、ビデオで発売されたオリジナルのアニメーションのことで、九〇年代には商業アニメの発表の場として大きな位置を占めた。ＯＶＡは「第三のメディア」[35]といわれたが、それは漫画のアニメーションが映画やテレビだけでなく、ビデオでも流通するようになったからだった。

さらに現代では、映像のデジタル化とインターネットの普及によって映像メディアの選択肢が増加している。今日アニメーションは、映画、テレビ、ビデオだけでなく、コンピュータのモニターやスマートフォンなどでも観ることができる。いつどこにいてもアニメーションに接することが可能であって、日常のあらゆるところにアニメーションが氾濫するようになった。また現代は、一九六〇年代と比べてより簡単にアニメーションをつくることができる時代となっている。パーソナルコンピュータがあれば誰でもアニメーションの制作に着手できるし、インターネットを使って自由に作品を発表することも可能である。個人がアニメーションを制作することは普通になっており、このことがアニメーションの多様化をいっそう進めている。

テレビにおけるリミテッドアニメーションの粗雑さはよく指摘されるが、個人が自由に参加できるインターネットの世界では、さらに単純な作品が乱造されている。YouTubeやニコニコ動画には、イラストを構成したような作品、あるいはその一部を少し動かしただけの作品が氾濫している。こうした作品もまた、アニメーションであるに違いない（あるいは、アニメーションではないと切り捨てるべきものだろうか）。しっかりと描きこまれたフルアニメーションがある一方で、アニメーションであることの敷居は限りなく下がっている。

今日では、さまざまな素材や技法による作品が存在するだけでなく、発表の仕方にもさまざまな形態がある。アニメーションの多様化が加速度的に進むと同時に、ジャンルが細分化している。漫画のアニメーションだけで考えても、実にさまざまなジャンルがある。あまりにも多くのジャンルがあるために、全体を把握することはきわめて困難である。あるいは、全体という考え方自体が成立しなくなっているのかもしれない。このように多様化と細分化が進むなかでは、自分の興味のある作品がその人にとってのアニメーションになるだろう。今後もまた、アニメーションの劇場公開作品、テレビ作品、個人作品の制作はさかんにおこなわれるであろう。一方で、アニメーションの多様化と細分化もますます広がっていくに違いない。細分化が加速され、その裾野が限りなく広がっていったとき、そのすべてをアニメーションという言葉で括ることができるのだろうか。一九六〇年代においてアニメーションの多様化は漫画映画を解体したが、今日においてはさらなる多様化によってアニメーション自体の解体が進行しているのかもしれない。いずれにしても、アニメーションの概念が改めて問われる時代になっていることは確かである。

▽1　手塚治虫「トーキー以後の漫画映画」登川直樹編『講座アニメーション2　世界の作家たち』美術出版社、一九八七年、一一九頁。
▽2　真鍋博「次回はオムニバス――『アニメ三人の会』のこと」『電通報』一九六三年四月二五日号、四面。
▽3　久里洋二「『アニメっていうのは開拓でなきゃ…』」『月刊イメージフォーラム』第二巻第九号、一九八一年七月号、一二頁。
▽4　森卓也『アニメーション入門』美術出版社、一九六六年、二八四頁。
▽5　飯沢匡「アニメーション芸術――三人の会をみる」『藝術新潮』第一二巻第一号、一九六一年一月号、一二四頁。
▽6　久里洋二『人間動物園』美術出版社、一九七九年、四二頁。
▽7　真鍋博「アニメーションの可能性――三人の会を通して考えること」『本の手帖』第四巻第一〇号、一九六四年一二月号、五八頁。
▽8　飯沢匡「日本の今日の動画界」『現代の眼――東京国立近代美術館ニュース』第六七号、一九六〇年六月号、四頁。
▽9　加藤秀一監修、全日本CM協議会編『CM25年史』講談社、一九七八年、一五六頁。

▽10　開高健「アニメーション映画寸感」『キネマ旬報』第二三二号、一九五九年五月上旬号、一二七頁。
▽11　並河亮編『テレビCM――制作者の経験と理論』読売テレビ放送、一九七八年、九四―九六頁。
▽12　中原佑介「テレビにおけるアニメイション」『キネマ旬報』第二二六号、一九五九年二月下旬号、一二〇頁。『漫画ニュース』の絵は、四人の漫画家（和田義三、富田英三、やなせたかし、吉田幸雄）が交代で担当していた。
▽13　久里洋二「新しいアニメーションとの戦い――その発展過程と今後の動向」『宣伝会議』第一〇三号、一九六二年一一月号、一二二頁。
▽14　柳原良平「自作解説」『アニメーション・フェスティバル』草月アートセンター、一九六四年、頁付なし。
▽15　久里「新しいアニメーションとの戦い」、一二三頁。
▽16　真鍋博「手をつなぐ芸術表現」『読売新聞』一九六〇年九月一三日夕刊、三面。「モダンジャズ三人の会」は、三保敬太郎、前田憲男、山屋清が一九五九年に結成したグループで、一九五三年に結成された「三人の会」（芥川也寸志、團伊玖磨、黛敏郎）にちなんでいた。アニメーション三人の会の名称は、三人の会、モダンジャズ三人の会を踏襲している。
▽17　「若い画家たちの実験映画」『藝術新潮』第一一巻第七号、一九六〇年七月号、一六三頁。
▽18　久里洋二「テレビにのった動画――外国もの全盛の現状で試みる」『日本読書新聞』一九六一年二月二〇日、八面。
▽19　森卓也「草月アニメ・フェスティバルをみて」『映画評論』第二二巻第一号、一九六五年一月号、四五頁。
▽20　森卓也「イラストレーターのアニメーション――和田誠の大藤賞受賞によせて」『映画評論』第二二巻第四号、一九六五年四月号、七〇頁。
▽21　森卓也「カートーンとグラフィック・アニメ」『アニメーション・フェスティバル65』草月アートセンター、一九六五年、四頁。
▽22　森『アニメーション入門』、一二三頁。
▽23　山本暎一『虫プロ興亡記――安仁明太の青春』新潮社、一九八九年、一九頁。
▽24　「手塚治虫ロングインタビュー「アニメを語る」」『フィルムは生きている／手塚治虫伝　漫画篇』パイオニアLDC、二〇〇三年。

▽25 手塚治虫「アニメーションと私」『手塚治虫劇場――手塚治虫のアニメーションフィルモグラフィー』手塚プロダクション、一九九一年、九頁。手塚は、フルアニメーションに強いあこがれを抱いていたが、フルアニメーションに意欲を燃やすのは、改めてアニメーションの制作を再開する一九七〇年代末頃からである。アニメーションの遺作となった『森の伝説』(一九八八)の第四楽章は、リミテッドアニメーションに批判的な内容だった。

▽26 「手塚治虫ロングインタビュー「アニメを語る」」。

▽27 手塚「アニメーションと私」、九頁。

▽28 同前。

▽29 山本『虫プロ興亡記』、一〇六頁。

▽30 大塚康生『作画汗まみれ［改訂最新版］』文藝春秋、二〇一三年、一四〇頁。

▽31 岡田英美子「ブームが来るまで、そして…――昭和20年代今日までアニメに出会った時と場所」アニメージュ編集部編『劇場アニメ70年史』徳間書店、一九八九年、一五二頁。

▽32 手塚「トーキー以後の漫画映画」、一二八頁。

▽33 津堅信之『アニメ作家としての手塚治虫――その軌跡と本質』NTT出版、二〇〇七年、一〇五頁。

▽34 たとえば『キネマ旬報』一九五八年三月下旬号に掲載された森和総の「テレビにおける漫画――漫画映画からテレビ漫画へ」では、『漫画ニュース』を「テレビ漫画」と呼んでいる。

▽35 御園まこと監修『図説テレビアニメ全書』原書房、一九九九年、三〇八頁。

第六章

アートアニメーションとはなんであったのか

――アニメーションの多様性をめぐる考察

1　アートアニメーションについて

日本では、一九八〇年代後半に「アートアニメーション」ないしはそれに類する言葉が使われたことがあったが、このときは普及することなく忘れ去られている。アートアニメーションという言葉が改めて登場するのは九〇年代半ば頃であり、同年代末頃からブームとなった。このブームは二〇〇五年頃がピークで、二〇〇〇年代末頃には終息している。現在、アートアニメーションという言葉を見かける機会は、かつてと比べると明らかに減少している。名称として定着した側面もないわけではないが、ブームといえるような状況はしばらく前に過ぎ去っており、今日ではあまり見かけない名称になりつつある。アートアニメーションは、ある時代に特有の名称であったといえよう。

アートアニメーションは、時代だけでなく地域的にも限定されていた。なぜなら、この名称はほとんど日本でしか流通していないからである。アートアニメーションという名称は、Art Animationという英語をカタカナに置き換えたのではなく、日本で独自に生まれた和製英語である。つまりアートアニメーションと呼ばれた外国の動向があって、それが日本に輸入されたというわけではなかった。アートアニメーションは、日本のアニメーションをめぐる特殊な状況、外国と異なる歴史的な文脈が生みだした言葉なのである。

アートアニメーションに関する文献については、寺川賢士が詳しく調査しており、『〈アート・アニメーション〉についてお応えします』と題した冊子にまとめている。本章の記述も寺川の調査を参照していることを断っておきたい。彼は、「現在、〈アート・アニメーション〉は死語です」[▽1]と書いているのだが、今日でも見かけることがあるので、死語とまではいい切れない。

本章を始めるに当たって、アートアニメーションとはどのような作品を指しているのかを確認しておきたい。以下にあげるのは、アニメーションを専門とする二人の研究者による説明である。ひとつは小出正志によるもので、二〇〇〇年に刊行された『現代デザイン事典』の「アート・アニメーション」という項目の一部である。『現代デザイン事典』に「アート・アニメーション」の項目が登場したのは、この年が最初であった。二〇〇〇年というと、ちょうどアートアニメーションがブームになった頃である。

映画やテレビのアニメーションのほとんどは職能集団の分業によって作られ、興行や放映によって収益をあげるビジネスという意味で商業アニメーションとも呼ばれる。アニメーションはコマ単位の手仕事の集積でもあり、個人の創作的意図を満たすための制作も可能である。アート・アニメーションはそのような芸術的意図をもったアニメーションを指すが、一方で集団制作作品に対して個人制作作品という意味も含む。▽2

『現代デザイン事典』は毎年刊行されていて、本章を書いている時点でもっとも新しい二〇一七年版にも「アート・アニメーション」の項目が存在する。内容は二〇〇〇年版とまったく同じである。

もうひとつは、津堅信之が二〇〇五年に刊行した『アニメーション学入門』の文章である。これは、アートアニメーションのブームがピークに達した頃に書かれている。

「アート・アニメーション」はいわば俗語で、明確な定義をすべき語ではないが、「主として非商業の立場で、キャラクターやストーリーよりも、映像の美的・造形的な価値を追求することで、作家の個性が強く現われたアニメーション」とでも言えばよいだろうか。結果的にアート・アニメーションは文字通り「アート」として手間をかけて制作されることが多く、一〇分前後の短編がほとんどである。▽3

要するにアートアニメーションとは、「芸術的意図をもったアニメーション」であり、「映像の美的・造形的な価値を追求すること」で、「個性が強く現われた」「個人制作」の作品である。それは、キャラクターやストーリーに重点を置いた「商業アニメーション」とは異なるものとして位置づけられる。つまり、テレビでよく見かける漫画のアニメーションに対し、芸術表現としてのアニメーションを区別するための名称であった。

一般にアートアニメーションは、「非商業」の作品に対して用いられたが、商業性とまったく接点がないわけでもない。小出は先の引用に続いて、「個人作家のビジネスシーンへの進出がアート・アニメーションという呼び方を一般化したともいえる」と書いていた。この問題については改めて取り上げるけれども、アートアニメーションには商業性へと向かう方向もあって、単純に非商業とはいえないところがある。

アートアニメーションは、「アート」と「アニメーション」を組み合わせた言葉であり、アート（芸術）を目指したアニメーションであることは明らかである。一方、この名称にはつねに曖昧さがついてまわっていた。いったいなにがアート（芸術）であるのか、またどのような作品がアートアニメーションなのかが明確ではないからである。しかし、ある時期にアートアニメーションがブームになったのは事実であって、この事実をなかったことにすることはできない。

アートアニメーションは、海外の文献には登場しない言葉であり、どこか信頼を置けないところがあって、この名称を意識的に使わない作家や評論家もいる。のちに触れるように、わたしも一九九〇年代にはアートアニメーションと無縁でなかったのだが、しばらく前からこの名称を使わなくなっている。

本章の目的は、アートアニメーションとはなんであったかを改めて考察することにある。しかし、アートアニメーションをひとつのスタイルとして捉え、その本質を定義しようとするものではない。わたしの関心は、アートアニメーションが歴史的にどのような文脈のうえに成立しているのか、またこの名称がどのような役割を果たしたのかを検証することにある。

忘れてならないのは、アートアニメーションが和製英語であり、日本のアニメーションをめぐる特殊な状況が生みだした言葉であったことである。アートアニメーションは、日本のアニメーションの歴史的な文脈と切り離して考えることができない。それは、商業的な漫画のアニメーションとの対比のうえに成立している点で、商業的なアニメーションとも無関係ではありえない。というよりも、日本の商業アニメーションの中心が漫画によるものであったからこそ、アートアニメーションという概念が生まれたともいえる。アートアニメーションについて検証することは、日本のアニメーション全体の問題を考えることにつながっている。

2　アニメーション三人の会

アートアニメーションとは、個人制作による芸術志向のアニメーションを指す名称である。しかし、そのような作品はかなり昔から連綿と制作されていて、それ自体が珍しいものではなかった。かつてはアートアニメーションと呼ばれていなかっただけの話である。

日本では、一九二〇年代からアマチュア映画作家がアニメーションを自主制作していた。また、戦前から活動した大藤信郎は、戦後に影絵アニメーションの『くじら』(一九五二)や『幽霊船』(一九五六)を自主制作し、海外の映画祭で高く評価されている。しかし、こうした作品をアートアニメーションと呼ぶことは基本的になかった。戦前のアマチュア作家のアニメーションは、戦後にまったく受け継がれていないし、大藤は孤立した存在で、その作風やスタンスを継承する作家がいなかったからだろう。

戦後における自主制作アニメーションの草分けは、久里洋二、真鍋博、柳原良平が一九六〇年に結成した「アニメーション三人の会」(以下三人の会)である。三人の会の功績は、自主制作アニメーションの存在を世に知らしめたことにあった。彼らは、大手のプロダクションが時間と費用をかけてアニメーションを制作したのに対し、低予算による個人制作の作品を発表した。

本章では、アートアニメーションを三人の会以降の自主制作アニメーションの系譜に位置づけてみたい。アートアニメーションという言葉は時代をさかのぼり、三人の会の作品に対しても使われることがあったからである。アートアニメーションが対象としたのは、一九六〇年代以降の作品といってよいだろう。

三人の会の上映会は、すべて草月アートセンターの企画として草月会館ホールで開催された。〈三人のアニメーション〉と題した上映会は、一九六〇年の第一回から一九六三年の第三回まで続き、翌年からは他の作家からも作品を募った〈アニメーション・フェスティバル〉がスタートした。このフェスティバルは一九六六年の第三回で終了するが、自主制作アニメーションの気運がここで途絶えたわけではなかった。一九六七年の〈第一回草月実験映画祭〉(草月会館ホール)は、久里が審査員として参加し、〈アニメーション・フェスティバル〉の一般公募を引き継いでおり、島村達雄の『幻影都市』(一九六七)[図1]のようにアニメーションの入選作がいくつもあった。この傾向は、翌年に改称しておこなわれた〈フィルム・アート・フェスティバル東京1968〉にも受け継がれている。

三人の会の系譜にある上映会の最後に当たるのは、〈アニメーション・フェスティバル東京'71〉（草月会館ホール）である。これは、久里を会長とする「日本アニメーション協会」（第一次）が一九七一年に設立されたのを記念して開催された大規模な上映会であった。しかし、この協会は久里と若手作家の対立が表面化して短期間で消滅し、フェスティバルもあとに続かなかった。なお、一九七八年に手塚治虫が会長になって設立された「日本アニメーション協会」（第二次）は別組織である。この二つの協会は、日本語の名称が同じでも英語名が異なっていて、前者が「Japanese Animation Film Association（ＪＡＦＡ）」、後者が「Japanese Animation Association（ＪＡＡ）」である。

図1　島村達雄『幻影都市』（1967）

三人の会は、アニメーションという言葉の普及に大きく貢献している。この会が登場したとき、漫画によるアニメーションは一般に漫画映画と呼ばれていて、アニメーションという言葉はまだ珍しかった。一九五〇年代にもアニメーションという言葉は使われていたが、専門的な言葉であり一般的ではなかった。三人の会がおこなった上映会は話題となり、新聞や雑誌、テレビなどに取り上げられて、アニメーションという言葉が広まるきっかけとなっている。

三人の会は、従来の漫画映画、たとえばディズニーや東映動画と異なる作品を意識的につくろうとしていた。三人の会の作品は、個人制作によって芸術的な表現を目指した点で、のちにアートアニメーションと呼ばれたものと基本的に同じである。もちろん当時はアートアニメーションなどという名称は存在しない。それでは三人の会のメンバーは、自分たちが制作する作品を従来の漫画映画に対してどのように呼んでいたのか。それは、アニメーションという言葉に他ならない。

グループ名「アニメーション三人の会」の「アニメーション」は、自分たちのつくっている作品が従来の漫画映画ではなく、アニメーションであるという表明でもあった。一九五〇年代には、ノーマン・マクラレンの『線と色の即興詩』（一九五五）が漫画映画ではなくアニメーションと呼ばれたように、アニメーションという言葉にはオルタナティブな作品というニュアンスが含まれていた。いわば、アニメーションがアートアニメーションだったのである。

一九六四年に真鍋博は、三人の会の活動を報告したエッセイで、自作のことを「実験アニメーション」[4]と呼んでいた。実験アニメーションという言葉は、三人の会の作品に対して使われたのが最初であったようである。この言葉が一般に浸透したとはいえないが、一部の作家が用いることがあった。また一九八〇年代になると、実験アニメーションという言葉が改めて使われるようになっている。

一九六四年は、多くの作家を巻きこんだ〈アニメーション・フェスティバル〉が始まった年で、とくに宇野亜喜良、横尾忠則、和田誠らのイラストレーターの作品が話題となっていた。森卓也が「グラフィック・アニメーション」という言葉を提唱したのも、このフェスティバルがきっかけであった。[5]これは、「カートーン・アニメーション」と対になった言葉で、フルアニメーションの漫画映画に対し、グラフィカルで実験的な個人制作の作品を指していた。グラフィック・アニメーションは、〈アニメーション・フェスティバル〉の傾向をうまく言い当てていたが、森以外の評論家がこの言葉を使うことはなく、ほとんど普及していない。

一九六三年には、虫プロによるテレビアニメーション『鉄腕アトム』の放映が始まり、東映動画も長編の『わんぱく王子の大蛇退治』を劇場公開し、商業的な漫画のアニメーションが注目されていた。当時は、しだいにアニメーションという言葉が浸透し、商業的な漫画映画もアニメーションと呼ばれることがあった。おそらくこうした漫画による商業アニメーションと区別するため、「実験アニメーション」や「グラフィック・アニメーション」という言葉が生まれたのではないか。

一九九〇年代後半にアートアニメーションがブームになったとき、三人の会がアートアニメーションの先駆者として位置づけられている。最初に誰がいいだしたのかはわからないが、たとえば二〇〇三年三月に開催された〈イントゥアアニメーション3〉のプログラム解説に、「「アニメーション3人の会」は、その後の日本のインディペンデント系アニメーションに様々な影響を与えました。これを源流にして日本のアートアニメーションの流れが始まったといえるでしょう」[6]とある。

アートアニメーションという言葉は、〈アニメーション・フェスティバル〉に出品した他の作家にも適用されている。たとえば、二〇〇二年発売のＤＶＤ『TANAAMISM! 2：田名網敬一・映像快楽主義 1971-2002』のパッケージ解説に「映像の魔術師＝田名網敬一のアート・アニメーション傑作選！」、翌年発売のＤＶＤ『横尾忠則アニメーション集64―65』のパッケージ解説に「横尾忠則の幻のアート・アニメーション」とある。アートアニメーションという言葉は、一九六〇年代以降の自主制作アニメーションを改めて位置づける役割を果たした。

3　一九七〇年代の自主制作アニメーション

一九六〇年代は三人の会の登場によって自主制作アニメーションが注目されたが、一九七一年に発足した

「日本アニメーション協会」（第一次）が短期間で消滅すると、自主制作アニメーションを発表する場が失われてしまった。しかし、一部の作家たちは七〇年代も継続的にアニメーションの自主制作を続けている。

一九七〇年代の自主制作アニメーションに発表の機会を与えたのは、実験映画のシネマテークであった。六〇年代から活動している古川タク、田名網敬一、相原信洋らは、「日本アンダーグラウンド・センター」や「アンダーグラウンド・センター」（のちの「イメージフォーラム」）が主催するシネマテークやフェスティバルを主な作品発表の場としていた。当時、作家性の強い自主制作アニメーションは実験映画の一部でもあった。

古川、田名網、相原は、いずれも一九七〇年代半ば頃に独自のスタイルを確立する重要な作品を発表している。古川が映画前史のフェナキストスコープをモチーフにした『驚き盤』［図2］を発表したのは一九七五年で、その後マルチプレーンカメラを応用した『コーヒー・ブレイク』（一九七七）などを制作した。田名網の『やさしい金曜日』（一九七五）［図3］は、日常的な朝の風景にサイケデリックなイメージが侵入する作品だが、このイメージはその後の彼の作品にたびたび登場する。一方、田名網は技法的な実験も試みており、印刷の網点をコマ撮りで検証した『WHY』（一九七五）などを制作した。

一九七〇年代初頭に相原は、米軍基地の兵士相手の娼婦を描いた『やまかがし』（一九七二）のような幼少期の記憶に基づいた作品を制作していた。しかし、『妄動』（一九七五）あたりから抽象化に向かい、『カルマ』（一九七六）［図4］で独自な抽象アニメーションのスタイルに到達した。一方、野外でコマ撮りをおこなうようになり、石や家屋に直接アニメーションを施した『STONE』（一九七五）などを制作している。

特異な自主上映活動であったのは、岡本忠成と川本喜八郎による〈川本＋岡本パペットアニメーショウ〉である。すでに岡本は、電通で制作した人形アニメーション『ふしぎなくすり』（一九六五）で大藤信郎賞を受賞していた。その後はエコー社を設立し、クラフトペーパーの人形を使った『ホーム・マイホーム』（一九七〇）、子供の絵のような稚拙さを演出したセル画アニメーション『チコタン　ぼくのおよめさん』（一九七一）、和紙の質感を生かした切り絵アニメーション『モチモチの木』（一九七二）〔図5〕など、一作ごとに異なる作風に取り組んでいた。川本は、一九五〇年代から人形作家として活動していたが、一九六三年にチェコに渡ってイジー・トルンカに師事し、処女作の『花折り』（一九七二）を制作した。

〈川本＋岡本パペットアニメーショウ〉は一九七二年にスタートし、一九八〇年の第六回まで開催している。アニメーションの上映だけでなく、人形劇の公演を組み合わせたところに特徴があった。「パペットアニメーション」＋「パペットショウ」で、「パペットアニメーショウ」なのだった。川本の初期を代表する人形アニ

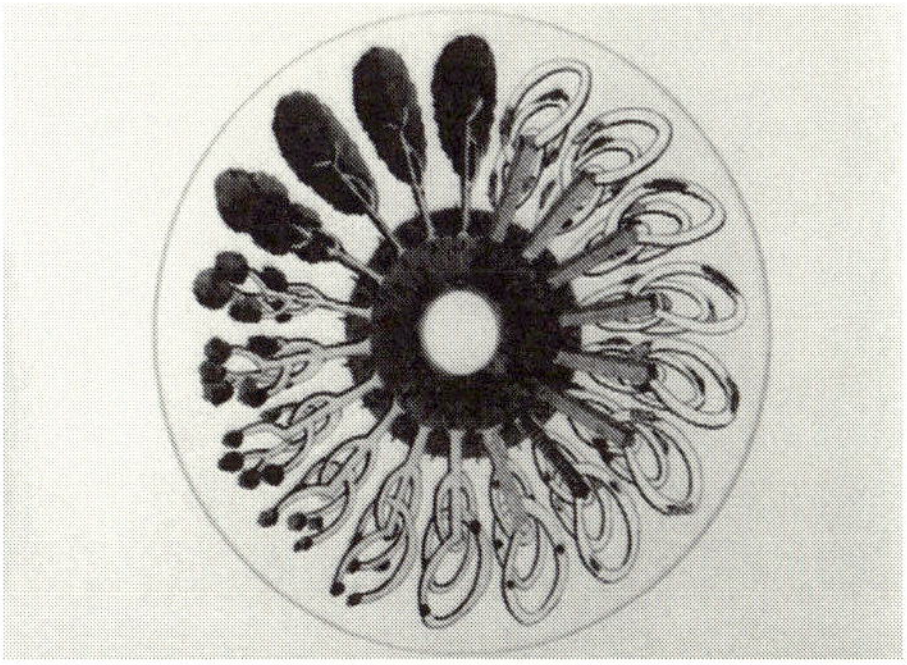
図2　古川タク『驚き盤』（1975）

図3　田名網敬一『やさしい金曜日』（1975）

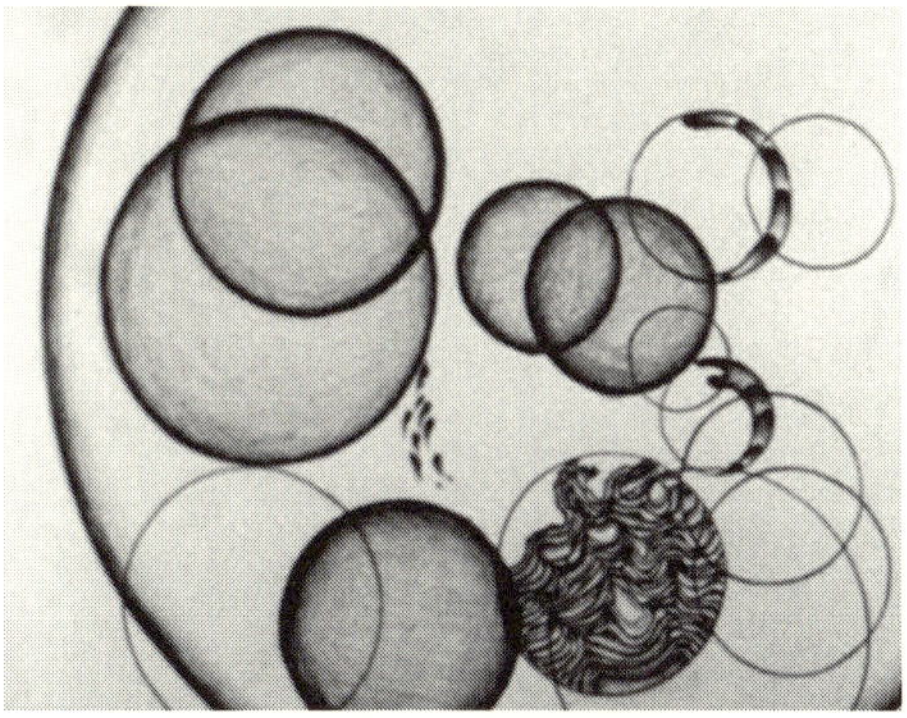
図4　相原信洋『カルマ』（1976）

図5　岡本忠成『モチモチの木』（1972）

図6　川本喜八郎『道成寺』（1976）

メーション『鬼』（一九七二）や『道成寺』（一九七六）〔図6〕は、ここで発表されている。

一九七〇年代半ば頃には、自主制作アニメーションを取り上げる二つのフェスティバルが始まった。ひとつは、一九七五年にスタートした〈プライベート・アニメーション・フェスティバル（ＰＡＦ）〉で、もちこまれた作品をすべて上映するアンデパンダン形式の上映会である。

ＰＡＦの成立には、各地に存在したアニメーション・サークルが深く関わっていた。主なサークルに、東海地方の「ＴＡＣ（東海アニメーション・サークル）」（一九六六年発足）、大阪の「ＡＦＧ（アニメ・フィルム・グループ）」（前身はＫＡＣ（関西アニメーション・サークル）、一九六七年発足）、東京の「アニドウ（アニメ同好会）」（一九六七年発足）、静岡の「しあにむ」（一九六八年発足）、神戸の「ＨＡＧ（阪神アニメーション・グループ）」（一九七六年発足）などがあった。アニメーション・サークルの主な活動は、アニメーションの鑑賞と研究にあったが、ＴＡＣの神田吉男と加藤高範が『太陽と小さな親切』（一九六八）や『グロテスク』（一九六九）を制作するなど、早くからアニメーションを自主制作するメンバーがいた。また、もともとアニドウは現役のアニメーターが集まったグループで、制作部が存在した。その後、アニメーションを自主制作するメンバーが増えたことが、ＰＡＦの開催につながったようだ。

第一回のＰＡＦには、相原が『妄動』、元虫プロのアニメーター田村稔が八ミリによるアニメーションを出品するなど、多彩な作品が集まった。しかしＰＡＦは、アンデパンダンであったため出来不出来の差が大きい。アニメブームが始まった一九七〇年代末以降は、人気のテレビアニメを模倣した作品が大挙して応募されるようになった。

もうひとつは、情報誌『ぴあ』が主催した〈アニメーション・サマー・フェスティバル（アニサマ）〉である。一九七〇年代は自主制作映画がブームで、一九七五年から『ぴあ』は、劇映画や記録映画を集めた自主上映会〈ぴあシネマブティック〉を開催していた。一九七六年にこの枠でアニメーションを特集した〈アニメーション'76 サマー・フェスティバル〉をおこない、これが好評だったためアニサマが毎年開催されるようになった。第一回のアニサマでは、三人の会やその周辺にいる作家、ＰＡＦの出品作などの自主制作アニメーションが集められた。回を重ねるごとに規模が大きくなり、日本の作品ばかりでなく外国の作品も扱うようになった。一九八一年の第四回はコンピュータグラフィックスの特集、一九八六年の第一〇回はカナダの特集でイシュ・パテルをゲストに招いている。

「日本アニメーション協会」（第二次）が発足したのは一九七八年のことである。会長が手塚治虫、副会長が岡本と古川で、常任理事に川本、鈴木伸一、中島興《こう》、林静一らがいた。商業的な仕事に携わる作家だけでなく、自主制作アニメーションの作家が多数会員になっていた。手塚、古川、中島、林、岡本、川本らのように、かつての〈アニメーション・ファスティバル〉の出品者が多く、この点では三人の会の流れを受け継いでいた。この協会は、発足した当初からアニメーションのワークショップをおこなっていて、実験的な技法も積極的に取り上げていた。[▽7] アニメーションを教える場がほとんどなかった当時、貴重な機会を提供している。

4　一九八〇年代の自主制作アニメーション

一九七〇年代末頃から、新しい世代の自主制作アニメーションの作家が登場している。六〇年代の自主制作アニメーションの作り手は、グラフィックデザイナー、イラストレーター、漫画家などで、アニメーションに関して素人であったとしてもクリエーターとしてはプロだった。しかし、八〇年代の自主制作アニメーションは、クリエーターとしても素人の大学生が中心となる。

一九八〇年代の自主制作アニメーションは、六〇年代、七〇年代から活動を続けている作家からなんらかのかたちで影響を受けていた。たとえば、日本アニメーション協会がおこなったワークショップの受講生から「グループえびせん」などが誕生している。グループえびせんは一九七九年の結成で、メンバーに石田卓也、片渕須直、片山雅博、はらひろしらがおり、とくにはらの『セメダイン・ボンドG17号』（一九七九）の人気が高かった。このグループは、キャラクター性の強い作品を制作したが、商業アニメーションの単なる模倣ではない楽しさを実現しており、八〇年代の自主制作アニメーションを代表している。

しかし、一九八〇年代の自主制作アニメーションの大きな特徴のひとつは、実験的な作品がさかんに制作されたことにある。当時、自主制作アニメーションは「プライベート・アニメーション」とか「個人アニメーション」と呼ばれたが、「実験アニメーション」という言葉も改めて使われるようになっていた。

一九八〇年刊行の『新映画事典』には、実験アニメーションではないが「実験的アニメーション」という項目があり、実験映画作家の松本俊夫が執筆していた。松本は、「実験的アニメーションとは、アニメーションの標準的な概念をはみだしたアニメーションを指す。それは技法的あるいはイメージ的に、少なくともその時代の常識を破った実験が試みられているもののことだ」▽8と説明している。さらに、「むろん実験的アニメーションと実験映画の間には境界はない。それは実験映画の世界に足を踏み入れたアニメーションであり、アニメーションの世界に侵入をくわだてた実験映画でもある」▽9と書いており、実験アニメーションとコマ撮りによる実験映画を区別しない。彼の文章は、日本の作品に関して七〇年代の実験映画を念頭に置いていたが、むしろ八〇年代の状況をいいあてている。

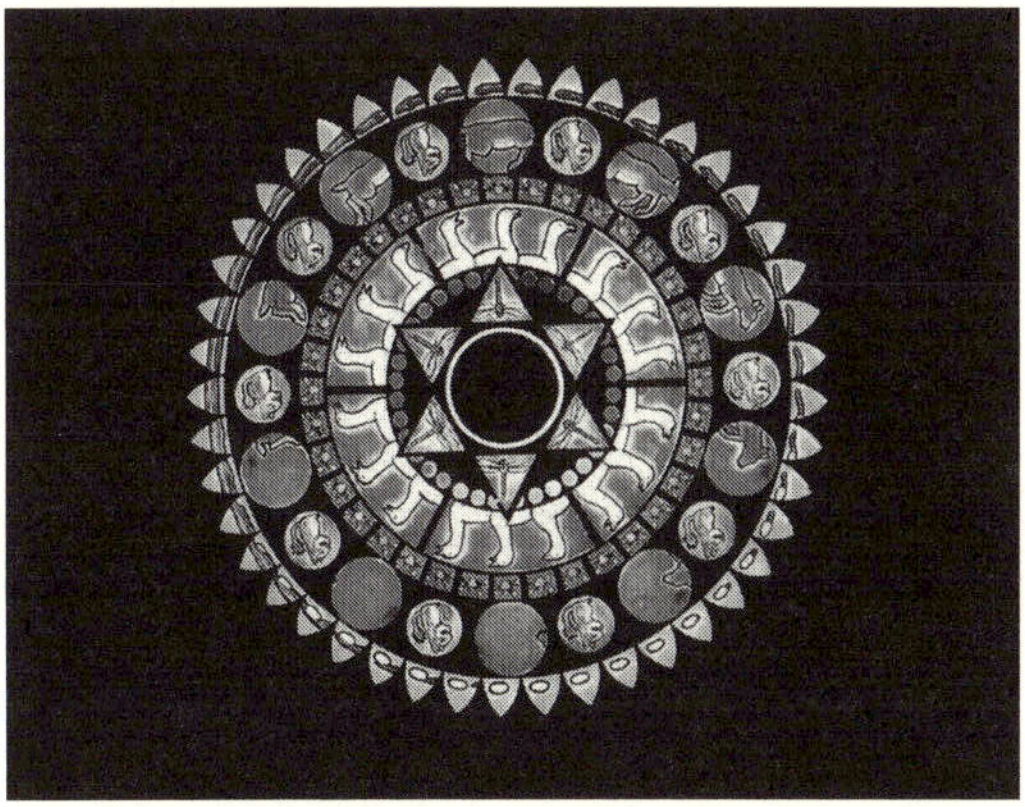
図7　IKIF『阿耳曼陀羅（二）』（1986）

一九八〇年代の実験的なアニメーションに多大な影響をおよぼしたのが相原信洋であった。相原は、ワークショップや自主上映に熱心で、これらの活動から若い世代によるアニメーションのグループが生まれている。一九七九年に発足した「アニメーション80」は、東京造形大学でおこなわれた相原の上映会に集まった学生たち、東京造形大学アニメーション研究会、武蔵野美術大学の「謎の幻燈団」のメンバーなどが結成したグループである。初期のメンバーに、ＩＫＩＦ（木船徳光・石田園子）〔図7〕、浅野優子、飯面雅子、石田純章《すみあき》、小出正志、田辺幸夫、昼間行雄、峰岸恵一らがいた。その後、黒坂圭太、保田《ぼうだ》克史らが参加したが、主要メンバーの大半は九〇年代に入る前に脱会している。

一九八〇年に結成された「地球クラブ」は、相原本人が主宰したグループであった。社会人が対象で、制作を継続するためにアパー

図8　伊藤高志『SPACY』(1981)

トの一室を借りて作業場にしていた。関口和博、横須賀令子、守田法子、相内啓司らが参加しており、絵のアニメーションを制作した点に特徴があった。なお、一九七八年に結成された「アニメ塾」は、大阪でおこなわれた講座「相原信洋実践アニメ塾'78」の受講生によるグループだが、メンバーの小谷佳津志と山元るりこが地球クラブに移籍している。アニメーション80と地球クラブには、多様な技法や個性的なスタイルの作品を制作する作家が多く、アニメーションというより実験映画と呼んだほうがふさわしい作品も少なくなかった。アニメーション80の上映会のアンケートには、「これは何でアニメーションて名前が付いているんですか」[10]と書いてくる観客がよくいたという。

一方、実験映画の分野でもコマ撮りで制作された作品が注目されていた。この傾向を代表していたのが九州芸術工科大学の学生たちで、代表的な作品として伊藤高志の『SPACY』(一九八一)[図8]をあげることができる。『SPACY』は、伊藤がまだ学生だった頃の作品だが、発表するとたちまち評判になった。

体育館の内部の連続写真をコマ撮りで撮影し、ジェットコースターのような幻惑的な視覚効果をつくりだした作品である。アニメーションを目指して制作された作品ではないが、技法的にはアニメーションであった。『SPACY』のような作品は決して突然に現れたわけではなく、一九七〇年代の実験映画のスタイルを継承、発展させたものである。すでに七〇年代初頭から、構造映画の流れを汲んだ技巧的な実験映画が台頭しており、連続写真をコマ撮りした作品が制作されていた。たとえば、居田《こた》伊佐雄の『オランダ人の写真』(一九七四)や松本俊夫の『アートマン』(一九七五)などである。松本が九州芸術工科大学に赴任したことで、実験映画を制作する学生が増加したのであった。

伊藤の作品は、アニメーション80や地球クラブの作家にも刺激を与えている。一九八〇年代は、自主制作アニメーションが実験映画に接近し、実験映画がアニメーションに接近していた。両者は、コマ撮りによる実験的なアプローチという課題を共有しており、結果的に似たような地点に到達していた。

しかし一方で、実験アニメーションとはおよそ真逆なスタイルの自主制作アニメーションが台頭していた。それは、『宇宙戦艦ヤマト』などの人気のテレビアニメから影響を受けた一群の作品である。大半は人気アニメの単なる模倣にすぎなかったが、商業アニメーションのスタイルを踏襲しながらも、卓越した技術力が評判になった「グループSHADO」のようなグループもいた。グループSHADOは、のちに「ガイナックス」で『新世紀エヴァンゲリオン』(一九九五―一九九六)を監督する庵野秀明が高校生のときに結成したグループで、一九八〇年の〈PAF6〉などに出品していた。

当時、庵野、赤井孝美、山賀博之は、岡田斗司夫や武田康廣に依頼され、一九八一年の〈日本SF大会(DAICON3)〉開会式で上映するためのアニメーションを八ミリフィルムで制作した。このとき誕生したのが自主映画集団の「DAICON FILM」である。また庵野らは、テレビアニメ『超時空要塞マクロス』(一九八二―

一九八三）の制作スタッフとなり、この経験を活かして一九八三年の〈日本SF大会（DAICON４）〉のためのオープニング・アニメーションを手がけた。彼らはその後、岡田が企画した『王立宇宙軍 オネアミスの翼』（監督：山賀博之、一九八七）の制作に参加したが、この作品をきっかけにして**DAICON FILM**がガイナックスに発展した。庵野らは、『宇宙戦艦ヤマト』や『機動戦士ガンダム』（一九七九－一九八〇）から直接に影響を受けた世代であり、アニメファンのためのアニメを制作した。ジャンルとしての「おたく文化」は、彼らの世代によって確立されたといってよい。

ＰＡＦやアニサマには、庵野らの他にものちにアニメーションのプロになる作家やクリエイターが少なからず参加していた。たとえば二木《ふたき》真希子は、シネカリグラフで八ミリフィルムに絵を描き、絵の動きが音楽とシンクロする『シネ・カニバリズム』（一九七九）などが人気だった。のちに二木は、スタジオジブリに就職してアニメーターになっている。

一九八〇年代の自主制作アニメーションは、表現の革新性を目指す実験的な作品とアニメブームの影響を受けたエンターテインメントの作品に二極化していた。両者は対極的なスタイルであったが、今日から考えると不思議なことに、ＰＡＦやアニサマでは一緒に上映されていた。八〇年代の自主制作アニメーションは混沌としていたが、この状況が両者に刺激を与えた側面もあっただろう。

5 手塚治虫とアートアニメーション

アートアニメーションがブームになる以前の一九八〇年代後半、アートアニメーションないしはそれに類する名称が使われていたことがあった。ただし、一部の作家が短期的に用いただけで、一般化することなく忘れ去られている。一方、そこに含まれていた問題は九〇年代にそのまま継承されている。

一九八〇年代にアートアニメーションという言葉を使ったのは、手塚治虫であった。手塚がこの名称を用いたことはあまり知られていないが、それは使う機会が少なかったからである。彼が頻繁に用いた名称は、「実験アニメーション」であった。ただし手塚は、「アニメは万人に向けるメッセージでありたい。〔……〕これはテレビアニメを作ろうが、劇場アニメだろうが、実験アニメだろうがすべて同じことだと思う[11]」と書いており、実験的であっても親しみやすさが損なわれることは避けようとしていた。

手塚は、早くも一九六四年に「実験アニメーション[12]」という言葉を使っていた。また彼は、一九七三年一一月一六日の『読売新聞』に次のように書いている。

わが国のアニメーションの戦後の発展に大きな貢献をして来たのは、劇場用長編漫画を手がけて来た東映動画と、久里洋二氏らを中心とする一群の実験アニメーション（このことばにはかなり抵抗がある）作家達であろう。[13]

記事のなかで手塚は、虫プロダクション（以下虫プロ）を設立したとき、東映動画の長編漫画映画と三人の会の自主制作アニメーションから影響を受けたと語っており、後者が「実験アニメーション」と呼ばれている。手塚は、実験アニメーションという言葉に「かなり抵抗がある」と書いているが、その後この言葉を頻繁に使うようになった。

手塚は、一九七三年に虫プロが倒産したあとアニメーションの制作から離れていたが、一九七〇年代末頃から改めてアニメーションに取り組むようになり、長編の『火の鳥2772：愛のコスモゾーン』（一九八〇）を制作した。また、短編の『ジャンピング』（一九八六）〔図9〕が〈ザグレブ国際アニメーション映画祭〉でグランプリを受賞するなど、活動の幅を拡げている。

図9　手塚治虫『ジャンピング』（1986）

手塚は、自分の制作するアニメーションを「テレビアニメーション」「劇場アニメーション」「実験アニメーション」の三つに分けていた。この三つには順位づけがあって、一番目が実験アニメーション、二番目が劇場アニメーション、三番目がテレビアニメーションである。彼は、自分がもっともつくりたいのが実験アニメーションであると繰り返し語っていた。次にあげるのは、一九八八年に朝日賞を受賞した際の記念講演での発言である。

私のアニメーションをつくる目的として、やはりなんか一つの開拓というか、実験的な試みをしてみたいという気持ちがあって、実験的なアニメーションをつくることが私の信条だったわけです。しかし、そのためにお金をつくらなきゃならない、お金を集めなきゃならない。それだったらやっぱりちょっと打算的にいろいろ割り切ってしまって、テレビアニメも劇場用アニメもしようがないなあと思って、そして劇場用アニメ、テレビアニメに手を染めてたわけです。〔……〕少なくとも私の気持ちの上で、私のつくるのはテレビアニメじゃないんだと、実験的なアニメーションでその中に一つでも自分の開拓精神みたいなものを満足させてくれる要素があればいいんだ、という気持ちでつくってるんです。▽14

ここで手塚は、テレビアニメーションや劇場アニメーションをつくるのは、実験アニメーションをつくるための資金稼ぎだといっている。彼は、一九六一年に手塚治虫プロダクション動画部（虫プロの前身）を設立したときから同様の発言をしていたので、これは一貫した姿勢であったといってよい。手塚は、実験アニメーションが利益にならないことを十分に承知しており、そのためこの種の作品は自費で制作されていた。

それでは、手塚がアートアニメーションという言葉を使ったのはいつのことか。いまのところ確認できるもっとも古い文献は、一九八六年発売のＬＤ『ジャンピング　手塚治虫』に収録されたインタビューで、収録は同年の七月一三日である。手塚は、『ジャンピング』を解説しながら「アート・アニメーション的な感覚を出すために……」[15]と語っていた。

ただし、このＬＤでのインタビューは実際に収録されたものの一部でしかなかった。インタビューの全貌は、二〇〇三年発売のＤＶＤ『フィルムは生きている／手塚治虫伝　マンガ篇』に収められている。そのなかで手塚は、虫プロをつくるうえで東映動画と三人の会から影響を受けたとを述べたあと、久里洋二について次のように語っている。

実験映画がアニメーションとして、ひとつのジャンルなんだと……ジャンルというか、インディペンデント・アニメーション、アート・アニメーションというジャンルが独立してあるんだということを教えてくれたのは、やはり久里洋二ですね。[16]

この短い発言のなかで手塚は、「実験映画」「インディペンデント・アニメーション」「アート・アニメーション」とさまざまな名称を使っており、別の個所では「実験アニメーション」ともいっている。手塚は、実験アニメーションをさまざまな言葉でいいかえており、アートアニメーションもそのひとつだった。もっともよく使われたのは実験アニメーションだが、このようにさまざまな名称が登場するのは、彼自身にも名称が定まっていなかったからだろう。それでは、なぜ手塚はアートアニメーションという言葉を使うようになったのか。

6 国際アニメーションフェスティバル広島大会

手塚治虫がアートアニメーションという名称を用いた一九八〇年代半ば以降には、「アート」と「アニメーション」を組み合わせた名称を使った作家が他にもいた。川本喜八郎は「ファインアート・アニメーション」、木下蓮三と小夜子夫妻は「アニメーション・アート」という言葉を使っていた。いずれもアートアニメーションとよく似た言葉である。

たとえば川本は、一九九一年にテアトル池袋で個展上映をおこなっているのだが、タイトルは〈ファインアート・アニメーション 川本喜八郎の世界〉であった。英語圏で **Art Animation** が用いられることはないが、**Fine Art Animation** は使われることがある。川本の使ったファインアート・アニメーションはこの英語をカタカナにしたものであろう。木下夫妻がいつ頃からアニメーション・アートを使いはじめたのかはわからないが、一九八〇年代半ば以降だと思われる。

手塚がアートアニメーション、川本がファインアート・アニメーション、木下夫妻がアニメーション・アートを用いたのは、同時期のことだと考えられる。これは決して偶然ではなく、一九八五年に開催された〈第一回国際アニメーションフェスティバル広島大会〉（のちに〈広島国際アニメーションフェスティバル〉、以下広島フェス）の影響であろう。広島フェスの開催は、木下夫妻の尽力によって実現したものであり、この夫妻を含めて手塚と川本が大会企画委員を務めていた。つまり、彼らは広島フェスの関係者だったのである。

広島フェスは、第一回の開催からアニメーションが芸術（アート）であることを強くアピールしていた。たとえば木下小夜子は、カタログの序文に「アニメーションは、音楽、美術、文学、歴史、哲学、科学、自然、空想など、人間が織り成すあらゆる文化を総合し、より人間的なやさしさを追求する芸術です」[17]と書いている。次にあげるのは、同じカタログに手塚が寄せた序文の一部である。

日本は今、アニメーションブームといわれています。確かに制作される量はおそらく世界一であろうと思われます。

しかしながら、そのほとんどが、物語を中心とした商品であることも確かです。アニメーションは本来、テレビや漫画や劇映画とは一線を画し、物の動きやリズムを追求するアートであることが大切です。それゆえにその本質を究めるべく、作品を作り続けているアーティストの皆さんに深い敬意を表します。

もちろん娯楽的な要素も決して悪いことではありません。しかし、今回のHIROSHIMA'85が契機と成って、日本でも、動きやリズムを追求する個人作品が、さらにたくさん生み出されることを期待します。[18]

この文章にアートアニメーションという言葉は登場しないが、アニメーションが「物の動きやリズムを追求するアート」と位置づけられている。そして、このアートとしてのアニメーションは、「物語を中心とした商品」としてのアニメーション、あるいは「テレビや漫画や劇映画」と一線を画するものと説明されている。それらの作品に対して手塚が評価したのが、「個人作品」として制作されたアニメーションであった。

広島フェスでは、アートアニメーションという日本語を直接に使ってはいないようだ。ただし、一九八七年の第二回広島フェスでは、特別プログラム「日本アニメーション映画史」の解説に「芸術アニメーション」という言葉があり、対訳が「art animation」[19]となっていた。一九八九年に木下蓮三は、第三回の広島フェスに向けて次のように書いている。

「アニメーションはTVアニメだけじゃなくて、もっといろいろな表現豊かなものがいっぱいあるんです」そう言い続けて、自分が映画祭の実現に東奔西走していたあの頃が全くウソのように、今では、「アニメーションにはいろいろなものがあるんですよネ！」と反対に言われてドギマギする時があるぐらいだ。なんとうれしい変化だろう。〔……〕やっとアニメーション・アートに光が見えてきた。[20]

ここで木下は、「アニメーション・アート」という言葉を使っており、それを「TVアニメ」と対比的に語っている。このような用法は、先に引用した手塚の序文と基本的に同じである。

手塚、川本、木下は、三人の会によって確立された自主制作アニメーションの動向を受け継いだ作家でもあった。手塚は、〈アニメーション・フェスティバル〉に毎回出品していたし、一九七一年に発足した「日本アニメーション協会」（第一次）では、川本が運営委員を務め、木下も会員であり、いずれも〈アニメーション・フェスティバル東京'71〉に出品していた。その後も川本は、〈川本+岡本パペットアニメーショウ〉に自主制作アニメーションを発表しており、木下も『MADE IN JAPAN』（一九七二）〔図10〕のようなアニメーションを自主制作している。

先の引用で手塚は、「日本は今、アニメーションブームといわれています」と書いていた。広島フェスが開催された一九八五年は、いわゆる「おたく文化」が確立された時期に当たる。おたく文化は、一九七〇年代までは広い意味でのサブカルチャーの一部であり、ＳＦ、特撮、アニメ、マンガなどのジャンルと未分化であった。[21] しかし八〇年代初頭になると、マニアックな楽しみ方が雑誌を通じて全国に広がり、アニメファンという層をつくりだしていた。「おたく」という言葉が登場したのもこの頃で、一定の文化コードを共有して自分をおたくだと考える人々が生まれていた。

一九八四年には、おたく文化を象徴するような三つの長編アニメーションが劇場公開されている。押井守の『うる星やつら2：ビューティフル・ドリーマー』、宮崎駿の『風の谷のナウシカ』、石黒昇と河森正治の『超時空要塞マクロス：愛・おぼえていますか』である。これらの作品によって、ジャンルとしてのおたく文化が定着したといえる。広島フェスは、これら三つの長編アニメーションが公開された翌年に開催されており、手塚、川本、木下夫妻は、アニメブームに対抗する意識を強くもっていた。あるいは、アニメーションを芸術として捉える彼らのような作家たちが、商業アニメーションに対抗するために広島フェスをつくった。

図10　木下蓮三『MADE IN JAPAN』(1972)

手塚、川本、木下夫妻が共有していたのは、商業的な漫画のアニメーションばかりが注目されるため、芸術性の高い個人制作のアニメーションが評価されないというジレンマであった。そうした状況に対抗する意識が「アート・アニメーション」「ファインアート・アニメーション」「アニメーション・アート」という名称を生んだといえよう。しかし、彼らの使う名称は一致しておらず、いずれの言葉も普及することなく忘れ去られている。

7　一九九〇年代の自主制作アニメーション

アートアニメーションという名称が改めて登場するのは、一九九〇年代半ば以降である。寺川賢士は、『〈アート・アニメーション〉についてお応えします』のなかで次のように書いている。

現代つかわれている〈アート・アニメーション〉ということばは、1990年代なかばに開催された2つのイベントが発祥とされます。ひとつは映像作家集団キノ・サーカスの上映会、もうひとつはヤン・シュヴァンクマイエルの特集上映です。▽22

アートアニメーションという名称は、一九九〇年代半ばに国内外両方の作品に対して用いられた。まず国内の作品に使われた例に注目したいが、寺川があげているのは、一九九五年に「キノ・サーカス」が主催した自主上映会〈アートアニメーション〉［図11］のことで、一般にはまったく知られていない上映会である。この上映会には筆者が直接関わっているため、寺川の記述をそのまま引用する。文中の「ANIME」は、「ふだんTVで目にする2Dのアニメーション」のことである。

1995年1月21、22日、両国のシアターXでキノ・サーカス主催の第10回の上映会が「アートアニメーション」というテーマで開催されました。

キノ・サーカスはイメージフォーラム出身の末岡一郎、片山薫、西村智弘が中心となり、１９９３年から活動をはじめた映像作家集団です。この上映会の企画者である西村氏が、個人制作のアニメーションをANIMEと差別化をはかるため、「アートアニメーション」と名づけました。

１９９６年12月21～23日になかのＺＥＲＯで「アート・アニメーション・フェスティバル」、１９９８年1月23～25日にパルテノン多摩で「アート・アニメーション・フェスティバル１９９８」が、キノ・サーカスの主催で開催されています。

１９９５年の上映会はＮＨＫＢＳ２で３週にわたり特集番組が組まれ、１９９６年の上映会前にはプレイベントや前夜祭があるなど、上映会の反響は大きいものでした。

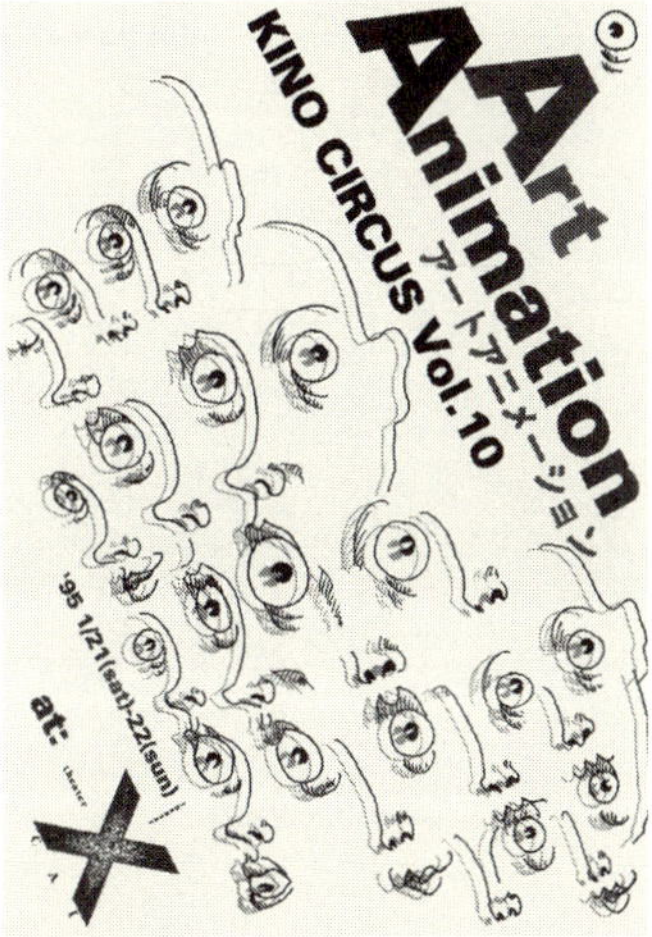

図11　〈アートアニメーション〉チラシ（1995）

キノ・サーカスは映像作家の集団で、テーマを決めて自主上映会をおこなってきたが、アニメーションを特集したのが一九九五年の〈アートアニメーション〉であった。これが好評であったため、一九九六年の〈アート・アニメーション・フェスティバル〉、一九九八年の〈アート・アニメーション・フェスティバル１９９８〉と続いている。三つの上映会を合わせると、出品作家は約七〇名、上映作品は一五〇本におよび、少なくとも一九九〇年代の自主制作アニメーションとしては大規模な上映会であった。とくに一九九五年の上映会のときには、ＮＨＫ－ＢＳ２の番組『真夜中の王国』が「アート・アニメーション」と題した特集を組んで作品を放映した。当時の自主制作アニメーションには珍しいことだった。

寺川も指摘しているように、このときアートアニメーションという言葉を用いたのは、商業的な漫画のアニメーションとの差別化を図るためであった。一九九六年の〈アートアニメーション・フェスティバル〉のチラシには、筆者による次のような文章が掲載されている。

「アート・アニメーション」とは、テレビで見るようなマンガ・アニメではありません。それぞれの作家たちが、独自な手法を駆使することによって、個性的な世界を創造します。

アニメーションというのは、動くはずのないものを動いているように見せる技術です。現実にはありえない不思議なイメージが、驚きに満ちた幻想的な世界やユーモアにあふれた奇妙な世界となって、スクリーンのなかにつくりだされます。

一九七〇年代から使われたプライベート・アニメーションや個人アニメーションといった名称は、九〇年代には用いられなくなっていた。また、手塚治虫が八〇年代にアートアニメーションという名称を使ったことは知られていなかった。実験アニメーションという言葉は残っていたが、実験という単語が固い印象を与えるため、上映会を開催するときにアートアニメーションという言葉を造語したのである。

キノ・サーカスが主催した上映会は、一九八〇年代の自主制作アニメーションを受け継いだ側面があり、かつてアニメーション80や地球クラブに参加した作家、たとえば浅野優子、関口和博、守田法子、黒坂圭太らが参加していた。しかし、上映会の中心は九〇年代に入って制作を始めた作家たちである。もっとも若い世代に

図12　石田尚志『部屋／形態』(1999)

属していたのは、石田尚志《たかし》〔図12〕、木村英樹、清水真理、下西紀《かなめ》、辻直之、ヨリムラエリ、布山毅（タルト）らであった。八〇年代の自主制作アニメーションの作家はグループ単位で活動したが、九〇年代にはそうしたグループがほとんどなく、作家たちは単独で制作していた。暗いイメージの人形アニメーションが多かったのは、ヤン・シュヴァンクマイエルやブラザーズ・クエイの影響である。

一九九〇年代の自主制作アニメーションの状況は、一般にほとんど知られていない。それは、アニメーションの制作技術が過渡的な時期にあったからでもある。九〇年代は、映像メディアがフィルムからビデオに、アナログビデオからデジタルビデオに移行した時代である。九〇年代前半の自主制作アニメーションはまだフィルムが中心で、八ミリや一六ミリカメラでアニメーションを制作するのが普通であった。アナログビデオが用いられることもあったが、一コマ撮りができる業務用のビデオカメラはきわめて高額で、これを用いる作家はあまりいなかった。ポータブルビデオカメラには雑なコマ撮り機能しかついておらず、これでアニメーションを制作する作家は少なかった。

一九九四年にデジタルビデオの統一規格であるＤＶフォーマットが登場し、映像のデジタル化が急速に進んだ。アニメーションの制作もしだいにデジタル化されたが、自主制作アニメーションのデジタル化が一般化するまでには少し時間がかかっている。一九九〇年代後半は移行期で、残された作品の数も多くない。デジタル化に対応した新しい世代の作家が登場するのは、二〇〇〇年代に入ってからであろう。たとえば、大山慶《けい》や和田淳《あつし》らは、基本的に最初からデジタルでアニメーションを制作していた。

キノ・サーカスの自主上映会がＮＨＫで特集されたにしても、そこで使われたアートアニメーションという言葉が、翌年のシュヴァンクマイエルの上映会に影響を与えたかどうかはわからない。しかし、シュヴァンクマイエルの上映会でアートアニメーションという言葉が使われたことで、自主制作アニメーションの世界でもアートアニメーションの名称が広まったことは確かである。

8　チェコの人形アニメーションの流行

寺川賢士がアートアニメーションの発祥としてキノ・サーカス主催の上映会とともにあげたのが、ヤン・シュヴァンクマイエルの特集上映である。これは、一九九六年に渋谷のユーロスペースで開催された〈ヤン・シュヴァンクマイエル：妄想の限りなき増殖〉〔図13〕を指している。Ａプログラムが長編の『ファウスト』（一九九四）、Ｂプログラムが「短篇集」の上映だった。

ただし、一九九六年になって初めてシュヴァンクマイエルの作品が上映されたわけではない。彼の作品が日本で最初に上映されたのは、〈フィルム・アート・フェスティバル東京1969〉（草月会館ホール）のときであろう。実をいえばこのフェスティバルは、粉砕派の造反運動によって当日に中止となったのだが、プログラムの冒頭にあったシュヴァンクマイエルの『部屋』（一九六八）だけが上映されていた。『部屋』は、一九七〇年の〈草月シネマテーク〉一二月例会の特集「チェコスロヴァキア／キューバ」で改めて公開されている。

シュヴァンクマイエルはチェコの作家だが、チェコ映画の紹介に尽力した人物に粕三平（熊谷光之）がいる。[▽23] 粕は、一九五〇年代に「制作者懇談会」を発足し、先鋭的な映画雑誌『映画批評』を発行した映画作家、映画評論家である。六〇年代からチェコの映画監督やアニメーション作家と交流があって、八〇年代にはスタジオ200（西武百貨店池袋店七階）、九〇年代には川崎市市民ミュージアムでチェコのアニメーションを特集する際に協力している。

図13 〈ヤン・シュワンクマイエル：妄想の限りなき増殖〉パンフレット（1996）

一九八〇年代末頃から、欧米の人形アニメーションを集めた上映会が相次いでおこなわれており、これが九〇年代のアートアニメーションを準備している。一九八八年から翌年にかけては、ブラザーズ・クエイの『ストリート・オブ・クロコダイル』（一九八六）［図14］がイメージフォーラム・フェスティバルやシネ・ヴィヴァン・六本木で公開され、多くの観客を集めた。クエイはアメリカの作家だが、シュヴァンクマイエルと共通する美学の持ち主で、オマージュを捧げた『ヤン・シュヴァンクマイヤーの部屋』（一九八四）のような作品もある。

図14　ブラザーズ・クエイ『ストリート・オブ・クロコダイル』(1986)

川崎市市民ミュージアムでは、チェコのアニメーションの特集上映を頻繁におこなっていた。一九八九年の〈幻想の魔術師：イジィ・トルンカ アニメーション・フェア〉〈イジィ・バルタの映像世界〉、一九九〇年の〈ヤン・シュワンクマイエル映画祭'90〉である。ただし、これらの上映ではアートアニメーションという名称が使われていない。すでに述べたように、アートアニメーションという言葉が使われたのは、一九九六年の〈ヤン・シュワンクマイエル：妄想の限りなき増殖〉のときだった。カタログの解説には次のように書かれている。

ヤン・シュワンクマイエル――チェコ（旧チェコスロバキア）のプラハ出身のこの戦闘的シュルレアリストは、文字通りアート・アニメーション界の君臨者だ。〔……〕その手法は、実写、粘土、オブジェ、ドローイング・アニメ、コマ撮り特撮など多岐にわたる。
アート・アニメーションのジャンルは、近年日本でもブラザーズ・クエイやフレデリック・バックなどが人気を集め注目を浴びている。▽24

この文章では、シュヴァンクマイエルが「アート・アニメーション界の君臨者」と紹介されている。しかし、上映を宣伝する際のコピーでは「アート・アニメーションの先駆者」や「アート・アニメーション界の巨匠」などと書かれていた。引用文には、カナダのアニメーション作家であるフレデリック・バックの名前も登場する。バックの代表作『木を植えた男』（一九八七）〔図15〕は、一九八七年の〈アヌシー国際アニメーション映画祭〉と第二回広島フェスでグランプリ、アカデミー短編アニメーション賞を受賞し、日本ではテレビコマーシャルに使われたこともあってよく知られた作品となっていた。

アートアニメーションは、その後に公開された外国のアニメーションの宣伝コピーにも使われた。たとえば、一九九七年に公開されたスーザン・ピットの『アスパラガス』（一九七九、アメリカ）、一九九八年に公開されたルネ・デルニエ・クリの『邪眼』（一九九七、フランス）、二〇〇〇年に公開されたラウル・セルヴェの『夜の蝶』（一九九八、ベルギー）などである。

図15　フレデリック・バック『木を植えた男』（1987）

この時期には、〈チェコアニメ映画祭'99〉（中野武蔵野ホール）が多くの観客を集めるなど、チェコの人形アニメーションが人気を博していた。ペヨトル工房の雑誌『夜想』は、一九九八年に「パペット・アニメーション」〔図16〕、翌年に「チェコの魔術的芸術」（これは〈チェコアニメ映画祭'99〉のパンフレットとして刊行された）の特集号を刊行している。チェコの人形アニメーションがブームになるとともに、アートアニメーションという名称が普及した。

シュヴァンクマイエルやクエイの作品は、全体に暗いイメージで、ときにはグロテスクな描写があったが、しだいに親しみやすい作品も上映されるようになった。二〇〇一年にユーロスペースで公開されて大ヒットしたのが、ロシアのロマン・カチャーノフが制作した人形アニメーションのシリーズ「チェブラーシカ」で、『こんにちはチェブ

図16　『夜想』第34号（特集：パペット・アニメーション，1998）

図17　ロマン・カチャーノフ『こんにちはチェブラーシカ』（1969）

ラーシカ』（一九六九）〔図17〕などの短編を集めた特集であった。カチャーノフは、ユーリ・ノルシュテインの先輩に当たり、アート志向の人形アニメーションを制作した作家でもあるが、チェブラーシカはかわいらしい人形のキャラクターが評判になった。

　アートアニメーションのブームを支えたのは、一九九〇年代後半から二〇〇〇年代初頭にかけて日本に輸入された欧米のアニメーションである。ブームの中心はチェコのアニメーションにあったが、アメリカ、カナダ、ロシア、イギリス、フランス、ベルギーなどさまざまな国の作品が公開されていた。制作された時代もバラバラで、六〇年代から現代までの作品が含まれている。また、人形アニメーションが注目されたとはいえ、絵による作品もアートアニメーションと呼ばれていて、作品のスタイルが統一されていない。それまで日本で上映されなかった芸術志向のアニメーションがすべてアートアニメーションと名づけられており、国や時代、技法とは関係がなかった。

　そもそも、一九九〇年代にアートアニメーションと呼ばれたような作品は、日本でも以前から長編映画の併映や映画祭などで公開されていたものだ。たとえば、五〇年代の〈世界短編映画祭〉や〈朝日文化映画の会〉、六〇年代の〈アニメーション・フェスティバル〉や〈草月実験映画祭〉、七〇年代のアニサマ、八〇年代のスタジオ200や広島フェスなどで、それまで紹介されてなかったわけではない。むしろ日本は、外国のアート系のアニメーションの紹介に熱心だったのであり、九〇年代の紹介もこの延長にあった。しかし九〇年代には、アートアニメーションと呼ばれてブームになったのである。

9 アートアニメーションの広がり

アートアニメーションが注目されることによって、それに関連する書籍やDVDなどが発売されている。こうした書籍やDVDもアートアニメーションのブームを支えていた。一方でこのブームに便乗しようとする動きもあり、アートアニメーションの概念が拡散していった。

二〇〇二年に刊行されたムック本『アートアニメーションの素晴しき世界』は、入門書的な役割を担っていて広く読まれた。カラー図版が多く、芸能人や著名なクリエーターのインタビューを掲載するなど、広範な読者層を想定した内容で、アートアニメーションの親しみやすさがアピールされていた。この本は、インタビューやコラムを除くと大半が「アートアニメーションの歩み」という章から成立している。そこでは、アートアニメーションが次のように説明されている。

本書では、日本で一般に「アニメ」と呼ばれているアニメーションの形態（セル画を用いて製作されるもの）を、ごく一部のものを除いて扱っていません。それ以外の形態のもの（人形、粘土など三次元の事物を使用したものや、その他の特異な方法で製作された作品)を、ここでは便宜的に「アート・アニメーション」と呼んでいます。[25]

アートアニメーションは、「人形、粘土など三次元の事物を使用したもの」に重点が置かれており、セル画を用いて制作される「アニメ」とは異質なものとして位置づけられている。確かにアートアニメーションのブームは、人形アニメーションが中心的な役割を果たしていた。興味深いのは、「アートアニメーションの歩み」の記述が、欧米の人形アニメーションの歴史にCGアニメーションの歴史をつないだものであったことだ。このことは、参考文献にあげられたのが人形アニメーションの歴史書であったことからも明らかである。[26] つまり日本では、海外のスタンダードな人形アニメーションの歴史がアートアニメーションの歴史になってしまうのだった。

『アートアニメーションの素晴しき世界』では、取り扱う作家や作品にも変化が見られる。この本では、基本的に自主制作アニメーションや実験アニメーションが除外されていた。ヤン・シュヴァンクマイエルやブラザーズ・クエイは取り上げているが、そうした暗い作風の作品よりも、チェブラーシカ、ウォレスとグルミット、ピングー、ガンビーといったキャラクターを重視した人形アニメーションを前面に打ちだしている。つまり、商業的で親しみやすい人形アニメーションがアートアニメーションとして位置づけられていた。アートアニメーションを商業性に引き寄せたわけだが、それによってこの名称のもつ意味はむしろ曖昧になっているだろう。

二〇〇二年には、フィルムアート社の「Cine Lesson」シリーズの別冊として昼間行雄と権藤俊司の編集による『ユーロ・アニメーション——光と影のディープ・ファンタジー』が刊行されている。ヨーロッパのアート系アニメーションを体系的に紹介した本で、こうした本が出版されること自体、アートアニメーションのブームが背景にあった。編者たちもアートアニメーションを意識していて、「まえがき」に「アートアニメーションに興味を持った若い方を読者として定め」[27]ているとあり、ヨーロッパの作品に限定していることに関しては、「まぎれもなくアートアニメーションの歴史的な代表作のほとんどがヨーロッパの作品」であるからだと説明されていた。

二〇〇四年には、DVDシリーズ『日本アートアニメーション映画選集』が紀伊國屋書店から発売されている。内訳は、「大藤信郎作品集」「政岡憲三とそのグループ」「瀬尾光世作品集」「戦前傑作選」「戦中期篇」「戦後・現代傑作選」「持永只仁作品集」「横山隆一作品集」「東映アニメとその流れ」「学研の仕事」「アニメーション三人の会と実験アニメ」「川本＋岡本パペットアニメーショウ」である。このDVDシリーズは、タイトルに「アートアニメーション」とついているが、全体には商業的に制作された漫画のアニメーションが中心である。アートアニメーションと呼ぶことができるのは、「アニメーション三人の会と実験アニメ」と「川本＋岡本パペットアニメーショウ」の巻ぐらいで、別に「日本アニメーション映画選集」でもよい内容であった。『日本アートアニメーション映画選集』では、商業アニメーションと自主制作アニメーションの区別がないだけでなく、漫画のアニメーションと他の技法のアニメーションの区別もなく、あらゆるアニメーションがアートアニメーションになってしまっている。アートアニメーションという名称が使われたのは、単にこの言葉が流行していたからだろう。しかしこの選集の目的は、アートアニメーションを集めることにあったのではなく、日本のアニメーションの歴史をたどることにあった。むしろこの選集の功績は、日本のアニメーションの歴史をたどったときに、自主上映会で発表された三人の会やその周辺、パペットアニメーショウの作品をきちんと取り上げたことにある。

アートアニメーションのブームには、NHK-BSで放映されたデジタルアートの公開番組『デジタル・スタジアム』も一役買っている。放映が始まったのは二〇〇〇年だが、二〇〇五年に番組がリニューアルされ、募集テーマに「アート・アニメーション」が加わった。この番組では、たびたびアートアニメーションの特集を組んでおり、伊藤有壱や今敏のセレクションによる作品を放映した。この番組が主に取り上げたのは、同時代の日本の学生や若い作家が自主制作したアニメーションである。『デジタル・スタジアム』は、アートアニメーションのブームから影響を受けると同時に、この名称を広める役割を果たした。

10　山村浩二とアートアニメーション

二〇〇〇年代は、日本の短編アニメーションが国際的に評価された時代であった。とくに山村浩二の活動は目覚ましく、彼の『頭山』（二〇〇二）［図18］は、二〇〇三年の〈アヌシー国際アニメーション映画祭〉をはじめ、〈広島国際アニメーションフェスティバル〉〈ザグレブ国際アニメーション映画祭〉でもグランプリとなり、第七五回アカデミー賞短編アニメーション部門では日本人として初めて候補にあがった。このように日本人作家の短編作品が国際的な評価を得たことも、アートアニメーションのブームを盛り上げている。国際的な評価を獲得した山村は、日本におけるアートアニメーションを代表する存在と見なされるようになった。しかし彼は、アートアニメーションに批判的な目を向けた作家でもあった。山村は、二〇〇六年に次のように書いている。

図18　山村浩二『頭山』(2002)

> 最近、「アート（芸術）アニメーション」というような言い方が普及しています。ぼくの作品もよく「アートアニメーション」に分類されますが、まず「アート」の基準がはっきりしていないし、この呼び方には抵抗があります。
> ぼくの作品の多くは自己表現の結果として生まれたので「アート」かもしれませんが、テレビ局の依頼で制作したり、テレビ局に売れたり、DVDの利益が出たりと、アニメーション作品から収入を得ているので、アニメーションを作ることは「商業」ですし、作品そのものは「商品」です。「商業」アニメーションと、そこがどう違うのか明確な答えはありません。[28]

山村による批判の要点のひとつは、「「アート」の基準がはっきりしていない」という点にある。これは確かにその通りで、日本語の「アート」はきわめて漠然とした概念である。日本ではなんにでもアートという言葉を使ってしまう傾向があり、必ずしもそれが芸術であるとは限らない。そのような曖昧な概念でアニメーションを規定すべきではないということだろう。

もうひとつの批判の要点は、「「商業」アニメーションと、そこがどう違うのか明確な答えはありません」ということである。彼が問題にしたのは、アートアニメーションを非商業的な作品と捉えることで、商業的であることとアートであることを対立させる風潮にあったといってよい。いいかえると、アニメーション＝商業、アートアニメーション＝非商業と発想することに対する批判である。

山村がこのような批判をおこなったことには、彼自身の制作のスタンスが大きく関わっているだろう。山村は、自主制作アニメーションから出発した作家で、かつては自主制作アニメーションのグループに参加していたこともある。しかし彼は、そうした世界から意識的に離れており、テレビなどの商業的な仕事に向かっている。当時、アート志向の個人作家が商業ベースでアニメーションの仕事をすることは珍しかった。山村は、作家性の強いアニメーションを商業的なレベルにもちこむことに努力した作家である。このような立場からすれば、アート志向のアニメーションを商業作品と対立させることは、アニメーションの活動の場を広げようとする彼の努力と対立することになる。

山村のスタンスの新しさは、手塚治虫と比較してみるとわかりやすい。手塚は、テレビアニメーションや劇場アニメーションを制作しつつ、実験アニメーションにも着手した。しかし、彼にとって実験アニメーションはテレビや映画のアニメーションとは別物であった。手塚には実験アニメーションが商売にならないという自覚があり、そのため実験アニメーションは自費で制作されている。彼の世代の作家にとって、アート志向のアニメーションが商業に結びつくことは考えられないことだった。

山村のアニメーション作家としてのスタンスは、商業主義に迎合するのではなく、個人作家のスタンスをそのまま商業レベルにもちこむことにあったといえる。もちろんそれまでにも個人作家が商業的な仕事に関わることがなかったわけではないが、その仕事は単発的なものが多かった。山村は、商業的な作品でも作家的なスタンスを貫こうとしており、そのようなアニメーションの個人作家は彼以前に存在しなかった。そのような立場の山村が、アートアニメーションという名称によって商業と非商業を対立させることに批判的であったのも当然というべきだろう。

しかし山村は、アートアニメーション・ブームのなかで仕事をせざるをえなかった。二〇〇六年発売のDVD『国際アートアニメーションインデックス　山村浩二：知られざるアニメーション Vol. 2』の解説には、次のように書かれている。

「アートアニメーション」という呼び方には疑問があり、自ら進んでは使わない言葉だが、いまやすっかり定着してしまった感がある、〔……〕しかし、世の中に氾濫している、貧困でひどく醜いアニメーションに対し、美しいアニメーション作品をこの言葉を使って差別化したくなるのは気持ちとして分かるのだが、外にうまく分類する名称がないものだろうか？[29]

山村は、『ユーロ・アニメーション』に収録された座談会で、「山村さんの場合は御自身のアニメーションを、アート・アニメーションと呼ばれることについてはどういうふうにお考えですか？[30]」という質問に対し、「映像の目的というのはいろいろあって、アートっていうとすごく抽象的な言い方になってしまうんですけど」と述べ、「だからインディペンデント・アニメーションって言っちゃったほうのがすっきりしてしまうような気もするんですよ。一個の作品を芸術かどうかみたいに分けないで」と語っていた。また彼は、二〇〇三年頃から「コンテンポラリー・アニメーション」という名称を使っている。しかし、インディペンデント・アニメーションもコンテンポラリー・アニメーションも名称として一般化しているとはいいがたい。

現在、アートアニメーションという言葉はかつてほど使われなくなったが、それでもときおり見かけることがあるのは、それに代わる名称が存在しないからである。商業的な漫画のアニメーションと個人制作による芸術志向のアニメーションは、作品の内容や制作のスタンスなどの点で異なるところがある。結局、この違いをどのように捉えるかという問題は残されたままになっている。

11 自主制作アニメーションとアニメブーム

一九六〇年代以降、個人制作による芸術志向のアニメーションはさまざまな名称で呼ばれてきた。グラフィック・アニメーション、プライベート・アニメーション、実験アニメーションなどで、アートアニメーションもそうした名称のひとつである。個々の名称にニュアンスの違いがあるにしても、集団で制作される商業的な漫画のアニメーションに対し、個人制作による芸術的なアニメーションを指す名称であった点で共通する。このような差別化が連綿とおこなわれてきたのは、日本においてもっともポピュラーなアニメーションが、映画館やテレビで発表される漫画のアニメーションだからであり、そうした作品との違いを示す必要があったからである。つまり、個人制作による芸術志向のアニメーションは、商業的なアニメーションとの関係によって位置づけられてきたのであり、この関係のなかで両者は暗黙のうちに対立の構図を形成している。

商業的な漫画のアニメーションと芸術志向のアートアニメーションは、いずれもアニメーションと呼ばれているにもかかわらず、あたかも異なるジャンルであるかのように存在している。一般に漫画のアニメーションの作家や研究者は、アートアニメーションに関心を示さない。アートアニメーションの研究者は（これ自体かなりの少数派だが）、一般に商業的な漫画のアニメについて語らない。アニメとアートアニメーションは、お互いに排他的な関係にあるのだった。

しかし歴史を振り返ってみると、自主制作アニメーションがさかんな時期と、商業的な漫画のアニメがブームになった時期はほぼ重なっているといえそうだ。個々の作家たちが意識しているわけではないだろうが、結果的にはそうなっている。アニメという敵対する勢力の大きい方が、表現に対する挑戦の意識が高まるのであろうか。ここではアニメブームを、一九六〇年代初頭以降の「第一次アニメブーム」、七〇年代後半以降の「第二次アニメブーム」、九〇年代後半以降の「第三次アニメブーム」に分けて考えてみたい。

第一次アニメブームは、一九六三年に放映がスタートした『鉄腕アトム』から始まる。三人の会は、結成が一九六〇年なのでアニメブーム以前から活動していた。三人の会が対抗したのはテレビのアニメーションではなく、ディズニーや東映動画の漫画映画であった。三人の会は、テレビコマーシャルのアニメーションから出発したところがあって、もともとテレビのアニメーションと対立していたわけではなかった。

三人の会の活動が広がるのは、他の作家からも作品を募った一九六四年の〈アニメーション・フェスティバル〉以降である。これは、漫画のアニメーションが本格的に台頭した時期に当たる。『鉄腕アトム』をきっかけにテレビアニメーションがさかんになり、東映動画も熱心に長編の漫画映画を制作した。森卓也が提唱した「カートーン・アニメーション」と「グラフィック・アニメーション」の区分は、漫画のアニメーションが注目された状況を背景にしているだろう。

一九七〇年代末頃からは、実験アニメーションが台頭していた。アニメーション80や地球クラブが自主上映会を開催し、実験映画の分野でもコマ撮りによる作品が注目された。これは、ちょうど第二次アニメブームの時期に起こっている。第二次アニメブームのきっかけは『宇宙戦艦ヤマト』にあるが、一九七四年に放映された時点では視聴率が低迷し、予定回数を削減されて翌年に終了した。この作品の人気が高まるのは再放送され

てから で、一九七七年に公開された劇場版の『宇宙戦艦ヤマト』が大ヒットし、その後も『銀河鉄道999』や『機動戦士ガンダム』のヒットが続いた。

手塚治虫の「アート・アニメーション」、川本喜八郎の「ファインアート・アニメーション」、木下蓮三と小夜子夫妻の「アニメーション・アート」は、一九八五年の第一回広島フェスの開催と関連している。これは、第二次アニメブームが「おたく文化」として発展した時期に対応していた。広島フェスが主張した芸術（アート）としてのアニメーションは、ブームとなったテレビアニメに対抗するものでもあった。

一九九〇年代後半に改めて台頭したアートアニメーションには、第三次アニメブームが対応しているだろう。一般に第三次アニメブームは、一九九五年から翌年にかけて放映された『新世紀エヴァンゲリオン』から始まるといわれる。しかしここで注目したいのは、この時期に日本のアニメが外国で注目されたことである。

一九九五年に公開された押井守の『GHOST IN THE SHELL／攻殻機動隊』［図19］は、翌年にアメリカでも評判になっている。当時、欧米で日本の漫画のアニメーションを「Anime」と呼ぶことが一般化していた。Anime は、日本語のアニメをローマ字表記にしたものだが、日本でテレビのアニメーションをアニメと略称したことがそのまま輸入されたのであろう。一方、当時の日本では「ジャパニメーション」という名称が流行していた。たとえば、『ユリイカ』一九九六年八月号は「ジャパニメーション！」という特集を組んでいる。

ジャパニメーションは、業界の人たちが日本製の漫画のアニメを説明するためにつくりだした造語である。今日この名称を見かけることはなく、いまや死語になっているといってよいが、もともと英語圏でもあまり使われていなかった。一般に日本の漫画のアニメーションは Anime と呼ばれていて、Japanimation とはいわないのである。しかし当時の日本では、国産の漫画のアニメが海外で評価されたことを象徴する言葉としてジャパニメーションが注目された。

アートアニメーションが本格的に流行するのは一九九〇年代末頃からで、ジャパニメーションの流行よりやや遅れていたが、流行した時期は重なっていた。しかし、アートアニメーションとジャパニメーションは、志向する方向性があまりに異なっていたからか、まったくといってよいほど接点をもっておらず、両者が同時に上映されたり論じられたりすることはまずなかった。

一方で、ジャパニメーションとアートアニメーションは、メディアによる宣伝のキャッチフレーズとして普及した点で共通している。ジャパニメーションは、日本の漫画のアニメを外国に向けてアピールする言葉であったのに対し、アートアニメーションは、外国のアート系のアニメーションを日本国内に向けてアピールする言葉であった。ジャパニメーションとアートアニメーションは、志向する方向性がまったく対照的であったがゆえに、お互いを補う関係にあったともいえよう。

一九六〇年代以降、自主制作アニメーションは、商業的な漫画のアニメーションと異質なもの、対立的なものとして位置づけられてきた。つねにそれは、漫画のアニメーションという中心から排除されてきたのであり、いわばメインストリームの裏側を形成している。商業的なアニメーションと芸術志向の自主制作アニメーションは、アニメーションという分野のなかで対立的に存在しているが、しかし両者は暗黙のうちにお互いの存在を必要としていたと考えることもできる。つまり、それぞれが相手を排除しあうことによって、みずからのジャンルとしての根拠を補強している側面

図19　押井守『GHOST IN THE SHELL／攻殻機動隊』(1995)

があったからである。日本のアニメーションの歴史に受け継がれているのは、両者における分裂と補完の関係であるだろう。

12　日本のアニメーションと海外のアニメーション

日本の商業的な漫画のアニメが海外で評判になると、それを芸術として認めようとする動きが生まれている。一九九七年にスタートした〈文化庁メディア芸術祭〉は、「アート」「エンターテインメント」「アニメーション」「マンガ」の四部門からなっていて、それまで芸術とは認められていなかった漫画やアニメを芸術として顕彰するという目的があった。「メディア芸術」は、文化庁が新たにつくった官製用語だが、きわめて曖昧な概念で、漫画やアニメだけでなくメディアアートも含まれる。▽31 おそらくここには、海外で人気が高い漫画やアニメの他に、日本の産業と結びついたコンピュータの技術による作品をアピールする意図があるのだろう。

そもそも〈文化庁メディア芸術祭〉が対象にしたアニメーションは、商業的に制作された漫画のアニメである。しかし、そうした作品を芸術（アート）と認めてしまうと、個人制作によるアート系のアニメーションとの差異がなくなってしまい、あらゆるアニメーションが芸術になってしまう。つまり、個人制作による芸術志向のアニメーションの位置づけが曖昧になっている。

ただし、〈文化庁メディア芸術祭〉には自主制作アニメーションが出品されることがあり、必ずしも商業的な作品だけを扱っているわけではない。また、アニメーションで制作されたミュージックビデオは、アニメーション部門ではなくエンターテインメント部門に属しているように、他部門にアニメーションが出品されているのもよくあることだ。こうしたことが起こるのは、メディア芸術祭が公募制を取っており、部門ごとに応募された作品のなかからしか賞を決めることができないからである。

メディア芸術と似たような名称として「クールジャパン」がある。二〇一〇年に経済産業省が立ち上げた「クール・ジャパン室」は、日本文化を「戦略ブランド」や「ソフトパワー産業」として捉え、海外に向けて宣伝することを目的とした組織である。クールジャパンは、大衆文化、工業製品、食文化など広範囲におよんでおり、そのなかにアニメも含まれる。この場合のアニメは、商業的な漫画のアニメが対象で、個人制作によるアート系の作品は含まない。ただしクール・ジャパン室は、アニメをポピュラーカルチャーのコンテンツと見なしているため、それを芸術（アート）とは呼ばないのだった。

海外における日本アニメの人気は、近年ますます広がっている。それがアニメに経済効果を求める声が高まるゆえんだが、ここには日本側の誤解もあるようだ。津堅信之は、海外のアニメ関連のコンペティションが多くの観客を集め、熱気にあふれていることを報告しながら、次のように書いている。

しかし、その当事国の文化芸術全体の中で、日本のアニメに対する理解がどの程度を占めているかというと、『ポケモン』など子ども向けの一部のコンテンツを除けば、きわめて限定的、かつマニアックなものであり、そうしたマニアックなごく少数のファンの動きが凝縮されたさまを、我々日本人は、全体の熱気と「誤解」して感じ取っているにすぎない。そう認識すべきではないだろうか。▽32

日本は、漫画によるアニメーションを世界的に見ても例のないかたちで独自に発展させた国である。それは、英語の **Anime** が日本の漫画のアニメを指す名称として定着していることからも明らかである。つまり日本の

Animeは、通常のAnimationとは明確に区別されている。このような区別が成立するのは、それだけ日本のアニメが特殊な存在であるからに他ならない。世界のアニメーションの分野では、アート志向のアニメーションはスタンダードな作品として位置づけられているのであって、日本のアニメの方がオルタナティブなスタイルなのである。

一方、日本においてもっともポピュラーなのは漫画のアニメで、アートアニメーションのような芸術志向の作品は周縁的なものとして位置づけられている。そうすると世界と日本とでは、スタンダードなアニメーションとオルタナティブなアニメーションとの関係が逆転している。外国においては、通常のアニメーションに対して日本のアニメが差別化されており、日本国内においては、商業的なアニメに対して個人作家による芸術志向のアニメーションが差別化されている。つまり、日本のスタンダードなアニメが世界ではオルタナティブであり、世界ではスタンダードなアニメーションが日本ではオルタナティブになっている。

アートアニメーションは、日本のアニメーションをめぐる特殊な状況が生みだした和製英語である。国内において商業的なアニメと芸術志向のアニメーションが対立的に存在していること、世界との関係においてスタンダードのアニメーションとオルタナティブなアニメーションの関係が逆転していること、こうした日本に特有の状況がアートアニメーションの成立する前提となっている。

一方でアートアニメーションは、それがブームになった当初からすでにメディアや表現の多様化に晒されていた。アニメーションの制作がフィルムからデジタルに移行し、芸術志向のアニメーションの個人作家が商業的な分野に進出するようになった。また、〈文化庁メディア芸術祭〉のように商業的な漫画のアニメを芸術として認めようとする動きもある。もはやアニメーションを商業と非商業、芸術と非芸術という対立で分類することに意味がなくなっている。

アートアニメーションの流行がオルタナティブなアニメーションに目を向けるきっかけをつくったのは確かである。これは、アートアニメーションが果たした大きな功績であった。しかし、アートアニメーションという名称がさまざまな局面で使われるようになると、この語のもっていた意味が拡散してしまい、どのような作品でもアートアニメーションに分類できる安易な言葉となってしまった。この時点でアートアニメーションという言葉は、その役割を終えたといってよい。ところが、それに代わる名称が存在しないため、いまだにこの言葉が生き残っているわけである。

今後、新たな名称が生まれるだろうか。確かに、現代の状況にふさわしい新たな言葉が必要であるかもしれない。しかし、問題はなにも名称だけにあるわけではないだろう。考えなければならないのは、アニメーションの概念が拡張していくなかで、その多様な表現をどのように捉えるかにある。

▽1　寺川賢士編著『〈アート・アニメーション〉についてお応えします』アニメーション総合文化研究所、二〇一二年、五頁。

▽2　小出正志「アニメーション・コミックス」『現代デザイン事典［2000年版］』平凡社、二〇〇〇年、七四頁。

▽3　津堅信之『アニメーション学入門』平凡社、二〇〇五年、六七頁。

▽4　真鍋博「アニメーションの可能性――三人の会を通して考えること」『本の手帖』第四巻第一〇号、一九六四年一二月号、五七頁。

▽5　森卓也が「カートーン・アニメーション」と「グラフィック・アニメーション」という区別を提唱したのは、「イラストレーターのアニメーション――和田誠の大藤賞受賞によせて」（『映画評論』一九六五年四月号）が最初である。これは、〈アニメーション・フェスティバル〉に出品された和田誠の『殺人 murder』（一九六四）が大藤信郎賞を受賞した

際に書いたエッセイであった。その後も森は、「カートーンとグラフィック・アニメ」（『アニメーション・フェスティバル'65』草月アートセンター、一九六五年）、『アニメーション入門』（美術出版社、一九六六年）などでこの区分を論じている。

▽6 「アニメーション3人の会の大いなる軌跡――久里洋二・真鍋博・柳原良平」〈イントゥアニメーション3〉セシオン杉並、二〇〇三年三月二四日、http://www.jaa.gr.jp/into03/sannin.html（現在閉鎖）。

▽7 日本アニメーション協会編『12人の作家によるアニメーションフィルムの作り方』（主婦と生活社、一九八〇年）では、古川タクが驚き盤、中島興がシネカリグラフ、相原信洋が野外で撮影するアニメーション、田名網敬一が印刷の網点のコマ撮りの技法などを解説している。

▽8 松本俊夫「実験的アニメーション」浅沼圭司、岡田晋、佐藤忠雄、波多野哲朗、松本俊夫編『新映画事典』美術出版社、一九八〇年、二五〇頁。『新映画事典』は、『現代映画事典』（一九六七年）を改訂した『改訂・現代映画事典』（一九七三年）を新たに編纂したものだが、いずれにも「実験的アニメーション」という項目は存在しない。

▽9 同前、二五三頁。

▽10 ＩＫＩＦ「アニメは何でも取りこんでしまえるメディアだ。」『月刊イメージフォーラム』第四八号、一九八四年、一四四頁。

▽11 手塚治虫『観たり撮ったり映したり』キネマ旬報社、一九八一年、二五三頁。

▽12 手塚治虫「作品解説」『アニメーション・フェスティバル』草月アートセンター、一九六四年、頁付なし。

▽13 手塚治虫「アニメの新生――待望ドン・キホーテ」『読売新聞』一九七三年一一月一六日夕刊、七面。

▽14 手塚治虫「アニメーションと私」『手塚治虫劇場――手塚治虫のアニメーションフィルモグラフィー』手塚プロダクション、一九九一年、一〇頁。

▽15 「JUMP INSIDE OF "JUMPING"」『ジャンピング 手塚治虫』パイオニアＬＤＣ、一九八六年。

▽16 「手塚治虫ロングインタビュー「アニメを語る」」『フィルムは生きている／手塚治虫伝 マンガ篇』パイオニアＬＤＣ、二〇〇三年。

▽17 木下小夜子「はじめに」『第一回国際アニメーションフェスティバル広島大会 プログラムガイドブック』第一回国際アニメーションフェスティバル広島大会事務局、一九八五年、五頁。

▽18 手塚治虫「はじめに」同前、五頁。

▽19 「特別プログラム 第二回日本アニメーション史」『第二回国際アニメーションフェスティバル広島大会 プログラムガイドブック』第二回国際アニメーションフェスティバル広島大会事務局、一九八七年、六二―六三頁。

▽20 木下蓮三「やっと光が見えてきた」『現代デザイン事典〔1989年増補改訂版〕』平凡社、一九八九年、四一頁。

▽21 吉本たいまつ『おたくの起源』(NTT出版、二〇〇九年)を参照。

▽22 寺川『〈アート・アニメーション〉についてお応えします』、四二頁。

▽23 粕三平とチェコ映画の関係については、くまがいマキ「アイアム プア キャピタリスト(粕三平とチェコ映画)」(『映画芸術』第三八七号、一九九九年春号)を参照。

▽24 「ヤン・シュワンクマイエル監督の足跡を辿る――略歴・全作品紹介」『ヤン・シュワンクマイエル――妄想の限りなき増殖』ユーロスペース、一九九六年、頁付なし。

▽25 「アート・アニメーションの歩み」『アートアニメーションの素晴しき世界』エスクァイア マガジン ジャパン、二〇〇二年、四六頁。

▽26 参考文献としてあげられていたのは、L. Bruce Holman, *Puppet Animation In The Cinema: History And Technique*, South Brunswick and New York, A. S. Barnes and Company, 1975 および Peter Lord, Brian Sibley, *Cracking Animation: The Aardman Book of 3-D Animation,*" Thames & Hudson, 1998 であった。

▽27 昼間行雄「ユーロ・アニメーションの味わい方」昼間行雄、権藤俊司、編集部編『ユーロ・アニメーション――光と影のディープ・ファンタジー』フィルムアート社、二〇〇二年、一一頁。

▽28 山村浩二『アニメーションの世界へようこそ』岩波書店、二〇〇六年、一三七―一三八頁。

▽29 山村浩二『国際アートアニメーションインデックス 山村浩二:知られざるアニメーション Vol. 2』TDKコア、二〇〇六年。

▽30 山村浩二、小出正志、権藤俊司、昼間行雄「二一世紀のアニメーションのために」『ユーロ・アニメーション』、八九―九〇頁。小出正志は、「アニメとよぶべき日本の独特な産業とむすびついた表現のアニメーションがあって、アート・アニメーションとどりあえず仮にでも呼ばなくてはならないものもある。だから僕は使い分けはしたほうがいいという立場です」と述べている。

▽31 「文化芸術振興基本法」(二〇〇一)の第九条に、「国は、映画、漫画、アニメーション及びコンピュータその他の電子機器等を利用した芸術(以下「メディア芸術」という。)の振興を図るため、メディア芸術の製作、上映等への支援その他の必要な施策を講ずるものとする」とある。このなかの「コンピュータその他の電子機器等を利用した芸術」がメディアアートに相当する。この法律は二〇一七年に改正され、「文化芸術基本法」と改称されたが、メディア芸術に関する定義は変わっていない。

▽32 津堅信之『日本のアニメは何がすごいのか――世界が惹かれた理由』祥伝社、二〇一四年、一八八頁。

アニメーション関連年譜

年	アニメーションに関する事項	関連事項および社会背景
明治		
一八九二（明治二七）	一〇月　エミール・レイノー「テアトル・オプティーク」上映［フランス］	
一八九五（明治二八）		一二月　リュミエール兄弟「シネマトグラフ」一般公開［フランス］
一八九六（明治二九）		一一月　神戸でキネトスコープ上映
一八九七（明治三〇）		二月　大阪でシネマトグラフ上映
一九〇三（明治三六）		三月　〈第五回内国勧業博覧会〉不思議館でジョルジュ・メリエス『月世界旅行』（一九〇二）上映
一九〇四（明治三七）		二月　日露戦争
一九〇七（明治四〇）	八月　『奇妙なるボールト』（『愉快な百面相』一九〇六）日本公開	

一九〇八（明治四一）	四月　セグンド・デ・チョモン『怪談新一ッ家』（一九〇八）日本公開	
一九一〇（明治四三）	一二月『凸坊新画帖』日本公開	
一九一一（明治四四）		一〇月　通俗教育調査委員会「幻燈及活動フィルム審査規定」公布
一九一四（明治四七）	五月　チャールズ・アームストロング『凸坊の新画帖』（一九一四）日本公開	
大正		
一九一七（大正六）	一月　下川凹天『凸坊新画帖　芋助猪狩の巻』公開 五月　北山清太郎『猿蟹合戦』公開 六月　幸内純一『なまくら刀』（『塙凹内名刀之巻』）公開	六月　チャールズ・アラン・ギルバート『影絵』（一九一七）日本公開 七月　第一次世界大戦 七月　警視庁「活動写真興行取締規則」公布
一九二一（大正一〇）	北山清太郎「北山映画製作所」設立	五月　ロベルト・ヴィーネ『カリガリ博士』（一九二〇）日本公開
一九二三（大正一二）		三月　伴野商店の伴野文三郎、パテーベビーを輸入 九月　関東大震災
一九二四（大正一三）	二月　エドヴァルド・マティアス・シューマッハー『カリフの鶴』（一九二三）日本公開	
一九二五（大正一四）	五月　〈「絶対映画」フィルム・マチネ〉［ドイツ］	七月　内務省「活動写真『フイルム』検閲規則」公布

昭和

一九二六（昭和一）	七月　大藤信郎『馬具田城の盗賊』公開	春　「ベビーキネマクラブ」発足 一〇月　「東京ベビーキネマ倶楽部」発足 一〇月　東京ベビーキネマ倶楽部主催〈撮影競技会〉
一九二七（昭和二）		「京都ベビー・シネマ協会」発足
一九二八（昭和三）	一一月　ディズニー映画『蒸気船ウィリー』公開（トーキーによるアニメーション）［アメリカ］	二月　大阪毎日新聞社「学校巡回映画連盟」結成 九月　ヴァルター・ルットマン『伯林：大都会交響楽』（一九二七）日本公開 一一月　東京ベビーキネマ倶楽部「東京ベビーシネマ倶楽部」に改称
一九二九（昭和四）	六月　ロッテ・ライニガー『アクメッド王子の冒険』（一九二六）日本公開	二月　「日本プロレタリア映画同盟」設立 六月　柳井義男『活動写真の保護と取締』刊行
一九三〇（昭和五）	三月　ラディスラス・スタレヴィッチ『魔法の時計』（一九二八）日本公開	一月　ベビーキネマクラブ「全関西ベビーキネマ連盟」に改称
一九三一（昭和九）		一月　東京ベビーシネマ倶楽部「日本パテーシネ協会」に改称 九月　満州事変
一九三二（昭和七）	一月　政岡憲三「政岡映画製作所」設立（翌年「政岡映画美術研究所」に改称）	
一九三三（昭和八）	四月　政岡憲三『力と女の世の中』（トーキーによる漫画映画）公開	三月　「J・O・スタヂオ」設立

一九三四（昭和九）	二月　オスカー・フィッシンガー「光の交響楽」公開	三月　全関西ベビーキネマ連盟と日本パテーシネ協会が統合し「全日本パテーシネ協会」設立
一九三五（昭和一〇）	八月　荻野茂二『PROPAGATE（開花）』『RHYTHM（リズム）』『AN EXPRESSION（表現）』〈第四回国際小型映画コンテスト〉入選［ハンガリー］	一二月　「大日本映画協会」設立
一九三六（昭和一一）		四月　『日本映画』創刊 八月　〈ベルリン・オリンピック〉最初のテレビ中継［ドイツ］
一九三七（昭和一二）	政岡憲三「日本動画協会」設立 一二月　ディズニー映画『白雪姫』（世界初の長編カラーアニメーション）公開［アメリカ］	七月　日中戦争（支那事変） 八月　「満州映画協会（満映）」設立
一九三九（昭和一四）		九月　第二次世界大戦 一〇月　「映画法」施行
一九四〇（昭和一五）	五月　荒井和五郎、飛石仲也『お蝶夫人の幻想』公開	八月　「第一回技能審査」 一〇月　さくら小型映画協会「日本小型映画協会」に改称
一九四一（昭和一六）	二月　今村太平『漫画映画論』刊行	三月　アメリカでテレビ放送開始 一二月　太平洋戦争
一九四二（昭和一七）	八月　万氏兄弟『西遊記　鉄扇公主の巻』（一九四一）日本公開	
一九四三（昭和一八）	三月　瀬尾光世『桃太郎の海鷲』公開 五月　政岡憲三『くもとちゅうりっぷ』公開	

一九四五（昭和二〇）	四月 瀬尾光世『桃太郎 海の神兵』公開	八月 原子爆弾投下、日本無条件降伏
戦後		
一九四五（昭和二〇）	一〇月「新日本動画社」（同年に「日本漫画映画株式会社」と改称）設立	
一九四八（昭和二三）	一月「日本動画株式会社」設立	
一九五〇（昭和二五）	九月 ディズニー映画『白雪姫』（一九三七）日本公開	六月 朝鮮戦争
一九五一（昭和二六）	一月 デイブ・フライシャー『バッタ君町に行く』（一九四一）日本公開	一一月「実験工房」発足
一九五二（昭和二七）	五月 大藤信郎『くじら』（一九五二）〈カンヌ国際映画祭〉短編部門二位 八月 日本動画株式会社「日動映画株式会社」に改称	六月 国立近代美術館「フィルム・ライブラリー」発足
一九五三（昭和二八）	三月 ポール・グリモー『やぶにらみの暴君』（『王と鳥』一九五二）日本公開	八月「日本テレビ放送網」開局
一九五四（昭和二九）		一月 アメリカでカラーテレビ放送開始 一〇月〈教育映画祭〉〈世界短編映画祭〉
一九五五（昭和三〇）	六月 カレル・ゼマン『水玉の幻想』（一九四八）日本公開 九月 ディズニー映画『ファンタジア』（一九四〇）日本公開 一〇月 ディズニー映画『ブカドン交響楽』（一九五三）日本公開	二月〈グラフィック集団 第二回展〉『キネ・カリグラフ』を展示 八月〈朝日文化映画の会〉第一回上映会 一一月 ベトナム戦争

一九五六（昭和三一）	ノーマン・マクラレン『線と色の即興詩』（一九五五）日本公開 五月　〈第九回カンヌ国際映画祭〉で「国際アニメーション映画週間」 六月　持永只仁『瓜子姫とあまのじゃく』公開 七月　「東映動画株式会社」設立 七月　飯沢匡『ビールむかしむかし』公開 八月　大藤信郎『幽霊船』（一九五六）〈ヴェネツィア国際記録・短編映画祭〉特別奨励賞	
一九五七（昭和三二）	五月　藪下泰司『こねこのらくがき』（東映動画第一作）公開	七月　『八十日間世界一周』（一九五六、ソール・バスのエンドタイトル）日本公開 八月　「シネマ57」発足 一〇月　『マンガニュース』（すぐに『漫画ニュース』と改称）日本テレビで放映
一九五八（昭和三三）	七月　柳原良平『トリスバー』（アンクルトリス第一作）放映 七月　鷺角博『もぐらのアバンチュール』（日本テレビ）放映 一〇月　藪下泰司『白蛇伝』（東映動画、日本初のカラーによる長編漫画映画）公開	六月　「草月会館」落成 九月　「草月アートセンター」発足
一九五九（昭和三四）	二月　横山隆一『ひょうたんすずめ』（おとぎプロダクション）公開 二月　ハンナ・バーベラ・プロダクション『珍犬ハックル』日本放送開始	一月　「NHK（教育テレビ）」開局 二月　「NET（日本教育テレビ）」開局 三月　久里洋二、真鍋博、柳原良平『半常識の目』（NET）で新作アニメーションを放映

一九六〇 （昭和三五）	「国際アニメーションフィルム協会（ASIFA）」設立 一月　和田誠ら『3つのはなし』（NHK）放映 六月　〈アヌシー国際アニメーション映画祭〉（世界初のアニメーション映画祭）[フランス] 八月　藪下泰司『西遊記』（東映動画）公開 一一月　アニメーション三人の会〈三人のアニメーション〉（草月会館ホール）	一月　〈エトセトラとジャズの会〉一月例会（草月会館ホール） 五月　〈草月ミュージック・イン／5〉で「モダン・ジャズの多角的応用」（朝日会館ホール） 九月　日本、カラーテレビ放送開始
一九六一 （昭和三六）	六月　「手塚治虫プロダクション動画部」設立 七月　大藤信郎死去	一一月　「日本アート・シアター・ギルド（ATG）」設立
一九六二 （昭和三七）	一月　〈三人のアニメーション・2〉（草月会館ホール） 一月　手塚治虫プロダクション動画部が「虫プロダクション」と改称 一一月　山本暎一、坂本雄作『ある街角の物語』（虫プロダクション第一回作品）上映	
一九六三 （昭和三八）	一月　虫プロダクション『鉄腕アトム』放映開始 三月　芹川有吾『わんぱく王子の大蛇退治』（東映動画）公開 四月　〈三人のアニメーション・3〉（草月会館ホール） 五月　ジョン・ハラス、ロジャー・マンヴェル『アニメーション――理論・実際・応用』（一九五九）邦訳刊行 一一月　東映動画『狼少年ケン』放映開始	
一九六四 （昭和三九）	九月　〈アニメーション・フェスティバル〉（草月会館ホール）	一〇月　〈東京オリンピック〉

一九六五（昭和四〇）	二月　和田誠『殺人 murder』（一九六四）大藤信郎賞受賞 一〇月〈アニメーション・フェスティバル65〉（草月会館ホール） 一〇月　虫プロダクション『ジャングル大帝』（日本初のカラーテレビアニメ）放映開始	
一九六六（昭和四一）	八月「TAC（東海アニメーション・サークル）」発足 九月　森卓也『アニメーション入門』刊行 一〇月〈アニメーション・フェスティバル66〉（草月会館ホール） 一二月　ウォルト・ディズニー死去	
一九六七（昭和四二）	四月「アニドウ（アニメ同好会）」発足 七月〈東映まんがまつり〉	一一月〈第一回草月実験映画祭〉（草月会館ホール）
一九六八（昭和四三）	六月「しあにむ」発足 七月　高畑勲『太陽の王子 ホルスの大冒険』（東映動画）公開	三月「日本アンダーグラウンド・センター」設立 一〇月〈フィルム・アート・フェスティバル東京1968〉（草月会館ホール）
一九六九（昭和四四）		一〇月〈フィルム・アート・フェスティバル東京1969〉造反派の反対運動により中止
一九七〇（昭和四五）		三月〈日本万国博覧会〉 五月「東京国立近代美術館フィルムセンター」設立

一九七一（昭和四六）	二月　ノーマン・マクラレン来日 八月　「日本アニメーション協会」（第一次）発足 一一月　〈アニメーション・フェスティバル東京'71〉（草月会館ホール）	四月　「草月アートセンター」解散
一九七二（昭和四七）	一〇月　〈川本＋岡本パペットアニメーショウ〉	一月　「アンダーグラウンド・センター」設立 二月　浅間山荘事件
一九七三（昭和四八）	一一月　「虫プロダクション」倒産	
一九七四（昭和四九）	一月　『アルプスの少女ハイジ』放映開始 一〇月　『宇宙戦艦ヤマト』放映開始	
一九七五（昭和五〇）	六月　〈プライベート・アニメーション・フェスティバル（ＰＡＦ）〉	
一九七六（昭和五一）	一月　「ＨＡＧ（阪神アニメーション・グループ）」発足 八月　〈ぴあアニメーション'76 サマー・フェスティバル（アニサマ）〉	
一九七七（昭和五二）	六月　『月刊ＯＵＴ』（第二号）宇宙戦艦ヤマト特集 八月　舛田利雄『宇宙戦艦ヤマト』（劇場版）公開	一月　「イメージフォーラム」設立 一二月　〈第一回ぴあ展〉
一九七八（昭和五三）	二月　「日本アニメーション協会」（第二次）発足 五月　『アニメージュ』創刊 九月　『銀河鉄道９９９』放映開始 一一月　「アニメ塾」発足	

一九七九（昭和五四）	四月『機動戦士ガンダム』放映開始 一〇月「アニメーション80」発足	一一月 西武百貨店に「スタジオ２００」開設
一九八〇（昭和五五）	一一月「地球クラブ」発足	
一九八一（昭和五六）		四月 伊藤高志『ＳＰＡＣＹ』（一九八一）〈映像メカニック 九州芸術工科大学作品集〉で上映（イメージフォーラム） 八月〈日本ＳＦ大会（ＤＡＩＣＯＮ３）〉
一九八二（昭和五七）	一〇月『超時空要塞マクロス』放映開始	
一九八三（昭和五八）		八月〈日本ＳＦ大会（ＤＡＩＣＯＮ４）〉
一九八四（昭和五九）	二月 押井守『うる星やつら2：ビューティフル・ドリーマー』公開 三月 宮崎駿『風の谷のナウシカ』公開 七月 石黒昇、河森正治『超時空要塞マクロス：愛・おぼえていますか』公開 一二月「ガイナックス」設立	
一九八五（昭和六〇）	六月「スタジオジブリ」設立 八月〈第一回国際アニメーションフェスティバル広島大会〉	
一九八六（昭和六一）	六月 手塚治虫『ジャンピング』〈ザグレブ国際アニメーション映画祭〉グランプリ	

一九八七（昭和六二）	三月 山賀博之『王立宇宙軍 オネアミスの翼』公開 六月 フレデリック・バック『木を植えた男』（一九八七）〈アヌシー国際アニメーション映画祭〉短編部門グランプリ	
一九八八（昭和六三）	四月 宮崎駿『となりのトトロ』、高畑勲『火垂るの墓』公開 五月 ブラザーズ・クエイ『ストリート・オブ・クロコダイル』（一九八六）日本公開（イメージフォーラム・フェスティバル） 七月 大友克洋『ＡＫＩＲＡ』公開	
一九八九（昭和六四）	三月 〈幻想の魔術師：イジィ・トルンカ アニメーション・フェア〉（川崎市市民ミュージアム） 五月 〈イジィ・バルタの映像世界〉（川崎市市民ミュージアム）	二月 手塚治虫死去 六月 天安門事件 一一月 ベルリンの壁崩壊
平成		
一九九〇（平成二）	一〇月 〈ヤン・シュワンクマイエル映画祭'90〉（川崎市市民ミュージアム）	
一九九一（平成三）		一月 湾岸戦争
一九九五（平成七）	一月 キノ・サーカス〈アートアニメーション〉（シアターX） 一〇月『新世紀エヴァンゲリオン』放映開始 一一月 押井守『GHOST IN THE SHELL／攻殻機動隊』公開	一月 阪神・淡路大震災 三月 地下鉄サリン事件

一九九六（平成八）	八月〈ヤン・シュワンクマイエル：妄想の限りなき増殖〉（ユーロスペース） 一一月〈チェコアニメ映画祭'99〉（中野武蔵野ホール） 一二月〈アート・アニメーション・フェスティバル〉（なかのZERO）	
一九九七（平成九）		五月 神戸連続児童殺傷事件（酒鬼薔薇事件） 九月〈文化庁メディア芸術祭〉
一九九八（平成一〇）	一月〈アート・アニメーション・フェスティバル1998〉（パルテノン多摩）	
二〇〇〇（平成一二）		三月 NHK『デジタル・スタジアム』放映開始
二〇〇一（平成一三）	七月 宮崎駿『千と千尋の神隠し』公開	九月 アメリカ同時多発テロ事件
二〇〇三（平成一五）	三月『千と千尋の神隠し』アカデミー長編アニメーション賞受賞 六月 山村浩二『頭山』（二〇〇二）〈アヌシー国際アニメーション映画祭〉短編部門グランプリ	三月 イラク戦争
二〇〇四（平成一六）	七月〈日本漫画映画の全貌〉（東京都現代美術館）	
二〇〇五（平成一七）		二月「YouTube」開設
二〇〇六（平成一八）		一二月「ニコニコ動画」開設

二〇〇九（平成二一）	二月　加藤久仁生『つみきのいえ』（二〇〇八）アカデミー短編アニメーション賞受賞	
二〇一〇（平成二二）		六月　経済産業省「クール・ジャパン室」
二〇一一（平成二三）		三月　東日本大震災
二〇一八（平成三〇）		四月　「国立映画アーカイブ」東京国立近代美術館フィルムセンターから独立

＊本年譜では、本書で取り扱った事項、関連性の高い事項を中心に記載した。

あとがき

本書『日本のアニメーションはいかにして成立したのか』は、明治時代から現代までの日本のアニメーションを六つの論文によって考察している。一見通史的な体裁をとっているが、当初から全体の構想があって書き始めたものではなかった。論文を執筆した順番はバラバラで、時系列的にテーマを追っていたわけでもない。

本書のなかで最初に書いたのは、第三章の「戦前の自主制作アニメーション――アマチュア映画作家の「特殊映画」について」に当たる論文、「戦前のアート・アニメーション――アマチュア映画作家のアニメーションをめぐる状況について」(『多摩美術大学研究紀要』第二三号、二〇〇九年)で、当時はこれが他のテーマにつながるとは考えていなかった。

もうずいぶん昔のことになってしまうが、わたしは戦前のアマチュア映画について調べたことがあった。わたしの関心は、アマチュア作家が制作した前衛映画にあったが、そのなかには抽象アニメーションなどの作品があるため、アニメーションに関しても調査する必要があった。調べてみてわかったのは、アマチュア作家が多くのアニメーションを制作していたことである。アマチュア作家のアニメーションだけをテーマにした論文が書けると思いついたのは、それからしばらくたってからだった。

論文を書くにあたり、改めて戦前の映画雑誌を読む機会があった。このとき気がついたのは、戦前にはアニメーションという言葉が使われることがほとんどなく、今日とはアニメーションに対する考え方に違いがあることだった。わたしは、この問題について二〇一〇年の〈日本映像学会第36回大会〉で研究発表をおこない、思いのほか好評だったため論文にまとめることにした。その論文が、第一章の「戦前の日本にアニメーションの概念はなかった――アニメーションをめぐる名称についての考察」(『多摩美術大学研究紀要』第二七号、二〇一三年)である。わたしがアニメーションの問題に本格的に取り組むのは、この論文を書いてからだった。

戦前・戦中の日本で、アニメーションの概念が一般的でなかったのは確かなように思われた。しかし、今日では誰でもアニメーションという言葉を知っており、アニメーションの概念が存在している。それでは、アニメーションの概念はいつどのようにして確立されたのか。わたしが次に取り組むべきテーマはこれであった。

二〇一一年に東京国立近代美術館で〈実験場 1950s〉展が開催されたとき、カタログではなく論文集が刊行された。わたしはこの論文集に、一九五〇年代の実験映画を論じた「実験映画の形成と前衛芸術――アヴァンギャルドからエクスペリメントへ」を寄稿した。この小論は、ノーマン・マクラレンの『線と色の即興詩』の公開などに触れていたが、アニメーションの問題に深く立ち入る余裕はなかった。しかし、これが五〇年代のアニメーションを考えるきっかけとなった。わたしは、マクラレンの作品受容のあり方がアニメーションの概念の確立と深く関わっているのではないかと考え、このことを論文にしたのが、第四章の「アニメーションの概念はいかにして確立されたのか――ノーマン・マクラレンの受容を中心に」(『多摩美術大学研究紀要』第二八号、二〇一四年)である。

わたしはこの論文を書きながら、次に取り上げるべき時代が一九六〇年代であることを決めていた。六〇年代は、アニメーションという言葉が本格的に普及し、今日に続く動向が出揃った時代である。しかし扱うべき問題が多く、この年代を論じるうえでのアイデアを見いだせないでいた。そのため、六〇年代の問題をいったん棚上げにし、九〇年代以降のアートアニメーションの問題を論じることにした。わたしにとってアートアニメーションは同時代的な流行でもあり、検証しておきたかったのである。これが、第六章の「アートアニメーションとはなんであったのか——アニメーションの多様性をめぐる考察」(『多摩美術大学研究紀要』第二九号、二〇一五年)となった。その後、六〇年代の問題はリミテッドアニメーションによって読み解くことができると考え、第五章の「アニメーションの概念はどのように変容したのか——リミテッドアニメーションから考える」(『多摩美術大学研究紀要』第三〇号、二〇一六年)を書いた。

当初は、以上の五つの論文で終わりにするつもりで、森話社と出版の話を進めていた。しかし、第一章を読み返しているうちに、戦中の問題がおざなりになっていたことが気になってきた。最初は第一章を増補するつもりだったのだが、触れておくべき問題がいくつも浮上したため、独立した論文として仕上げることにした。そして、第二章の「映画統制下のアニメーション——」を書き下ろしたのである。こうして六つの論文が完成した。本書では、書いた順番ではなく論文が扱った時代の順に並べてある。結果的に、一九〇〇年代から二〇〇〇年代までのほぼ一〇〇年の歴史を扱う内容になった。

一九一七年は、下川凸天、北山清太郎、幸内純一がそれぞれ漫画映画の短編を発表し、日本に商業的な漫画映画が誕生した年である。二〇一七年は、漫画映画の生誕一〇〇周年に当たり、特集が組まれたりイベントがおこなわれたりした。漫画映画の生誕一〇〇周年は、アニメーションの歴史を振り返る格好の機会を提供している。実をいえば本書は、二〇一七年のうちに刊行する予定だったが、修正や追加に時間をとられてしまい、二〇一八年にずれこんでしまった。

本書は予想していた以上に大部な本となったが、もちろんわたしのなかですべての問題が解決したわけではない。むしろ本書を書くことによって、新たに取り組むべき問題が明らかになったようである。日本のアニメーション史をめぐるわたしの旅は、まだまだ終わりそうもない。

本書を刊行するにあたっては、森話社の五十嵐健司さんに大変お世話になった。すでに五十嵐さんとは、西村智弘＋金子遊共編著『アメリカン・アヴァンガルド・ムーヴィ』（二〇一六年）でもお世話になっている。この本の打ち合わせのとき、本書の論文が掲載された紀要を渡したことが、本書が刊行されるきっかけとなった。

また、本書の図版掲載にあたって、松本夏樹さんに貴重な資料をご提供頂いたことに感謝申し上げたい。

最後になったが、本書の装画には、久里洋二さんの作品図版を使っている。「アニメーション三人の会」は本書のなかでも重要な位置を占めており、装画にするのにふさわしい作家である。久里さんとは仕事上の付き合いもある。二〇〇四年からわたしは、久里さんとともに〈ASK?映像祭〉のコンペティションの審査を担当している。これは、京橋のギャラリー art space kimura ASK? が主催するとても小さなコンペティションで、現在も地道に継続している。久里さんには、図版の使用を快諾してくれたことを感謝したい。

二〇一八年一〇月

西村智弘

か

き

く

け

こ

主要作品名索引

本書内で別名・原題の記載がある名称については、主に登場する名称で立項し、カッコ内に別名等を併記した。ただし、特に区別が必要と思われる名称についてはそれぞれ立項した。

作品名に2文字分の踊り字が含まれる場合は「〻」「、」で代替した。

D・G・I

J

M・N

ひ

ふ

へ・ほ

ま

と

な

に・の

は

主要人名・団体名・機関名索引

本書内で別名・略称の記載がある名称については、主に登場する名称で立項し、カッコ内に別名等を併記した。

[著者略歴]

西村智弘（にしむら・ともひろ）

映像評論家、美術評論家。

東京造形大学、東京工芸大学、阿佐ヶ谷美術専門学校非常勤講師。

専門は映像史、現代美術。日本映像学会、美術評論家連盟会員。

1993年、美術出版社主催〈第11回芸術評論募集〉で「ウォーホル／映画のミニマリズム」が入選。

著書に『日本芸術写真史——浮世絵からデジカメまで』（美学出版社、2008）、共編著に『スーパー・アヴァンギャルド映像術』（フィルムアート社、2002）、『アメリカン・アヴァンガルド・ムーヴィ』（森話社、2016）、共著に京都造形大学編『映像表現の創造特性と可能性』（角川書店、2000）、西嶋憲生編『映像表現のオルタナティヴ——一九六〇年代の逸脱と創造』（森話社、2005）、村山匡一郎編『映画は世界を記録する——ドキュメンタリー再考』（森話社、2006）、主な論文に「日本実験映像史」（『あいだ』2003年3月号-2006年3月号）など。

日本のアニメーションはいかにして成立したのか

発行日……………………2018年11月9日・初版第1刷発行

著者……………………西村智弘

発行者……………………大石良則

発行所……………………株式会社森話社

〒101-0064 東京都千代田区神田猿楽町1-2-3

Tel 03-3292-2636

Fax 03-3292-2638

振替 00130-2-149068

印刷……………………株式会社厚徳社

製本……………………榎本製本株式会社

© Tomohiro Nishimura 2018 Printed in Japan

ISBN 978-4-86405-134-7 C1074

アメリカン・アヴァンガルド・ムーヴィ

西村智弘・金子遊編　世界中からアメリカに集結した才能は、ジャンルの境界を越えて映像表現のさらなる深化と拡張をもたらした。戦前から現代に至るアメリカ映画／美術のオルタナティヴな系譜を探る。
四六判 368 頁／本体 3500 円 + 税

映像の境域——アートフィルム／ワールドシネマ

金子遊　【第 39 回サントリー学芸賞受賞［芸術・文学］】
映像と言語、映像と芸術、映像と記録、政治と前衛、土地と伝統、民俗と信仰、その境域にたちあがる現代の相貌。映像表現の可能性を拡張したアヴァンギャルド映画や、様々な問題を含みこむ現代映画をその背景からとらえ直し、イメージの生成を探る、渾身の映像論集。四六判 280 頁／本体 2900 円 + 税

松本俊夫著作集成 I —— 一九五三 − 一九六五

阪本裕文編　日本実験映画界の重鎮であり、理論面でも前衛芸術運動を牽引した松本俊夫の著作活動を年代順に網羅した集成（全四巻）。
I 巻では『記録映画』『映画批評』等の雑誌に掲載された著作に加え、単行本未収録の論文・記事を多数収録。A5 判 616 頁／本体 6000 円 + 税

日本映画の海外進出——文化戦略の歴史

岩本憲児編　戦前の西欧に向けた輸出の試み、戦時下の満州や中国での上映の実態、『羅生門』『ゴジラ』など海外に日本映画の存在を知らせた戦後映画の登場、海外資本との合作の動向など、日本映画の海外進出の歴史をたどり、それを推進し、紹介に寄与した人々の活動を明らかにする。
A5 判 384 頁／本体 4600 円 + 税

戦後映画の産業空間——資本・娯楽・興行

谷川建司編　芸術だけが映画ではない。映画会社の経営戦略、あの手この手の企画・宣伝、背後にある国家の政策、観客や他メディアとの関係など、資本の論理からとらえ直す、もう一つの戦後映画史。A5 判 352 頁／本体 4500 円 + 税

エジソンと映画の時代

チャールズ・マッサー著／岩本憲児＝編・監訳　仁井田千絵・藤田純一＝訳
19 世紀末、エジソンとその映画事業に関与した人々の活動を中心に、開発、製作、表現、興行などの多様な視点から、アメリカ初期映画成立の歴史を描く。
A5 判 296 頁／本体 3500 円 + 税